— 江南文化丛书 —

吴文化
与近现代江南工商企业文化

王玉贵 ● 编著

苏州大学出版社
Soochow University Press

图书在版编目(CIP)数据

吴文化与近现代江南工商企业文化/王玉贵编著
.—苏州:苏州大学出版社,2022.9
（江南文化丛书）
ISBN 978-7-5672-4023-0

Ⅰ.①吴… Ⅱ.①王… Ⅲ.①吴文化-关系-工商企业-企业文化-研究-中国-近现代 Ⅳ.①K225.03 ②F279.2

中国版本图书馆 CIP 数据核字(2022)第 163736 号

书　　名：	吴文化与近现代江南工商企业文化
编　　著：	王玉贵
责任编辑：	刘一霖
装帧设计：	张　凯　刘　俊
出版发行：	苏州大学出版社(Soochow University Press)
社　　址：	苏州市十梓街1号　邮编:215006
印　　刷：	镇江文苑制版印刷有限责任公司
邮购热线：	0512-67480030
销售热线：	0512-67481020
开　　本：	787 mm×1 092 mm　1/16　印张:15.75　字数:283千
版　　次：	2022年9月第1版
印　　次：	2022年9月第1次印刷
书　　号：	ISBN 978-7-5672-4023-0
定　　价：	58.00元

图书若有印装错误，本社负责调换
苏州大学出版社营销部　电话:0512-67481020
苏州大学出版社网址　http://www.sudapress.com
苏州大学出版社邮箱　sdcbs@suda.edu.cn

引 言

一、研究现状 ………………………………………………………… (1)

二、相关概念界定 …………………………………………………… (2)

第一章 近现代江南工商企业文化的形成条件

第一节 近现代江南工商企业文化产生的氛围 ……………………… (5)
  一、重视工商业：江南地域文化的重要特征 ……………………… (5)
  二、工商企业家群体产生的背景：地域文化传统 ………………… (15)
第二节 近现代江南工商企业文化主体：企业家群体的产生与发展 …… (19)
  一、工商企业家群体的产生 ………………………………………… (20)
  二、工商企业家群体的发展 ………………………………………… (25)

第二章 近现代江南工商企业文化的内涵（上）

第一节 始终高度重视人才建设和技术进步 ………………………… (34)
  一、荣氏企业家对人才和技术的重视 ……………………………… (34)

二、其他企业家对人才和技术的重视 …………………………（39）
　　三、重视人才和技术的回报 ………………………………………（45）
第二节　与时俱进，不断改进和创新经营管理方法 …………………（50）
　　一、荣氏企业的经营管理创新 ……………………………………（51）
　　二、其他企业的经营管理创新 ……………………………………（54）
　　三、经营管理创新的效益 …………………………………………（56）
第三节　注重品牌信誉，狠抓产品质量 ………………………………（57）
　　一、无锡企业家群体对品牌信誉、质量的重视 …………………（57）
　　二、其他企业家群体对品牌信誉、质量的重视 …………………（62）
第四节　树立团队意识，广结社会关系网络 …………………………（75）
　　一、荣氏企业的团队意识 …………………………………………（75）
　　二、其他企业的团队意识 …………………………………………（84）
第五节　强烈的市场竞争和进取意识 …………………………………（86）
　　一、竞争和进取意识的主要表现 …………………………………（86）
　　二、历史局限性 ……………………………………………………（89）
第六节　尽快扩张企业规模，增强抵御风险的能力 …………………（93）
　　一、企业规模的快速扩张 …………………………………………（94）
　　二、扩张规模的主要措施 ………………………………………（105）
　　三、规模扩张后的绩效 …………………………………………（114）

第三章　近现代江南工商企业文化的内涵（下）

第一节　重视调查研究，熟悉市场行情 ……………………………（125）
　　一、无锡企业家群体对调查研究的重视 ………………………（125）
　　二、穆藕初对调查研究的重视 …………………………………（128）
　　三、其他企业家对调查研究的重视 ……………………………（131）

第二节　善于在夹缝和困境中求生存和发展 …………………（133）
　一、企业家对国际形势变化的应对策略 …………………（133）
　二、企业家对国内政局演变的应对策略 …………………（140）
第三节　积极调处劳资矛盾，增强企业的凝聚力 ……………（149）
　一、关心职工生活 …………………………………………（149）
　二、调处劳资矛盾 …………………………………………（152）
　三、劳资关系和谐的绩效 …………………………………（157）
第四节　强烈的爱国意识和浓厚的乡土情结 …………………（158）
　一、强烈的爱国意识 ………………………………………（159）
　二、回馈乡梓和社会，注重公益善举 ……………………（170）

第四章　近现代江南地区的企业家精神

第一节　企业家精神的内涵 ……………………………………（189）
第二节　近现代江南地区企业家精神的主要内涵 ……………（194）
　一、舍身饲虎，实业救国 …………………………………（195）
　二、敢为人先，勇于探索 …………………………………（196）
　三、注重实干，力戒虚骄 …………………………………（208）
　四、经营管理上的创新 ……………………………………（213）
第三节　近现代江南地区企业家的历史局限性 ………………（218）

第五章　地域文化与社会经济进步的良性互动

第一节　江南地区工商企业家对地域社会的影响 ……………（226）
　一、新的阶级和社会力量的出现 …………………………（227）
　二、企业家在区域经济发展中的作用 ……………………（229）
　三、企业家对区域社会进步的促进 ………………………（238）

四、企业成功发展的启示 …………………………………………（239）
第二节　近现代江南工商企业文化对吴文化转型的影响 ……………（239）
　　一、促进吴文化的近现代转型 …………………………………（240）
　　二、推动工商文化成为近现代吴文化中的主流文化 …………（241）
　　三、推动吴文化的传承保护和开发利用 ………………………（242）

主要参考文献 ……………………………………………………（244）
后记 …………………………………………………………………（245）

引言

吴文化和近现代江南地区经济社会发展间的相互关系历来是中国，特别是吴地学术界重点研究的领域之一。多代学人经过不懈努力，取得了数量堪称宏富、质量越来越高的研究成果。这是笔者从事此课题研究的学术基础。

一、研究现状

学术界一贯高度重视吴文化及江南地区经济社会发展史的研究，并取得了大量丰硕成果。在吴文化研究方面，就学术专著（论文集）来说，有代表性的有王卫平著的《吴文化与江南社会研究》、吴恩培主编的《吴文化概论》、宗菊如和戈春源编著的《吴文化简史》、王友三主编的《吴文化史丛》（上、下）、王立人主编的《吴文化与工商文化》、高燮初主编的《吴地文化通史》（上、下）、朱永新主编的《吴文化读本》、徐国保著的《吴文化的根基与文脉》、许伯明主编的《吴文化概观》等，学术论文少说也有近千篇，在此不一一列举了。

就经济社会发展史研究来说，有代表性的专著有段本洛等著的《苏州手工业史》和《近代江南农村》、王赓唐和汤可可主编的《无锡近代经济史》、马俊亚著的《规模经济与区域发展——近代江南地区企业经营现代化研究》、冯丽蓉和林本梓编著的《吴地实业家》、李占才和张凝著的《著名实业家荣氏兄弟》、张圻福和韦恒著的《火柴大王刘鸿生》、严翅君著的《伟大的失败的英雄——张謇与南通区域早期现代化研究》及经济史学家王翔先生的系列专著，相关论文数量同样十分可观。多年来，学界出现了一批在吴文化和吴地社会经济研究方面取得重要成就的学术大家，如茅家琦、丁日初、段本洛、黄逸峰、洪焕椿、徐新吾、严学熙、范金民、王卫平、王翔、马俊亚等。

虽然上述研究涉及了吴地工商企业家群体形成的地域文化因素，但从吴文化与近现代吴地工商企业家形成的相互关系这一角度进行专题探讨的研究成果至今仍未被发现。当下的研究存在研究对象相对集中、研究主题相对单一、研究视野不够开阔、研究方法相对陈旧、新资料的整理挖掘有待加强等问题。

就企业文化的研究来说，已有的成果数量是相当丰富的，有代表性的中文著作有罗长海著的《企业文化学》、苏勇著的《中国企业文化的系统研究》、张仁德和霍洪喜主编的《企业文化概论》、刘光明编著的《现代企业文化》、白泉旺编的《企业文化学教程》、丁雯等编著的《企业文化基础》、定雄武编著的《企业文化》等。但从地域文化传统的视角专门研究近代江南企业文化的成果还较为少见，与之有联系的有王赓唐等著的《荣氏家族与经营文化》，林德发著的《中国近代民族企业文化》等。这些研究成果为本书的写作提供了方法论上的启示。

二、相关概念界定

（一）关于吴文化与江南地区的地域范围

学术界对吴文化和江南地区的地域范围的看法并不一致。当代学者多认为，吴文化地区是指以上海为龙头的长江三角洲地区，具体包括上海、苏州、无锡、常州、镇江、南京，太湖南侧的杭州、嘉兴、湖州，长江以北的南通、扬州等地区。但在历史上，苏州曾长期是吴文化的中心地区，并东向上海，西向无锡、常州、镇江、南京，北向南通等地辐射。本书所考察的吴文化和江南地区的地域范围与此大致相同，但着重于上海、无锡、南通、常州及苏州地区，有时也简称"吴地"。这是由本书的研究主题所决定的。

之所以将南通地区纳入本书的考察范围，一方面是因为就行政隶属关系而言，南通在隋唐及此前的很长一段时期内属于江南地区，在这些历史时期，其文化特色与江南文化颇为相似（因其处于苏中地区，也受到北方盐淮文化的影响）；另一方面是因为，近代以来，南通与苏州、南京、上海等地的关系相当密切。就大生纱厂的创办人张謇而言，其在苏、宁、沪等江南地区的活动相当频繁，其所产生的影响相当深远。在辛亥革命期间，驻节苏州的江苏巡抚程德全成为全国第一个宣布反正的地方督抚，这跟他平时与张謇等地方立宪派过从甚密有一定关系。[1]

（二）关于企业文化

关于企业文化，学界的研究成果是相当多的。本书借鉴学界的研究成果，将其定义为企业在生产经营活动中所形成的发展思路、组织管理方式、行为规范等一系列内容，也就是指企业的经营文化，包括企业的制度、企业主的经营理念、员工的日常行为等既相互联系又有区别的具体内容。

（三）关于近现代民族工商企业

这里所说的近代，不同于惯常所指的从1840年开始的历史时代。以1840年为近代中国历史的开始，是就整个中国社会的发展脉络而言的。虽然吴地是中国的重要组成部分，而且以上海为中心的长江三角洲地区更是最早受到了西方工业文明的深刻影响，但就本书所要考察的内容来说，只有从19世纪60年代中后期开始考量，吴地的近代化才有本质意义，因为只有从那时开始，吴地才逐渐出现了堪称近代化的工商企业。所谓工商企业的近代化，不仅表现在生产工具上普遍使用近代的机器和动力上，也不仅表现在生产的组织按照资本主义的制度规范和管理要求来进行上，还表现在企业家的经营思路和指导思想等方面。同时，本书所说的工商企业是一个整体概念，而不是工业企业和商业企业的简单叠加。尽管就纯粹的经济活动而言，工业和商业是内涵不同的经济行为，但就资本主义生产方式而言，工业和商业很难分开。而且，就历史事实而言，在近代吴地，完全独立于工业之外的著名商业企业几乎没有，工商业紧密结合的企业却比比皆是。

吴地近代最早的商办工商企业产生于19世纪60年代中期。1869年，原在上海当学徒的方举赞添置蒸汽锅炉、车床和翻砂、锻造等所需设备，将创办于1866年、从事手工操作的发昌修理厂发展成机器制造厂。此为近代吴地第一个民营工商企业。到了20世纪初，真正的民族资本主义生产方式才在吴地普遍产生。此前的资本主义企业主要集中在上海、南京等地，而且主要是洋务派经营的官督商办企业。学界基本公认，官督商办企业并不属于完全意义上的资本主义企业。洋务派俨然是把企业当作政府机构来看待的，其管理企业的一套办法主要属于行政行为，其所办的民用工业虽以营利为目的，却并没有按照资本主义所惯用的市场化运作方式来运营。因此，洋务企业的决策人和经营者很难被当作严格意义上的近代工商业者来看待。当然，我们必须承认，他们所办的企业也属于民族企业。学

---

[1] 王玉贵. 挑瓦革命的末代江苏巡抚程德全[M]. 苏州：苏州大学出版社，2011：120-204.

者们认为,从机器生产这一角度来讲,李鸿章创办的苏州枪炮局(是从上海迁来的。在李鸿章任两江总督后迁至南京,改为金陵制造局)对苏州乃至全国都具有经济发展上的历史指向意义,标志着苏州近代工业的诞生,揭开了江苏民族工业的序幕[1],而且对近代中国民营工商企业的产生和发展起到了重要的催化和启发作用。基于上述看法,本书对洋务派在吴地所从事的企业活动及其思想基本不予考察。

到20世纪初,吴地逐步形成了一批工商企业家群体,并且快速发展壮大,其中的代表性人物有南通的张謇,无锡的杨宗濂、杨宗瀚兄弟,周舜卿父子,荣宗敬、荣德生兄弟及其子侄姑婿,薛南溟、薛寿萱父子,唐程集团的唐骧庭、程敬堂,唐蔡集团的唐保谦、蔡缄三及其后辈,常州的刘国钧,苏州苏纶纱厂的严氏父子、振亚丝织厂的陶叔南等,还包括曾经投身实业、创办过德大等纺织企业的穆藕初及"火柴大王"刘鸿生等。诚如章开沅先生所言,以往的史学研究或多或少忽视了这些脚踏实地的事业家(实业家也可以称为事业家,有些实业家本人如荣德生就一再自称自己是"事业迷"——引者按),其实正是这些事业家的业绩铺垫了时代英雄前进的路基,也为后人的继续前进构筑了新的起跑线。[2]

近现代吴地企业文化主要是在这些著名企业家群体经营企业的过程中逐步形成并不断发展的。它既是对吴文化重视工商业的传统的继承和发展,进一步丰富和深化了吴文化的内涵,同时也是吴文化实现近代转型的重要标志。

---

[1] 徐梁伯,蒋顺兴.江苏通史·晚清卷[M].南京:凤凰出版社,2012:152.
[2] 虞和平.张謇:中国早期现代化的前驱[M].长春:吉林文史出版社,2004:21-22.

第一章
近现代江南工商企业文化的形成条件

思想是行动的先导，文化则为思想的产生提供丰富的精神资源。吴文化中重视工商的传统思想基因及吴地人不甘命运的安排、敢于争先创新的不屈精神，为吴地企业家群体的产生提供了浓郁的文化氛围，使其活动舞台迅速扩大。

第一节 近现代江南工商企业文化产生的氛围

近现代江南地区工商企业家群星璀璨、人才辈出，这不是偶然的历史现象，而是跟吴文化重视工商业的传统有着内在的密切联系。

一、重视工商业：江南地域文化的重要特征

研究表明，地域文化对企业家的产生和企业文化的形成有着潜移默化的影响。[1] 近代工商企业家群体率先在吴地出现绝不是偶然的。举其要者，一是这里历来就有浓郁的工商文化传统。二是吴文化不断创新和善于吸收新鲜事物和先进文化的特点，使得近代以来得风气之先的吴地社会率先受到西方国家工业文明的影响。三是一向较为繁荣发达的经济文化为吴地社会储备了数量十分庞大的各类人才。在近代中国的时代巨变面前，这些人才均能找到发挥自己特殊才能的用武之地。

---

[1] 刘光明. 现代企业文化[M]. 北京：经济管理出版社，2005：204.

吴文化有狭义和广义之分。狭义的吴文化是指"商代晚期相传吴太伯奔吴时始至春秋末期吴王夫差二十三年（公元前473年）越灭吴的七百年左右时期在春秋吴国范围内的物质文化史"[1]。这一文化随着吴国的灭亡而消失。广义的吴文化是指吴地文化，是吴地人创造的一切物质文明和精神文明成果，是吴地物质、精神、行为诸层面文化表现的总和。[2]（说明：吴文化同其他所有地域文化一样，还应该包括制度层面的内容）这一文化随着吴地经济社会的发展变化而不断演变，核心地域范围也随之发生变化。大致说来，吴地核心地域的演变情况如下：在春秋时，吴地核心地域是指吴国的统治疆域，主要包括现今江苏的南京、镇江、常州、无锡、苏州及扬州部分地区，上海，浙江的嘉兴、湖州及杭州的大部分地区，安徽南部的大部分地区，也就是以太湖为中心的长江三角洲地区的主体。西汉时期，江淮地区最先脱离吴地范围。元朝时期，南京成为政治经济文化的中心，由于大量北方移民进入，其文化面貌逐渐融入北方文化圈，发生了本质变化，最终南京也从吴地范围分离出去。南宋时，北方移民再次大批南迁，杭州成为都城而乘势崛起。受北方的影响，杭州文化发生了质变，最终杭州也从吴地范围分离出去。进入近代，上海一经开埠，即迅速崛起。在吴地文化的基础上，上海文化融通中西，成了独具特色的海派文化，最终上海也从吴地脱离了出去。由此可知，吴地经春秋至近代的历史变迁，地域不断缩小，最后只维持了环太湖的苏锡常嘉湖五市的核心区域。[3]本书所说的吴文化，是指广义的吴文化。

说到吴文化的形成，就不能不提到吴文化研究者耳熟能详的周宗室泰伯、仲雍奔吴的故事。虽然学术界对于泰伯、仲雍如何奔吴，所奔的吴地究竟在何处，尚有不同意见，但应该肯定的是，至少吴地人民认同这样的看法：吴文化从其起源时起，就吸收和融合了外来的先进文化。这种开放包容、善于吸纳的文化态度对于吴文化的长盛不衰是十分重要的。

吴文化的基本内容和特征是什么？学术界历来对此有着不同的看法。有学者认为吴文化具有多层次、复合式、多元性的基本特征，具体表现在以下几个方面：鲜明的水乡文化色彩（具体表现在水乡风貌和生产、生活、审美、思想特色等方面）、浓郁的市民文化特色、外柔内刚的文化品格、重文重教的文化理念、精巧细

---

[1] 陈玉寅.吴文化研究综述[M]//江苏省吴文化研究会.吴文化研究论文集.广州：中山大学出版社，1988：261.
[2] 王卫平.吴文化与江南社会研究[M].北京：群言出版社，2005：92.
[3] 唐茂松.吴文化的复兴与长三角的腾飞[M]//王立人.吴文化研究新论.北京：中国文史出版社，2006：64-65.

腻的文化品位、博采众长的文化个性。[1] 有的学者则提出，吴文化具有四个方面的主要特征：文化与经济活动结合得尤为紧密，具有"重商"色彩；文化中的科技含量很高，历来具有"重科技"的传统；具有浓厚的"以人为本，天人合一"的人文精神；具有兼收并蓄的品格，同时又能始终保持自身独具的个性和魅力。[2]

另有学者从吴文化发展的角度，认为其有两大特征。其一，连续性与断裂点相结合，时起时落，后来居上。吴地文化的发展史上曾出现过六次高潮。第一次高潮是先吴文化中的良渚文化阶段，在物质文化形态上，有稻作农业、陶器、纺织、玉器等；在精神文化形态上，有雕刻、符号文字、宗教、艺术等。第二次高潮是吴国文化阶段。偏处江南的吴国，经过长期发展，到春秋时期，已能与北方诸侯国进行争霸，在青铜兵器、铸铁技术、军事理论和战船建造等方面都达到了当时的最高水平。第三次高潮出现在六朝时期。此时吴地已发展成江南地区政治、经济和文化的中心，吴地文化成为当时汉族文化的正统代表。第四次高潮从唐朝中期一直延续到明清。此时吴地文化逐渐发展成古代中华文化的重要代表。第五次高潮出现在晚清民国时期。此时南通、无锡等地成为民族工业的重要发祥地，出现了一大批著名民族资本家。第六次高潮从20世纪70年代末开始。其二，政治、军事文化不断削弱，经济、科教文化日趋繁盛。[3] 在内涵上，吴地文化集江河湖海文化之大成，同时带有鲜明的移民文化的特点。[4] 还有学者提出，积极开拓、善于进取、开放胸怀，讲求"致用"与"功利"的价值观、崇文重教、刚柔相济的性格气质、淡泊超脱的心态民风等是吴文化区别于其他地域文化的基本特点。[5]

欧人认为，吴文化的特点在于：① 刚柔并济的文化心态构成了吴文化的内在特征。② 重商观念深入民心，缙绅以货殖为急。③ 兼容并蓄的襟怀。④ 勤劳、精巧、柔韧、秩序构成了吴地民众的经济价值观。由于长期受吴文化的影响与熏陶，吴地人养成了勤劳、智慧、心灵手巧、精于算计、务实、求稳、包容、开放及浓厚的市场观念与竞争意识。这不仅是吴地人民宝贵的精神财富，而且对地区经济

---

[1] 汪长根，蒋忠友. 苏州文化与文化苏州[M]. 苏州：古吴轩出版社，2005：106-114.
[2] 苏简亚. 苏州文化的地位特色与竞争优势[N]. 中国文化报，2005-07-21（7）.
[3] 王健，周才方. 略论吴文化发展的基本特征[M]//王立人. 吴文化研究新论. 北京：中国文史出版社，2006：55-63.
[4] 高燮初. 吴地文化通史：上[M]. 北京：中国文史出版社，2006：363，371.
[5] 王友三. 吴文化史丛：上[M]. 南京：江苏人民出版社，1993：32-36.

的发展产生了重大影响，最为突出地表现在"苏南模式"的形成和适时成功转型上。[1]

对吴文化有精深研究的王卫平教授认为，吴文化的特征是指贯穿吴文化发展过程的鲜明个性。可以概括为四个方面：稻渔并重、船桥相望，即景观独特的水乡文化；吴歌、昆曲、吴语小说，即土味十足的吴语文化；尚武与重文，即由刚及柔的民风习性；融摄与更新，即适时顺变的开放功能。[2]

上述关于吴文化基本特征的探讨都一致强调，物质文化是吴文化的重要组成部分，而由于历史形成的吴地社会人多地少的生存状态，吴地民众历来注重农业生产上的精耕细作，并辅之以城乡地区十分发达的手工业和调剂余缺、互通有无的商品贸易。也就是说，吴文化是重工商业的文化，或者说，工商文化从来就是吴文化的重要内容。

春秋时期的吴国重臣范蠡曾三致千金，富可敌国，也由此成为中国商业文化的崇拜偶像。明末麇集无锡的东林党人提出了"工商皆本""爱商恤民"的主张。近代以来，重商思想更加发达。薛福成曾提出"工商为先"的口号，认为："生财大端，在振兴商务"[3]。"有商，则士可行其所学而学益精，农可通其所植而植益盛，工可售其所作而作益勤。是握四民之纲者，商也"[4]。因此，"欲自强……莫如振兴商务"[5]。又说："非工不足以开商之源"[6]。

这些思想对近代以来吴地工商企业家群体的产生有着重大影响。如明代无锡荣氏宗谱中的家训即有"他日不必做秀才，做官，就是为农、为商、为工、为贾，亦不失为纯谨君子""士农工商所业虽不同，皆是本职"[7]。荣德生15岁时，父亲嘱咐他认真读书，由此来获取功名。荣德生回答："刻已学商，回去读不成，被人窃笑，不如学商，当留心，亦可上进。"1895年，荣德生因筹办军需物资有功，

---

[1] 欧人.论苏南经济发展模式与吴文化之关系[J].现代财经，2004，24（12）：65-66.
[2] 王卫平.吴文化与江南社会研究[M].北京：群言出版社，2005：92-122.
[3] 薛福成.强邻环伺谨陈愚计疏[M]//丁凤麟，王欣之.薛福成选集.上海：上海人民出版社，1987：502.
[4] 薛福成.正月二十五日记[M]//丁凤麟，王欣之.薛福成选集.上海：上海人民出版社，1987：578.
[5] 薛福成.代李伯相筹议海防事宜疏[M]//丁凤麟，王欣之.薛福成选集.上海：上海人民出版社，1987：146.
[6] 薛福成.《筹洋刍议·商政》[M]//丁凤麟，王欣之.薛福成选集.上海：上海人民出版社，1987：540.
[7] 顾一群.锡商文化与吴文化[M]//王立人.吴文化与工商文化.南京：凤凰出版社，2008：109.

被赏六品军功。有人劝他花钱捐个从九品，其父则认为"小官得资不正，不堪供父母，大官无本事做"。25岁时，荣德生遇到鼎湖山方丈。方丈劝荣德生说："不宜仕，不宜读书，将来可得异路。"荣德生问："何者为妙？"方丈答道："儒释道农工商均妙。"[1] 荣德生晚年更是结合自身经验，深刻指出："余艰难创业，所望诸儿成就，能继承衣钵，发扬光大。"而不是希望子孙后代一味地读书做官。由此看来，荣氏兄弟能创业成功，成为20世纪30年代中国纺织、面粉业界首屈一指的显赫人物，绝非偶然。曾创办过数十家民族企业的薛明剑回忆说，在他11岁时，私塾陈老先生"询余将来愿学何人，余以陶朱公对。陈公告吾父，是儿必大有为云云，言犹在耳"[2]。荣德生还告诫欲到美国留学的儿子荣鸿仁及孙子荣智明在外不必以学位为目标，只要在事业上学会实用本领。他清醒地指出："留学归来致力于事业者多有成就，走入政治者多学非所用，一入此途，与猾吏无异，不但无益于社会国家，且亦自误，至为可惜，反不若做一农工有裨于生产也。"[3] 他在为公益中学创立30周年的题词中写道："实学实用，不枉国家之栽培与家长之期望。"吴文化重视工商文化的传统和特色，与儒家主流文化观所主张的"学而优则仕""万般皆下品"有很大的不同。张謇也曾说过："愿为小民尽稍有知见之心，不愿厕贵人受不值计校之气；愿成一分一毫有用之事，不愿居八命九命可耻之官。"[4]

文化分为基础层次的物质文化、中间层次的制度文化和最高层次的精神文化。对近代以来吴地工商文化颇有研究的周才方先生指出，随着近代民族工商业在吴地的率先崛起和迅速发展，"吴文化也由传统的农业文化蜕化为现代的工商文化。工商文化既是一种物质文化，又是一种制度文化，更是一种精神文化"[5]。他还分别对吴文化在物质、制度和精神层面的具体表现做了系统探讨。

就物质层面而言，工商文化主要表现为现代化大机器工业生产，工业经济取代农业经济成为国民经济的主体成分。在近代吴地，上海、无锡、南通、常州、

---

[1] 荣德生文集[M]. 上海：上海古籍出版社，2002：11，19，28. 注：在强势儒家文化的影响下，吴文化也并非全然排斥读书做官的正途，否则我们就难以理解有清一代，吴地的状元竟要占到总数的1/4以上。需要注意和强调的是，吴文化并非视读书做官为唯一出路，从事工商业，发家致富，同样令人艳羡。清代以来，为解决生计问题而发展的职业教育在江南地区相当发达。参见：李伯重. 八股之外：明清江南的教育及其对经济的影响[J]. 清史研究，2004（1）：1-14.

[2] 无锡市史志办公室. 薛明剑文集：上[M]. 北京：当代中国出版社，2005：6.

[3] 荣德生文集[M]. 上海：上海古籍出版社，2002：187.

[4] 张謇. 致沈子培函[M]//张謇研究中心，南通市图书馆. 张謇全集：第四卷 事业. 南京：江苏古籍出版社，1994：526.

[5] 周才方. 论工商文化在吴文化中的地位和作用[M]//王立人. 吴文化与工商文化. 南京：凤凰出版社，2008：99.

苏州、镇江等城市都建立了纺织、缫丝、皮革、粮食加工、印刷等轻纺工业。20世纪80年代以来，吴地乡镇企业异军突起，吴地城乡基本实现工业化。

就制度层面而言，工商文化主要表现为现代工厂制度的建立、企业经营管理模式的形成和现代城市空间的架构。工厂制度是建立在专业化、流水线、分工协作基础上的一种劳动生产组织方式，需要有一定的土地、厂房、机器设备、技术、资金作为支撑。管理者根据工厂制度，组织工人按照生产工艺和生产流程进行具体的操作，加工出不同规格的产品。这就需要投资者或企业经营管理者根据实际情况统筹规划、精心组织、全面实施。由于这是新生事物，缺乏实践经验，早期的吴地实业家在创办近代工业企业时遇到了很大的困难和风险，导致投入与产出常常不成比例，经济效益不佳。但随着工商经济活动的不断开展，吴地实业家们注意总结实践经验，吸取失败教训，逐渐摸索出了一套独特的、行之有效的企业管理模式和方法。如荣氏集团当年在申新三厂中率先进行革除旧式工头管理制度的改革，聘请纺织工程师，依靠专科毕业生管理车间，制定操作规程，实行奖惩考核制度，从而显著提高了劳动生产率。1930年，申新三厂创办"劳工自治区"，着手实施各项劳工教育和福利事业；举办职工医院、消费合作社、职工子弟学校、机工和女工养成所等；1933年春，又陆续举办单身女工宿舍、工人晨校、业余夜校、职工食堂、茶室、剧场、储蓄部、自治法庭、尊贤堂、英雄祠等；建立起具有丰富内容和独特形式的企业文化。正是凭借着这些独特的企业管理模式，荣氏集团才从小到大发展起来，成长为近代中国民族工商业的首户。

随着近代工商业经济的发展，吴地的城市结构与功能发生了相应变化。原先的城市主要是官府衙门所在地，以政治功能为主、经济功能为辅。近代工业化后的城市所扮演的经济、交通、文化中心的角色更加明显，政治功能相对减弱。城市为更多的普通市民的工作、生活、娱乐、休闲等活动提供了理想的场所。雅文化与俗文化并存，大众文化日益成为社会的主流文化。

就精神层面而言，工商文化主要表现为近代实业家的经营理念、价值取向和道德意识。吴地近代实业家深受传统吴文化的影响，怀有"经世致用"思想和"关心家事、国事、天下事"的人文关怀精神，在实业致富的同时，不忘家乡和乡邻，热心于地方教育和社会公益事业，出资修建学校、图书馆、公园、公路、桥梁等。这些善举，充分反映了吴地实业家们的"立志、立德、立身"精神和"取之于民，用之于民"、回报社会、服务社会的高风亮节，为后人树立了很好的榜样，成为吴地现代化进程中鼓舞人们创业创新的强大精神动力。

人类历史上的任何文化形态，都不可能完全无视或回避物质文化，总要通过各种形式表露自身对物质文化的基本观点，但像吴文化这样明确强调工商业重要性的，在中国传统的文化形态中，还比较少见。为什么会出现这种现象呢？曾有不少学者对此进行过深入探讨。

有学者认为，吴文化中积极务实、讲求实效的理念是吴地重视发展工商业的重要思想支撑。一方面，这种理念与吴地偏安的区域位置、优越的地理环境有关。比较而言，吴地少有战争动乱发生，也较少受到政治斗争、宫廷内乱的影响，政治敏感度低，而对经济利益、物质生活质量的关注度较高。另一方面，吴地的许多城市由于规模不太大，在军事、政治上的地位不是很重要，难以形成具有强大辐射和影响力的文化，而民众精明的群体禀赋和务实勤勉的民风也就只能主要用于从事经济方面的活动了。近代以来吴地工商企业家纷纷创办企业，将"实业救国"的理想和方案真正落到实处，实是一种主动选择。吴地活跃的经济活动带动了区域社会的发展，改善了区域社会的整体面貌，提高了民众的生活水平和质量；反过来，不断发展的经济活动和迅速增强的经济实力促使吴地人民更加重视经济活动。总之，偏安一隅的地域环境、少有政治动乱和战争破坏、文化教育水平的不断提升、得天独厚的自然条件、通江达海的便利交通、灵动聪明的群体禀赋和善于审时度势的人文个性，所有这些都使吴地人自然地选择了重视发展工商业的文化发展取向。[1]

从更深的层次来考察，吴文化重视工商业的历史传统尽管与吴地社会特有的生产生活状况有紧密联系，但在某种程度上也与中国传统文化的基本发展趋势有某些暗合之处。春秋时期，各诸侯国为了迅速吸引民众，积聚财富，壮大自身实力，在争霸中争取主动，对商业活动的限制较少。此时期堪称"商人的黄金时代"。进入封建社会以后，统治者出于强化统治的需要，确立了士农工商的等级秩序，对工商业的抑制和打压虽时有强化，但在总体上呈现逐渐放松的趋势。到了清康熙时，统治者进一步提出了"重农恤商"的主张。晚清时期，早期维新派人士提出了"以商立国"的"商战"思想。我们还要看到，尽管早期统治者们对工商业采取严厉限制的基本国策，但商人们迅速积聚起来的巨额财富，加上人多地少所引发的生存压力，促使大批民众争相从事这一行业，仅明清时期就出现过徽商、晋商、陕商、江右商、龙游商、宁波商、洞庭商、临清商、闽商、粤商十大

---

[1] 王立人. 吴文化纵论[M]. 南京：凤凰出版社，2011：248-249.

著名商帮，此外还有苏商、绍兴商、北京商、南京商等，而且这些大商帮内部还分为若干众多的小商帮。

重视工商业的历史传统造就了吴地高度发达的物质文化。吴地开发以来，就很快成为我国水稻、丝绸、棉织品等的主要产区。从宋朝起民间就有"苏湖熟，天下足""上有天堂，下有苏杭"的说法。吴地的农业、手工业一向十分发达，商贸活动也相当繁盛。吴地是大米、蚕茧、丝绸、棉布、陶瓷、茶叶及其他多种生活日用品的集散地。苏州在相当长的时期内，是全国最大的商贸中心，富商巨贾云集，南北杂货交汇，钱庄商行、当铺会馆林立。无锡居运河要冲，一度成为全国闻名的米码头、布码头和丝码头，商船往来密集。

当然，吴文化重视工商业的传统也不是自来就有的。如前人业已指出的那样，吴文化的发展经历了一个由重武到重文再到重视工商业的过程。在先吴时代，江南地区的经济发展水平要远远落后于中原地区。据《史记·货殖列传》记载，江南一带，"地广人希（稀），饭稻羹鱼，或火耕而水耨，果隋蠃蛤，不待贾而足，地势饶食，无饥馑之患，以故呰窳偷生，无积聚而多贫"。也就是说，在文明曙光在吴地初现之时，由于地多人少，物产较为丰饶，人们过着衣食无忧的生活，因而不思进取，苟且偷生，得过且过，"无冻饿之人，亦无千金之家"。然而，中原地区的先进文明随泰伯、仲雍的南迁而一并传来，打破了吴地质朴自然的宁静生活。泰伯、仲雍一方面"文身断发"，积极主动地融入当地文化传统，另一方面又在潜移默化之中将中原地区的先进文明植入吴地，开挖运河，筑城建屋，改变了当地人民的生产生活方式。既把北方地区的先进耕作方式带到了吴地，同时又结合吴地的自然条件，种稻养鱼，植桑养蚕。在其影响下，吴地人民从此告别了迁徙不定、以捕鱼狩猎为主的原始生活方式，进入了农耕文明时代，生产力水平得到很大提高，社会形态日臻完善。泰伯、仲雍由此获取了吴地人民的信任。

进入春秋战国时期，吴地与巴楚、齐鲁之间的联系进一步增多。孔门72个著名弟子中就有来自吴地的言偃。泰伯的后人季札更是遍游中原各国，进一步借鉴吸收北方的先进文化和礼仪。吴越争霸时，吴王阖闾重用来自楚国的兵圣伍子胥，终于使吴国成为称霸一方的南方诸侯强国，鼎盛时势力影响江淮、荆楚、南粤的广大地区。此外，来自齐国的孙武，来自越国的文种、范蠡等也相继汇聚吴地，从而使吴文化与来自中原地区的儒家文化及楚文化和越文化等不同的文化形态得以在更为广阔的时空范围内实现融合，并在融合的基础上实现创新。由野蛮转向文明，多源合流，是吴文化发展史上的一次重要转型。

三国两晋南北朝时期，由于中原地区的长期战乱及此前人口的快速增加、生态条件的逐渐恶化，黄淮地区人口大量南迁。他们在促进民族融合的同时，进一步带来了北方地区的生产技术和文化形态。经过孙吴、东晋和宋、齐、梁、陈等政权的长期经营，吴地成为当时中国的又一个政治、经济、文化中心，具备了同中原进行平等交流的实力和底蕴。同时，吴文化也经历了一次根本性质的转型，即由此前的"轻死易发""尚武重战"转向"崇文重教""尊儒守法"。这是吴文化形成以后在继续发展过程中的第二次重要转型。

随着大运河的开凿，吴文化和中原文化的交融更加容易。唐末，安史之乱引发的长期社会动荡使得北方人口又一次大规模南迁。宋元时期，随着蒙古族入主中原，偏安东南地区的南宋政权实现了中原地区先进文化整体移入吴地，促进了江南地区经济文化总体水平的大幅度提升；南宋政权灭亡后，游牧文明和农耕文明的不断碰撞和融合，为吴文化的创新和发展注入了新的活力。随着中外交往的开展和逐渐增多，吴文化和欧洲文化、非洲文化及亚洲的日本文化、朝鲜文化等海外文化的交流也在不断加强。鉴真东渡、郑和下西洋都始发自吴地或受到吴文化辐射影响的地方。隋唐时期众多来华学习的日本人、朝鲜人以及元朝时来华的意大利人马可·波罗都到过吴地。以佛教为代表的印度文明和以基督教为代表的欧洲文明传入吴地，促进了吴地地域文化与海外异质文化的交融，使吴文化的活力进一步增强。随着吴地文化的发展，吴地人民再也不是游离于主流文化之外的山野村夫，其对国家命运和前途的关注热情与日俱增且经久不衰。无论是倡言"先天下之忧而忧，后天下之乐而乐"的北宋著名政治家范仲淹，还是关心国家大事、与阉党做不妥协斗争的东林党人，或是主张"保天下者，匹夫之贱，与有责焉耳矣"的明末清初著名思想家顾炎武，无不体现了炽热的爱国情怀。更为重要的是，与坐而论道的传统知识分子不同，不少吴地知识分子充分认识到空言无补于事，不再穷经皓首地死读书、做死学问，而是纷纷转向经世致用、讲究实用。由务虚转向崇实，是吴文化在发展过程中的第三次转型。

近代以来，江南地区思想家更是得风气之先，以开放的胸怀，大胆吸收、消化西方的先进文化，对明清以来逐渐呈现衰颓之势的传统文化进行有意识的革新，形成了独具区域特色的工商文化。最早对传统文化发出强劲挑战的是吴地思想家薛福成。他对儒家传统文化所强调的"万般皆下品，唯有读书高"等陈腐老调及"士农工商"的等级排序进行了振聋发聩的严词痛斥，明确提出了"以工商立国"的主张。此后，南通、无锡、常州、苏州等地出现了经营近代工商业的著名民族企业集团，上海更是成了远东经济、金融中心，工商文化成为吴文化的重要内容。由以精神文化为主向以物质文化为主的转变是吴文化在发展历程中的第四次转型。

中华人民共和国建立后，江南地区的经济文化发展水平在总体上仍长期处于全国领先位置，各行各业都涌现出了一批全国的先进典型。华西村就是其中最为杰出的代表。改革开放后异军突起的乡镇企业更是把吴地的整体实力快速提到其他大部分地区在短时期内难以望其项背的高度，并在此基础上形成了以乡镇工业、集体经济和市场调节为主，坚持农副工和农村经济社会协调发展，以实现共同富裕为主要特征和内涵的"苏南模式"。[1] 此后，按照社会主义市场经济体制的要求，吴地积极转换经济发展方式，大力发展外向型经济，对乡镇企业和国有经济主动进行改革，相继建立一大批国家级和省级经济技术开发区，其中最有名的要数中国和新加坡两国共同建设的苏州工业园区。

当然，强调吴文化重视工商业的传统，并不能得出只有吴文化才重视工商业或吴文化只重视工商业的狭隘结论。事实上，随着吴地开发速度的加快，农耕时代得天独厚的自然条件使得该地区迅速成为中国的区域经济中心之一的同时，吴地在各个领域也涌现出了一大批堪称翘楚的硕学大儒，有被誉为"南方夫子"的言偃，有闻名两晋文坛的陆机、陆云、谢灵运，有晋朝大画家顾恺之和唐代书坛草圣张旭，有倡言"先天下之忧而忧，后天下之乐而乐"的北宋著名政治家范仲淹，有陆龟蒙、范成大、沈约等文史大家，有关心国家大事的以顾宪成、高攀龙为代表的东林党人，有主张"保天下者，匹夫之贱，与有责焉耳矣"的明末清初著名思想家顾炎武，有被称为"吴门画派"的沈周、文徵明、唐寅、仇英。近代以来，吴地更是出现了薛福成、冯桂芬、王韬、章太炎、瞿秋白、博古、陆定一、柳亚子、顾颉刚、叶圣陶、俞庆棠、唐文治、蒋南翔、周培源、刘半农、钱穆、钱锺书、郭绍虞、匡亚明、胡绳、费孝通、陈翰笙、孙冶方、薛暮桥、钱俊瑞、徐光启、徐寿、华蘅芳、华罗庚、吴健雄、钱伟长、王选等革命家、思想家、史学家、文学家、教育家和科学家。吴文化的中心地苏州是明清时代的"状元之乡"，仅在清代114名状元中，苏州就有26人。截至2015年，两院院士中来自苏、浙、沪的占半数之多。吴地也出现了不少被称为"院士之家""教授之乡"（宜兴）、"校长之乡"（江阴）的人才高地，而且人才类型多种多样，如建筑方面有香山帮，商品贸易方面有洞庭商帮，地理学方面有徐霞客，等等。

---

[1] 王国平. 苏州史纲［M］. 苏州：古吴轩出版社，2009：677.

二、工商企业家群体产生的背景：地域文化传统

吴文化重视工商业的传统和一向十分发达的经济基础可被看作近代以来江南地区工商企业家群星璀璨、不绝如缕的文化动因。关于吴文化与近现代江南工商企业家群体之间的内在联系，许冠亭先生有过较为精深、周详的研究。[1]

首先，吴文化为近现代江南地区工商企业家的诞生准备了雄厚的物质基础和良好的社会环境。早在10 000年以前，就有先民在吴地生活。在五六千年前的新石器时代，吴地成为我国最早种植水稻的地区，是犁耕和人工凿井的发源地，是蚕桑丝绸和麻葛织布的故乡。春秋时期，吴国在东南崛起，并一度成为诸侯霸主，其制作青铜器的先进工艺非常突出；伍子胥"相土尝水，象天法地"所建的姑苏大城，使后人能够不断积累历代创造的文明成果。唐宋时代，吴地成为国家的财政支柱，成为全国的经济重心。这种格局至明清更为强固。吴地经济更趋繁盛，农产品商品化与商业性农业的发展使传统的农业与手工业相结合的自然经济发生了深刻的变化，自然经济逐步向商品经济转化。同时，吴地棉桑等经济作物的广泛栽种为手工业提供了原料，促进了商品生产的发展，带来了城镇商业的繁荣。近代以来，基于雄厚的物质基础，吴地率先走上了近代化的道路。近现代吴地工商企业家的经营是从棉纺、丝织、面粉加工等行业起步的，综合反映出吴地精细农业、精致手工业、精明商业经营所积累的物质基础条件和所形成的传统优势项目对近现代企业家选择经营方向的影响。通江达海的优越地理位置也是重要的物质基础条件。密布的水网为近代工商业持续提供水运交通便利，而汽船的使用、港口码头设施的建设、沪宁铁路的开通、电力的运用更为近现代工商业发展提供了新的推动力。长期崇文重教养成了具有较高文化知识水平的人才群体和温雅诚信的社会氛围。稠密的人口和发达的教育，特别是各类综合性大学和职业技术类新式学校的建立和发展，"留学热"的兴起和人才的学成归国，这些都促进了创新人才的培养和吴地人力资源的发达。

其次，吴文化为吴地近代工商企业的建立和企业家的诞生提供了精神支撑。吴文化中泰伯"至德""至行"、让权创业的遗风所及之处形成了宽和大度、积极

---

[1] 许冠亭. 论吴文化与近现代苏南工商企业家的相互依存和双向开发 [J]. 苏州大学学报（哲学社会科学版），2010（2）：95-98，107.

进取的价值观念。范蠡弃官经商的行为及其传说尽显出崇商逐利的风雅美妙。明清时期的海外通商累积了对外开放、学习西方的胆略。沈万山的重义重利、洞庭商帮的审时度势指明了把握时机、与时俱进，向外部世界拓展，向新兴行业发展，由商业资本向工业资本发展的必由道路。东林学派的"工商皆本""惠商恤民""经世致用""义利双行"等主张，推动了吴文化向"实学"方向的转变和工商业的繁盛。顾炎武"保天下者，匹夫之贱，与有责焉耳矣"所表达的强烈社会责任感及其商品经济的思想与实践，赋予了发展民族工商业的社会正义性。洋务运动开始后，薛福成提出"若居今日地球万国相通之世，虽圣人复生，岂能不以讲求商务为汲汲哉"，倡导向西方学习，改变"商为中国四民之殿"，放弃中国"崇本抑末"之旧说，而以商"握四民之纲"。他指出："若怵他人我先，而不欲自形其短，是讳疾忌医也。若谓学步不易，而虑终不能胜人，是因噎废食也。夫青出于蓝而胜于蓝，冰凝于水而寒于水，巫臣教吴而弱楚，武灵变服以灭胡，盖相师者未必无相胜之机也。吾又安知数千年后，华人不因西人之学，再辟造化之灵机，俾西人色然以惊，爽然而企也？"[1] 这激发了吴地工商企业家在近现代国际商战中勇于竞争、善于竞争的决心、信心和能力。有学者指出，吴文化中的开放意识、人才意识、创新意识、谋略意识等与现代市场经济相融合的文化意识观念，熏陶了一代又一代吴地工商企业家。也有学者指出，从明清时期工商业的繁荣到近代民族工商业的诞生，从改革开放初期乡镇企业的崛起到国际化战略的推进，这些都体现了吴文化一脉相承的开全国风气之先的文化精神。据此，有学者认为，吴文化对吴地工商企业家的诞生所提供的精神支撑是多方面的，其中最根本的是吴文化及其在近现代的嬗变造就的将牟取利润、实现自我、造福家乡、实业救国等义利情理融为一体的工商理念。这种工商理念激励着吴地各阶层人士投身近现代工商业，投资设厂。近现代吴地工商企业家怀有"握四民之纲"的自信，将追逐利益与挽回国家利权统一起来，既机敏灵活又坚忍不拔，既立足眼前又着眼长远，不断抢抓机遇，顽强克服困难，吴地因而成为近代民族工商业的发源地，成为中国近代企业家的诞生地。

近现代吴地工商企业家的诞生和发展促进了吴地近现代工商业的兴盛，推动了区域经济社会的发展和繁荣。他们运用吴文化的精华不断改善企业环境、优化

---

[1] 薛福成.正月二十五日记[M]//丁凤麟，王欣之.薛福成选集.上海：上海人民出版社，1987：582.

经营管理，推动了企业发展。

中国的政治制度具有大一统的特性。但区域文化的影响渗透到社会的各个方面，从而使得区域实际形成了具有自身文化特征的具体制度环境。黄胜平、姜念涛先生提出"吴文化与交易费用最低化"的观点，指出吴地之内的交易费用在全国相对较低，吴地与外地的交易费用也是相对较低的。[1] 将这一观点引而申之，即吴地工商企业家在吴文化影响下建立了与消费者、与外地及外国工商业者互相信赖、双赢双胜的制度环境。

吴文化兼具合作和进取的内涵，关键在于如何因时因地因势运用。合作使吴地社会仇富心理和被剥夺感较弱，也有利于工厂制度的产生，吸引了外国商人和本国外地商人的参与，使近现代吴地成为企业家积聚的地方，并由此形成对吴文化继承和创新的工商文化。进取则弘扬了敢于竞争的创业精神。

吴文化的刚柔并济特征体现在吴地工商企业家的经营行为中，就是注意与政府保持较好的关系，寻求强势政府的保护和支持。吴地工商企业家对政府的制度和政策实行了有选择的支持，对不认同的地方则设法促使政府进行调整变通，以维护工商界的利益。

吴文化对近现代以合群自立、发展工商业为目标的吴地工商企业家建立和运作商会等工商社团也有积极影响。吴地的工商组织向来比较发达。明清时期的苏州，商贾云集，遍设会馆、公所。鸦片战争以后，随着中国社会经济的一系列深刻变化，旧式商人组织的结构和功能也悄悄发生了变化，表现在五个方面：地缘性会馆减少，业缘性行会（包括同乡暨同业的行会）增加；与对外贸易相关的行会大量兴起；行会内部成员结构由仅包含旧式工商业者的单一结构向新旧工商业者混合的二元结构转化；行会的组织规模随着行业的发展而不断扩大；旧行规逐渐松懈。这为20世纪初期吴地商会组织及工商同业公会组织的发展打下了基础。1902年，上海商业会议公所成为中国第一个商会。1904年年初，商部决定仿照西方国家的商会模式，倡导华商设立商务总会和分会。1906年，江苏锡金商会总理周廷弼禀告商部："窃维商会之设，所以联络商情。惟大多数之联络，必积小多数之联络以成之，积村堡以成乡镇，积乡镇以成县邑。苟乡镇之商业不能互相联络，则居县邑而言联络，非失之范围狭小，即失之呼应不灵。"为此他提出："宜就各

---

[1] 黄胜平，姜念涛. 吴文化与交易费用最低化[M]//王立人. 吴文化与工商文化. 南京：凤凰出版社，2008：286.

乡镇凡有商铺荟聚之处，次第筹设分会之分会，藉广联络，而资调查，此项乡镇分会，统隶于县城分会，分之则各自为部，合之则联成一气。譬如身之使臂，臂之使指，部位分明，血脉联属，毫无扦格不通之弊，然后可实收联络之效。"商部准如所请，将"分会之分会"定名为"商务分所"。[1] 这样，清末的商会最终形成了由商务总会、商务分会和商务分所构成的三级组织。分所隶属分会，分会隶属总会，相互之间宗旨相同、规章一致，组成一个层层统属、不可分割的有机整体。以清末的苏州商务总会为例，其下属有梅里、平望、江震、盛泽、常昭、昆新、东塘等八个设于县镇的商务分会，各分会之下又有同里、震泽、箓溪、黎里、周庄等15个设于集镇的商务分所。商会不仅有自己法定的组织架构和网络，还与其他林林总总的商人组织有着密切的联系。不仅如此，商会还与社会教育、体育、卫生、消防、慈善、宗教等多种领域的社会团体存在人员方面的重叠交叉，也存在关系上的统辖隶属。如苏州商务总会的总理尤先甲等，在苏州体育会、教育会、禁烟会、龙会、市民公社组织等社团的名册上几乎都能被查到。这些社团中有许多还将苏州商务总会视作当然的领袖团体。商会在近现代吴地的经济社会发展中扮演了重要角色。

近现代吴地工商企业家在企业的经营活动中，自觉将吴文化的精华转化为企业的经营之道：经过在工商实践中的不断总结、提炼和验证，《孙子兵法》的守正出奇等思想就在经营活动中被广泛运用，前人的管理思想和持家之道等也被运用于工商实践活动；在产品竞争和产业选择中坚持"人无我有，人有我优，人优我廉，人廉我转"；在企业经营活动中坚持"走尽千山万水，吃尽千辛万苦，说尽千言万语，想尽千方百计"……以上种种，不一而足。

吴文化的重工商业传统及其在近代向工商文化的转型为吴地工商企业家的诞生和发展营造了得天独厚的文化环境。这一点，通过对张謇创办的大生集团和荣氏兄弟创立的荣氏集团的比较可以得到充分的说明。在江苏乃至全国的近代工业化运动中，南通、无锡两地具有举足轻重的地位在很大程度上归功于大生集团和荣氏集团。大生集团和荣氏集团在中国民族企业和民营经济发展史上以形成早、规模大、影响深而闻名，既有许多相似和共同之处，也存在着多方面的差异。张謇是晚清"独占琼林第一枝"的状元，其经商与中央政府、地方政府关系密切。

---

[1] 章开沅，刘望龄，叶万忠. 苏州商会档案丛编：第一辑（1905—1911年）[G]. 武汉：华中师范大学出版社，1991：72-73.

至民国时期，张謇更是拥有总长等政府官衔和各种社会头衔，为企业的创办和发展提供了不少有利条件。荣氏兄弟则在商言商，企业创办初期的基础、实力、声势远远落后于大生集团，但到20世纪30—40年代，大生集团早已雄风不再，荣氏集团则后来居上。时任无锡县商会会长的钱基厚（字孙卿）就指出，张氏"所办以大生纱厂为主，亦多囿于南通一隅，未若先生兄弟白手成业，经营几遍全国"，"南通事业，几与张氏兄弟相终始，而先生事业，虽至今犹存什一于千百，则先生兄弟能推大之，不私所业之效也"。[1] 有学者就此从不同文化环境探究成因：张謇与荣德生都属于出类拔萃的实业泰斗。他们的企业家精神与经营思想都是我国近代文化中的璀璨明珠。他们事业上的差异与两地不同的经营条件，尤其是近代文化的转型很有关系。张謇的不幸在于南通还没有形成一个成熟的近代文化环境；荣氏兄弟的成功则正是他们处于近代吴文化已成熟定型，并趋于上升时期的结果。荣氏的事业因为内外因都具备，才能执实业界之牛耳；张謇的事业因为内因具备而外因不成熟，所以基本与他本人相始终。[2] 还有学者从形成、发展及演变，发展战略和策略，经营理念和谋略，资金运作和投资，管理体制和制度，营销策略和方法，科技应用和开发，人才培养和使用，企业文化和精神，主帅的品格和素质这十个方面对大生集团、荣氏集团的相似点及差异性做了全面的比较研究，更为充分地揭示了吴地工商企业家对吴文化环境的能动性运用。[3]

第二节　近现代江南工商企业文化主体：
　　　　企业家群体的产生与发展

人类社会要生存和发展，就一刻也离不开经济活动。在社会大分工发生后，经济活动无非包括农业、工业和商业三大门类，但在不同的生产方式下，它们各自所表现出来的具体形态及其占有的社会地位并不相同。进入近代社会后，随着资本主义生产方式的逐步确立和不断完善，吴地社会的传统经济，无论是就其形式，还是就其内容来说，都发生了深刻的变革。

---

[1] 荣德生文集[M].上海：上海古籍出版社，2002：524.
[2] 马俊亚.荣德生的企业家精神与近代吴文化的成型[M]//高燮初.吴文化资源研究与开发.苏州：苏州大学出版社，1995：382，389.
[3] 金其桢，黄胜平.大生集团、荣氏集团：中国近代两大民营企业集团比较研究[M].北京：红旗出版社，2008：序二.

一、工商企业家群体的产生

学界基本公认，近代江南（也即通常所说的吴地）民族工业资本家阶层大致形成于1904—1908年。除上海外，其最初出现是从杨宗濂、杨宗瀚兄弟和张謇分别在无锡和南通创办纺织企业开始的。

近代吴地最早的商办工商企业（也就是通常所说的民族企业）产生于19世纪60年代中期的上海。到1894年，上海已有14家华商船舶（机器）修造厂，其中12家以船舶修造为主要营业，还有专营翻砂的顺记翻砂厂和专营轧花机修配的戴聚源铁工厂，而以发昌机器船厂最有代表性。上海成为近代吴地乃至中国民族工业的重要发祥地并不是偶然的，与吴地人民善于模仿、学习他人先进经验的开放意识有很大关系。

现有资料表明，发昌机器船厂是上海开埠后最早由华商私人开办的船舶（机器）修造厂，其创办者孙英德和方举赞原先都是传统的打铁铺学徒，后来在外商船厂打过工，学习了不少新工艺和技术，并承接了一些外国商船的零星锻件加工，积累了一些资本。1866年，他们集资300银圆，购置一些简陋的设备创办了发昌修理厂，与外国商船建立了频繁的业务往来。1873年，该厂已能给金属器皿镀金，到1876年已能自造小火轮。1879年后，以方逸侣、孙寿轩为代表的第二代接过企业的经营大权后，业务更有长进。1890年，该厂正式改名为"发昌机器船厂"，最多时雇工200多人，其间至少制造过8艘轮船。就近代中国民族企业的发展而言，发昌机器船厂的创办具有一定的代表性，这是由半殖民地半封建的特殊国情所决定的。

遵循世界工业化的基本规律，近代吴地民族工业以轻工业为主。1882年，著名丝商、震昌仁丝栈业主、英商公和洋行买办黄佐卿独资创办了公和永缫丝厂。该厂创办时有当时最先进的意大利丝车100部，其产品很快打入欧洲市场，并享有很高的声誉。到1887年，其丝车增加到900部。1892年，黄佐卿又创办新祥缫丝厂。法国厂商曾致电在华洋行订购公和永缫丝厂所产的生丝。此后，又有华商投资缫丝业，他们相继开办了坤记、裕慎、延昌、正和、纶华等丝厂。1894年前后，著名商人祝大椿发起集资创办了源昌缫丝厂，旋因甲午战争爆发而未果。总计，甲午战争前上海有华商缫丝厂8家，资本约206万两，丝车2 576部。[1]

在印刷业方面，1882年著名买办徐润与其兄徐鸿甫在上海集资创办了同文书局，拥有12架石印机，雇工500多人。此一时期，在上海开办的华商印书局有7家，其中著名的有李盛铎于1887年在南京路创办的蜚英馆石印局，设在湖北路的罗海龄机器印刷厂。

近代民营工商企业在上海出现后不久，就逐渐向吴文化核心地域渗透、发展。吴文化核心地域中近代民营工商企业发展最为成功的当首推无锡。1895年，杨宗濂、杨宗瀚兄弟在无锡创办业勤纱厂。1896年，该厂正式投产。这是无锡历史上的第一个民族资本企业。1900年，荣宗敬、荣德生创办保兴面粉厂。1902年，该厂正式投产。这是荣氏兄弟创办的第一个民族资本企业。周舜卿尽管涉足近代工商业活动较早，但其早期的经营活动更多地带有买办色彩，其向民族企业家转变的标志性举动当属他于1902年在无锡创办裕昌丝厂。[2]此后，无锡地区出现了兴办民族资本企业的第一次高潮，到1911年，共有12家棉纺厂、面粉厂、缫丝厂、碾米厂、染织厂。

在无锡杨氏兄弟创办业勤纱厂的同时，丁忧在家的内阁大学士、工部侍郎、国子监祭酒、1874年高中状元的陆润庠，经时任两江总督张之洞奏准，在苏州创办苏纶纱厂和苏经丝厂。该二厂在创办时，属官督商办性质，但陆润庠于1898年丁忧满期，张之洞也调任湖广总督，二厂后来几经辗转，便转变为商办企业。

1895年，同是状元出身的张謇应张之洞要求，在南通创办大生纱厂。但与杨氏兄弟和陆润庠只用不到两年时间就将厂建成投产不同的是，虽然张謇也得到刘坤一和张之洞前后两任两江总督的支持，但其办厂历程颇费周折。经过长达4年的艰辛努力，直到1899年，张謇才将纱厂建成。

1895年，扬州盐商李维之集资15万元，在镇江金山河创办四经丝厂。同年，盐商尹汉台集资18.5万元，在镇江建成大纶丝厂。苏州除了苏经丝厂于1896年建成投产外，又于1897年建成了一家吴兴（恒利）丝厂，资本额高达55.9万元。[3]

1895—1898年，上海有3家规模较大的民族资本棉纺织厂开工投产，它们是

---

[1] 徐新吾.中国近代缫丝工业史[M].上海：上海人民出版社，1990：141.
[2] 周舜卿[Z]//中国人民政治协商会议全国委员会文史资料研究委员会.工商经济史料丛刊：第四辑.北京：文史资料出版社，1984：107.
[3] 徐梁伯，蒋顺兴.江苏通史·晚清卷[M].南京：凤凰出版社，2012：170-171.

裕晋纱厂、大纯纱厂和裕通纱厂。

裕晋纱厂于1895年正式投产,有纱锭15 000枚,其主要投资者为黄佐卿。大纯纱厂于1895年投产(创办者不详),有纱锭20 392枚。裕通纱厂于1898年建成,有纱锭18 200枚,其创办者是辞官就商的朱幼鸿(其父朱鸿度曾于1894年创办了裕源纱厂)。1908年,朱幼鸿又创办了裕商银行。此外,他还在上海、常熟、海州等地开办过5家工厂。

甲午战争后的一年时间里,上海新设了振纶、永泰、乾丰成、震和、瑞成等16家华商丝厂。但由于日本丝业的迅速兴起,在国际上对中国生丝出口形成了严重挑战,加上华商丝厂盲目开工,厘金负担过重,到1900年,华商丝厂倒闭者达8家之多。

1900年,上海莫干山路出现了第一家民族机器面粉厂——阜丰面粉公司。开办者是清政府武英殿大学士孙家鼐的族人孙多森、孙多鑫兄弟。该厂于1898年开始筹建,1900年建成,开办资本达30万两,有美国爱立司厂制造的24寸、30寸钢磨共16部,日产2 500包面粉,雇工78人。[1] 19世纪80年代初曾有中国人创办过裕泰恒火轮面局(最早的机器磨坊则为英人于1863年创办的得利火轮磨坊)。由此可见,不论是全国最早的机器磨坊,还是全国最早的机器面粉厂,都跟吴地有关,或由吴地人创办,或在吴地开风气之先。

随着轻工业的初步发展,其对机器供给与修理和商品运输的需求,促进了机器工业的兴起,同时轻工业初步发展所积累的企业利润也为机器工业的兴起准备了资金条件。1904年,沙船业世家出身的商人朱志尧集资4万元在其舅父马相伯的帮助下,于黄浦南码头附近创办了求新机器厂。该厂是当时我国华商机器工业中设备最完善的企业,1906—1910年,曾制造了19艘轮船、拖轮、载泥船、驳船、帆船等,并将业务扩展至客货列车、桥梁、农产品加工机械等领域。

到1911年,上海地区的民族机器工业共有19家船舶修理和制造厂、5家缫丝设备制造厂、15家轧花设备厂、3家纺织机器修配厂、5家印刷机器修配厂及21家其他机器修配厂,包括专业修配卷烟机、模子、消防器材、电报机工厂及专门为公用事业和央行进口机器服务的修配厂等,共68家。[2]

20世纪初的上海机器工业呈现出两个特点:一是单个工厂投资额迅速增大,

---

[1] 上海市粮食局,上海市工商行政管理局,上海社会科学院经济研究所经济史研究室. 中国近代面粉工业史[M]. 北京:中华书局,1987:418-419.

[2] 陈正书. 上海通史:第4卷 晚清经济[M]. 上海:上海人民出版社,1999:399-400.

出现了一批开办资本在一万元以上的企业；二是改变了以往相对单一的船舶修造业务，出现了机械制造业，并呈专业化发展趋势。1902年，上海商人严裕棠（原籍吴县，有上海"煤铁之父"之称）在杨树浦太和街梅家弄开办了大隆机器厂，雇工11人，其中有7人为老工人，技术精湛，态度认真，因此该厂很快在同行中赢得信誉，1903年即扩大规模，扩建厂房，增加设备，并有了个英文厂名："Oriental Engineering Work，Ltd."（东方机械工程有限公司）。严裕棠有很强的现代经营意识，重视企业的产品质量、市场信誉和服务意识。这也是严氏企业能够越做越强，并将企业链条延伸至苏州等地的重要原因。

追逐利润是资本家从事经营活动的原动力。当某一行业过度竞争导致平均利润率下降时，精明的资本家总是主动地积极寻找出路，发现新的投资方向。19世纪后期，由于机制棉纱逐渐取代手工纺织的棉纱，一时华商投资雀跃，外商投资更是接踵而至，仅上海一地的中外纱厂就从1894年的3家增加到1898年的10多家，纱锭由9万枚增加到30万枚，而毗邻的苏浙等地还有4家纱厂，纱锭有5.4万枚。于是，市场很快趋于饱和，利润明显下降。在这种情况下，大量中外纱厂均出现经营困难，有的还被迫转让。资本家经过冷静观察和调查研究，重新选择和确定投资方向。从1895年至1911年，上海民族工业产值增长1.7倍，其中棉纺织业仅增长35%，缫丝业、面粉业、机器制造业相继成为新的投资领域。1896年新开办的华商丝厂有16家。面粉企业从1900年第一家诞生，到1911年增加到6家，投资总额达200余万元，日产能力达2万余包。此外，上海还出现了针织业（1896年吴季英创办云章衫袜厂）、榨油业（1897年朱志尧创办大德油厂等）及制皂、制革、织布、毛纺、碾米、食品、水电公用事业等新型民族企业，面粉业则完全实现了机制化，成为发展最快的新型工业门类。

近代民族工商业一经产生，就立即呈现出一发而不可收的发展趋势。据史全生先生统计，到辛亥革命前，在吴地（江苏南部）就有不下120家商办工商企业，占江苏省总数143家中的85%以上。其中，吴文化核心区苏州、无锡、常州的工商企业则要占到总数的60%以上。[1] 以棉纺织业为例，到1911年辛亥革命爆发前，江苏全省共有8家机器纺纱厂，全部集中在江南这一吴文化核心区，见表1-1。

---

[1] 史全生. 辛亥前江苏资本主义的发展与早期资产阶级运动[M]//江苏省中国现代史学会. 江苏近现代经济史文集. 如东：如东县彩印厂，1983：46-55.

表 1-1　1911 年江苏省纱厂概况

厂名	创办地	创办时间	创办人	创办时纱锭数/枚	资本额/万元	增锭情况
业勤	无锡	1895 年	杨宗濂 杨宗瀚	10 192	33.60	1903 年增 2 548 锭 1906 年增 1 092 锭
苏纶	苏州	1897 年	陆润庠	18 200	42.00	1905 年增 4 368 锭
大生	南通	1899 年	张謇	20 400	158.20	1904 年增 20 400 锭
裕泰	常熟	1905 年	朱幼鸿	10 192	69.90	
济泰	太仓	1906 年	蒋伯言	12 700	69.90	
振新	无锡	1906 年	荣瑞馨 荣宗敬 荣德生	10 192	27.08	1909 年增 2 184 锭
大生二厂	崇明	1907 年	张謇	26 000	86.37	
利用	江阴	1908 年	施子美 严惠人	15 040	42.00	

资料来源：孙宅巍，蒋顺兴，王卫星. 江苏近代民族工业史［M］. 南京：南京师范大学出版社，1999：104.

值得注意的是，吴地早期工商企业家的出身各有不同。有的由原洋务派企业家转化而来，如盛宣怀。他在奉李鸿章之招，于 1893 年接办上海机器织布局（后改名为华盛纺织总厂）时，提出要改变原先的"官督商办"形式，改为由"纺织稽查公所"向机器局征收捐款。这就使原先的行政管理关系转变为经济上的税收关系。而且他决定在上海、宁波、镇江等地集资创办分厂。他的上述设想尽管未能完全实现，但为后来华商集资创办纺织厂开了绿灯。事实上，在华盛纺织总厂建成前后，就有原上海机器织布局股东周晋镳、徐士恺、唐廉等集资创办了专门从事纺纱的华新纺织新局。[1] 这表明到 19 世纪 90 年代初，新型的资本主义工商业者也即近代工商业者已在形成之中。

从上述史实可见，近代吴地民族工商企业是从 1895 年开始勃兴的。这绝不是偶然的历史巧合，而是与甲午战争后，帝国主义大肆进行资本输出、掀起瓜分中国狂潮的危急形势有着内在的、必然的联系，是"实业救国"思想的付诸实践，反映了在民族、国家遇到严重生存危机时，吴地有识之士敏锐的救亡意识。[2]

---
［1］陈正书. 上海通史：第 4 卷　晚清经济［M］. 上海：上海人民出版社，1999：371.
［2］陈彦艳，王玉贵. 论近代吴地企业家［J］. 史林，2015（5）：156-161.

近代民营工商业的兴起和初步发展，不仅使吴地社会出现了一种全新的经济业态，而且更为重要的是，使吴地社会产生了群体迅速扩大、活力不断增强，且代表了历史进步的民族资产阶级，标志着吴地已由传统的农业社会向工业社会急速迈进，资产阶级的市民文化及其社团、革命团体和组织、民主革命思想等也均因此而出现并快速发展。在辛亥革命中，吴地社会在总体上能实现政权的平稳过渡，在很大程度上是由这一地区资本主义的快速发展所决定的。

二、工商企业家群体的发展

辛亥革命后，无论是南京临时政府，还是北洋政府，都颁布并实施了一系列有利于资本主义发展的政策和措施，再加上因第一次世界大战的爆发而形成的有利的外部环境，促进了吴地近代工商企业的发展。这种发展一直延续到全面抗战爆发前。

（一）吴地近代工商业出现第二次高潮

辛亥革命后至第一次世界大战期间，由于资本主义发展的制度性障碍被大大削除，以及帝国主义暂时放松了对中国的经济侵略，吴地乃至整个中国都出现了创办民族资本企业的第二次高潮。以无锡为例，到1919年，该地新增工厂52家，此后继续保持了较快的增长势头。到1927年，又新增了67家工厂。无锡跻身中国民族工业发达地区。

1. 缫丝业方面

1912年到1920年间，无锡几乎每年都有新的厂家出现，具体情况见表1-2。

表 1-2 1912—1920 年间无锡丝厂发展情况

年份	厂数/家	丝车/台	年份	厂数/家	丝车/台
1912 年	5	1 914	1917 年	9	2 978
1913 年	6	2 170	1918 年	10	3 276
1914 年	8	2 746	1919 年	11	3 756
1915 年	8	2 746	1920 年	14	4 580
1916 年	9	2 978			

资料来源：高景岳，严学熙. 近代无锡蚕丝业资料选辑［Z］. 南京：江苏人民出版社，1987：52-55.

由表1-2可知，1912到1920年间，无锡丝厂数增加了近2倍，丝车数则增加了近1.5倍。这种增长的势头在1922—1927年间仍在继续，其中无锡新设了6家丝厂，分别为乾源厂、怡昌厂、永泰一厂和惠生一厂、元记厂、瑞纶厂。[1] 苏州和镇江分别新增3家和2家丝厂。

1910年，在上海经营永泰丝厂的薛南溟先是承租，不久即买下设在无锡的锡金丝厂，因和丝业行家合作，将厂改名为"锦记"。1916年，薛南溟投资买下无锡的隆昌丝厂，后又投资创办永盛丝厂和永吉丝厂。1925年，为了更接近原料产地，薛南溟又将设在上海的永泰丝厂迁到无锡，次年即搬迁完毕，正式投产，从而使其控制的永泰系统成为当时全国规模最大的缫丝企业集团。永泰系统所生产的"金双鹿"牌生丝，质量优良，是驰名中外的品牌，1921年曾获美国万国博览会金象奖，售价超过一般生丝的40%左右。

在无锡，仅次于永泰系统的是乾甡系统。1909年，孙鹤卿和顾达三合资兴建乾甡丝厂，拥有丝车208台。1914年，教师出身的程炳若接任丝厂经理，在加强市场调查研究的同时，大力加强企业管理，不断提高产品质量，不久便创出"三跳舞"牌生丝在国际市场热销。1919年，程炳若等租办拥有256台丝车的福纶丝厂，由王贻荪任经理，从而使乾甡系统的生产能力增强一倍。1926年，乾甡系统建五丰丝厂，购置丝厂272台，使该系统的总丝车数量增加到700多台。

1910年由许稻荪、丁汝霖等创办的振艺丝厂，是无锡单个丝厂中规模最大的一个，创办时即拥有500多台丝车，之后其丝车数量又迅速增加到820台。

2. 棉纺织业方面

1913年，江苏全省共有8家纱厂，拥有纱锭17.14万枚，占当时全国民族资本纱锭总数的35.4%。[2] 这些纱厂基本都集中在南通、无锡、常州等吴文化地区，尤以张謇所属的大生集团最为著名。

1915年，大生纱厂在原有4.08万枚纱锭的基础上，增置纱锭2.06万枚，日产棉纱192件。同年，添购使用动力的织机400台，设立织布车间。这是江苏使用机器织布的开始。由于纺、织并举，获利甚丰，1919年一年大生纱厂即获利269.4万两，盈利率高达134.7%，创中国纺织史上的纪录。1922年，该厂在相继兼并宝昌等小纱厂后，拥有纱锭76 360枚、布机720台，股本增至250万两。大生二厂在1907年建成投产后，利用大生一厂原有的营销渠道，当即获利。1915年，在原

---

[1] 南京图书馆特藏部，江苏省社会科学院经济史课题组. 江苏省工业调查统计资料（1927—1937）[Z]. 南京：南京工学院出版社，1987：135-138.

[2] 江苏省地方志编纂委员会. 江苏省志·纺织工业志[M]. 南京：江苏古籍出版社，1997：2.

有86.5万两资本的基础上增股15.7万两，添置纱锭4 000枚，使总纱锭数增至3万枚，日产棉纱86件。

由于大生一、二厂的成功创办，张謇有了勃勃雄心，准备相继创办三、四、五、六、七、八、九厂，同时向机器制造、榨油、造纸等多个领域进军。但由于人才缺乏、企业管理上的落后及外部环境的变化，张謇的雄心壮志未能实现，他仅于1922年集资200万两，在海门常乐镇创办了大生三厂，拥有纱锭30 300枚、布机200台。

经过20多年的苦心经营，到1921年，大生集团达到顶峰，成为中国当时规模最大、实力最为雄厚的棉纺织企业集团。全集团共拥有资本508.8万两、纱锭16万枚、布机1 300多台。其间，大生一、二厂共获纯利1 673.57万两。[1]

在无锡，1919年，荣氏兄弟集股150万元筹建申新三厂，由荣宗敬任总经理，荣德生为经理。该厂有5万枚纱锭，1921年年底开始试车，次年正式投产。10月，500台织机又投入生产，纺织设备的先进性为国内一流。该厂年生产棉纱3万多件、棉布30万匹左右。尽管此时纱布市场的黄金时期已过，但由于荣氏兄弟加强管理，狠抓质量，产品一面世就获得顾客好评。在其他纱、布厂纷纷降低产品数量时，申新三厂在1922年仍获得了50.1万元的高额利润。

在业勤纱厂经营不顺时，杨翰西于1917年联合时任北洋政府财政总长周学熙、山东省财政厅厅长杨味云等，集资100万元，创办广勤纱厂，拥有纱锭近2万枚、布机52台。该厂在创办第二年即赢利。1921年，钱庄老板方寿颐等集资80万元，创办裕康纱厂。该厂拥有纱锭1.4万枚，年产棉纱1.3万件。

1920年，布商唐骧庭、程敬堂等集资50万元，创办丽新纺织印染厂（以下简称"丽新厂"），两年后建成投产。该厂分织造、漂染、整理三个部门，有织机400台，纱线丝光机、轧光机各3台，以及全套漂染整理设备，是江苏省早期设备配套较为完整、生产技术先进的一家染织厂。1920年，唐保谦、蔡缄三等集资83万元，创办庆丰纱厂（以下简称"庆丰厂"），拥有纱锭近1.5万枚、布机250台。

在常州，布商蒋盘发等集资60万元于1921年创办大纶纱厂。该厂拥有纱锭1万枚、布机260台。这是常州第一家近代棉纺织厂。同年，钱以振等集资60万元，创办常州纱厂，拥有纱锭1.4万余枚。1918年，刘国钧创办广益布厂，拥有80台铁木织机；1922年，增添布机216台；1923年，又创办当时常州最大的织布

---

[1]《大生系统企业史》编写组. 大生系统企业史[M]. 南京：江苏古籍出版社，1990：126-129.

厂——广益二厂。

3. 面粉业方面

荣氏兄弟的茂新粉业系统是当时吴地和江苏省实力最强的。设在无锡的茂新一厂，经1913、1918年多次增资后，资本规模达到60万元，日生产能力达到8 000包，所产"兵船"牌系列面粉畅销国内外，并成为上海面粉交易所的标准牌号。在茂新厂成功创办的基础上，荣氏兄弟于1916年租赁了惠元面粉厂，随后又出资16万元买下该厂，命名为茂新二厂，并于1918年扩建，日生产能力达到6 000包。1916年，荣氏兄弟租下经营不善的泰隆厂，将之改名为茂新三厂。两年租约期满退租后，荣氏兄弟在茂新二厂附设苞米粉厂，仍命名为茂新三厂。1917年，荣氏兄弟又租办宝新厂（后改称茂新四厂）。经过18年的发展，荣氏粉业集团的粉磨拥有量、日产能力分别增长了75倍多、253倍多，茂新系统的自有资本则从最初的5万元增至1923年的87.9万多元，增长了近16.6倍。[1]

唐保谦、蔡缄三等创办的九丰面粉厂自1911年正式投产后，于1914、1918年两次扩建，日产能力达到8 000包，所产"山鹿"牌面粉畅销苏、浙、津、辽各地。1918年九丰厂获利高达60万元。1919年，九丰厂投资20万元创建分厂，日产能力达2 500包。

（二）吴地工商业的进一步发展

1927年南京国民政府成立后，尽管在短时间内，官僚资本畸形发展，极度膨胀，但与此同时，民族工业也获得了较为快速的发展。

以当时吴地的著名工业城市无锡为例，到1929年，12个工业行业、208家工厂年产值达9882.9万元，占当年该市总产值的60%。据1930年调查，无锡有48家丝厂，14 733架缫车，仅次于上海。此后，由于世界经济危机的影响，无锡的民族资本企业受到沉重打击。各厂在艰难环境中进行了技术和管理革新，缓慢发展。1936年，无锡有纺织、缫丝、面粉、造纸、碾米、榨油、针织等20个工业门类、315家工厂；有6.3万名产业工人，仅次于上海；资本总额达1 407万元，处于全国第五位；年总产值7 726万元，在上海、广州之后，列全国第三位。于是，无锡获得了"小上海"的褒称。[2]

---

[1] 上海社会科学院经济研究所. 荣家企业史料：上册 1896—1937年 [Z]. 上海：上海人民出版社，1962：106-107, 111.

[2] 桑荟. 吴文化的创新与苏南的发展 [M] // 王立人. 吴文化与创新文化. 南京：凤凰出版社，2009：69-70.

1. 棉染织业方面

1932年仅无锡一地就有23家棉染织厂，具体情况见表1-3。

表1-3 1932年无锡棉染织企业情况

厂名	资本额/元	工人数/名	机械数/台	出品量/匹
申新			1 476	600 000
庆丰			250	262 086
广勤			50	42 000
振新			250	
丽新	602 800	670	650	105 000
劝工	40 000	210	400	20 000
南昌	5 000	29	20	3 000
瑞生	9 000	85	70	7 000
丽华	40 000	240	360	20 000
华森成			200	
大生	12 000	84	70	7 000
光华	10 000	130	150	5 000
怡盛			20	
新艺	7 500	105	100	7 000
竞华	10 000	242	210	6 000
恒华	3 000	33	30	4 000
永华			40	
新华	10 500	85	30	7 000
振华			50	
大华	10 000	55	20	4 000
华丰	2 500	54	20	4 000
同亿			100	
大新			150	

资料来源：孙宅巍，蒋顺兴，王卫星. 江苏近代民族工业史［M］. 南京：南京师范大学出版社，1999：267.

除无锡的23家棉染织企业外，江阴有13家，武进有18家，南京、常熟各有5家，南通有6家，吴县、启东各有2家，宜兴、海门各有3家，丹阳、昆山各有1

家,整个苏北地区仅宿迁有1家。[1]但在这一阶段,南通的大生集团由于长年重分配、轻积累,再加上规模过大、外部经营环境的不利变化,终于不堪重负,在张謇去世后不久,即被银行团接管。其他各厂也遭遇严重困难,如荣氏企业集团就碰到过几次险风浊浪,几近资不抵债,差点被国民政府实业部鲸吞。

但也有些企业在这一时期脱颖而出,成为新的亮点。1930年,刘国钧集资50万元,买下常州大纶久记纱厂,改组为大成纺织染公司,当年即获利10万元,几乎成了纺织行业的奇迹。从1930年到1937年的7年中,股本红利及职工分红共支出100万元,纱锭从10 000枚增加到78 836多枚,布机从200台增加到2 557台,注册资金从50万元增至400万元,漂染从无到有,规模发展到日加工5 000匹布。无论从哪个方面来看,大成纺织染公司都是区域同行业中的佼佼者。

2. 火柴业方面

刘鸿生于1920年集资12万元创办的苏州鸿生火柴厂在开始几年因日本、瑞典火柴的强烈冲击,加上管理不善、技术不过硬,年年亏损,一度宣告停业。1925年,刘鸿生联合周仰山买下营业欠佳、无法继续生产的上海燮昌火柴厂及其设在苏州的分厂。当年,因五卅爱国运动的开展,加上竞争对手的减少,鸿生火柴厂扭亏为盈。

为了抵御外国火柴业对民族火柴业的冲击,刘鸿生等要求国民政府提高火柴进口关税。在火柴业界的一再要求下,1931年1月,国民政府宣布将火柴进口关税从7.5%提高到40%,致使国外火柴进口量顿时骤降。为避免盲目竞争、实力内耗,民族火柴业开始积极探索行业联合之路。1928年,"火柴大王"刘鸿生与荧昌火柴厂朱子谦联合发起成立江苏火柴同业联合会。1929年11月,辽宁、吉林、广东、山东、江苏、安徽、江西、浙江、河北、河南等十几个省的代表齐集上海,决定成立中华民国全国火柴同业联合会,推选刘鸿生为联合会常务委员会主席。1930年,在刘鸿生的倡议下,鸿生火柴厂与荧昌火柴厂、中华火柴厂合并,改名为大中华火柴公司,资本达191万多元。

大中华火柴公司成立后的几年里,几乎每年都向下属各厂投资,增添设备,其中镇江荧昌火柴厂改造了齐梗房,添购了旋转理梗机、新型球式磨磷机及动力设备。苏州鸿生火柴厂则添设了磨磷机、新式糊机、压碎机、升降机、旋转理梗

---

[1] 孙宅巍,蒋顺兴,王卫星. 江苏近代民族工业史[M]. 南京:南京师范大学出版社,1999:268-270.

机等,生产效率和产品质量明显提高。比如,镇江荧昌火柴厂的人均年产量为37.66箱,是中小火柴厂的一倍多。[1] 1930年,大中华火柴公司下属的上海荧昌火柴厂、镇江荧昌火柴厂、苏州鸿生火柴厂、周浦中华火柴厂的年产量达122 037箱,占全国火柴总产量的22.43%。[2] 从1930年8月到1931年3月,火柴先后4次涨价,也从原先每箱30元左右上涨到50~60元,利润因此大增。1930年下半年,大中华火柴公司共盈利239 318元,扣除上半年亏损的113 783元,净盈125 535元。[3] 民族火柴业由此逐渐摆脱困境。

3. 水泥行业方面

水泥行业在这一时期有了较快发展。由姚锡舟联合陈光甫、朱吟江等在1921年集资100万元于南京龙潭镇创办的中国水泥厂经过初期发展后,获得了较快发展。1927年,经过改建、扩建和兼并,全厂日生产能力达到2 500桶(每桶170公斤)。1933年后,由于废两改元的成功实施,币制逐步趋向统一,加上政局总体平稳,民间集资投向实业颇为踊跃,全厂资本达到300万元。随着实力的不断增强,该厂决定进行技术改造。1933年,出资30万元从德国订购了料浆蒸发机3套。1934年蒸发机安装并运转后,窑尾排出的温度从688 ℃下降到154 ℃,生产条件大为改善,日产量也由2 500桶增加到3 000桶,年产量达到143 351吨,煤耗则从每桶52.4公斤降到40公斤。1935年,该厂又投资36万元,添购了一套新旋窑,产量进一步提高。该厂在1934、1935两年内共投资150万元,用于改进生产设备。1937年5月,该厂又增资90万元,使总资本达到540万元。在设备改良、产品增加的基础上,产品质量也明显提升。该厂所产"泰山"牌水泥与"马"牌、"象"牌等驰名品牌水泥不相上下,在市场中站稳了脚跟,不仅畅销上海等国内市场,而且出口到南洋一带,同时还获得了军政部、铁道部、资源委员会、中央信托局等政府部门的订货,甚至出现了"政府特派要员,驻厂守候提货"的情况。[4]

4. 面粉业方面

总的来看,这一时期面粉业的发展不够顺畅。从1927年到1929年,吴地没有

---

[1] 陈真.中国近代工业史资料:第四辑 中国工业的特点、资本、结构和工业中各行业概况[Z].北京:生活·读书·新知三联书店,1961:631.

[2] 上海社会科学院经济研究所.刘鸿生企业史料:上册 1911—1931年[Z].上海:上海人民出版社,1981:154.

[3] 张圻福,韦恒.火柴大王刘鸿生[M].郑州:河南人民出版社,1990:52.

[4] 陈真,姚洛.中国近代工业史资料:第一辑 民族资本创办和经营的工业[Z].北京:生活·读书·新知三联书店,1957:560.

新设粉厂,1930到1936年间共创办6家粉厂,其中1930年南京、太仓、常州分别创办了扬子、太仓、鼎泰面粉厂,1933年江都创办了扬州面粉厂,1936年无锡、苏州分别创办了广丰、太和面粉厂。粉业中心无锡在1931年仅有4家粉厂开工。当时,无锡粉厂可年产420万包,实际仅产276万包。为摆脱危机,一方面,各厂普遍注重机器设备的改良和更新,以适应更为激烈的市场竞争,如茂新二厂1926年因火被焚毁后,荣德生不惜巨资,引进英制40寸钢磨24台。茂新系统其他厂也纷纷以柴油引擎代替蒸汽引擎,并引进当时最新式的美国钢磨。1936年广丰厂创办时,采用德国最先进的制粉机,并配套洗、烘、筛等全套设备。另一方面,有的厂如茂新厂还积极为政府代加工进口美麦,总数达30万吨。从1936年起,吴地面粉业的生产形势明显好转。但随后发生的全面抗日战争打断了吴地面粉业的复苏进程。

5. 缫丝业方面

缫丝业在此一时期经历了由盛到衰,再缓慢复苏的过程。国民政府成立后,宣布对蚕丝业进行统制。此举促进了缫丝业的健康发展。[1] 以无锡为例,1925年丝厂共有13家,1927年增至19家,1930年进一步增至49家,1936年又增至51家,占全省丝厂总数的92.27%,拥有丝车15 562台,占全省的95.13%。[2] 如果没有抗日战争的全面爆发,吴地缫丝业必将进入一个更为繁盛的发展时期。

(三) 吴地工商业陷入困境

在全面抗战时期,吴地工商业陷入困境。1937年,日本发动全面侵华战争。不到半年时间,吴地广大地区几乎全部沦陷。在攻占这些地区的过程中,日本侵略者有意对留存的民族企业进行狂轰滥炸,随后又进行公开的劫掠。几乎没有一个民族企业能够幸免。一些正在内迁的企业在途中也遭到日军飞机的轰炸,损失惨重。大规模的军事行动结束后,日本侵略者又强迫所有幸存或修复重开的民族企业与之合营。20世纪40年代初在被"发还"时,所有企业都要交纳数目不菲的"代管理费""补贴费""赎回费"。被"发还"的企业,在经营范围、规模和产品出路等方面,仍要接受日本侵略者的强制管制。战时物资奇缺,沦陷区不少企业

---

[1] 孙宅巍,蒋顺兴,王卫星. 江苏近代民族工业史[M]. 南京:南京师范大学出版社,1999:249-250.

[2] 孙宅巍,蒋顺兴,王卫星. 江苏近代民族工业史[M]. 南京:南京师范大学出版社,1999:271-273. 但王赓唐、汤可可主编的《无锡近代经济史》(学苑出版社,1993)称,无锡1925年有20家丝厂,1927年有26家丝厂,1930年有52家丝厂,1936年有丝车15 832台,详见该书第109、115页及136页抗战前无锡缫丝业发展情况表。

为了躲避日本侵略者的监管，采取化整为零、向乡村转移等做法，继续进行生产，内迁企业则转为抗战服务，生产军需民用产品。

（四）吴地工商业的破产与新生

抗战结束后，不少留在沦陷区的民族企业曾一度被当作敌产而被国民政府接管。在被"发还"的过程中，民族企业都要支付为数不小的费用。待生产逐步走上正轨时，国共内战即已全面爆发。虽然吴地不是交战区，但为防企业"通共"，国民党政府又宣布对粮食、棉花等重要物资实行统制，不准自由运销。除荣氏企业等少数企业外，绝大多数中小企业的生产经营活动都难以正常进行，即便是大企业也受到明显冲击。随着战争形势越来越明显地向着不利于国民党政府的一方发展，地处国统区的吴地企业的经营活动越发困难，并最终走向破产。

中华人民共和国成立后，吴地民族企业曾获得过短暂的繁荣，随后由于"五反"运动的发动及资本主义工商业社会主义改造的次第进行，到1956年全部实行公私合营。曾经创造过无数辉煌业绩的吴地民族企业至此告一段落。

改革开放后，在鼓励民营经济发展的政策背景下，苏南这片吴文化的核心地区重又发出勃勃生机，在乡镇企业大发展的基础上，相继涌现出了华西集团、沙钢集团、波司登集团等一批实力雄厚、名响海内外的现代民营企业集团，技术和管理水平不断创新，新的经济业态不断出现。区域内的经济、文化、社会等建设动力不竭、活力四射。

近现代吴地工商企业家群体正是在他们所积极创办的众多工商企业的活动中大显身手的，并在经营这些工商企业的活动中，将不断创新的吴文化推到了传统文化难以企及的高度。

第二章
近现代江南工商企业文化的内涵（上）

近代吴地企业家的经营文化丰富多彩，内容全面，不仅是近代吴地企业获得成功的重要因素，而且极大地丰富了吴地的地域传统文化的内涵，并为吴地文化的进一步发展注入了新的血液和活力。

第一节　始终高度重视人才建设和技术进步

在近代吴地企业发展过程中，企业家不仅十分注重企业的技术引进和研发工作，而且非常重视人才建设，其主要办法有培养、引进和在实践中锻炼，因而吴地企业中涌现出了各种在关键时刻用得着的人才，从而为企业发展提供了源源不断的人才支撑和动力。

吴地企业家把对人才的培养和引进提高到了战略高度来看待。吴地企业家都十分重视企业的人才培养和引进，而在对各种人才的积累中，要数对技术人才的培养、引进和使用最具特色，这也是吴地企业技术保持不断进步的重要原因和依据。

一、荣氏企业家对人才和技术的重视

针对国外企业和国内同行在技术上的严密封锁，吴地企业家十分重视人才的引进和培养。在人才培养方面，吴地企业家除了创办大量带有公益性质的正规的

中小学外，还广泛设立职业培训机构，与此同时，更重视在实践中培养人才。荣氏兄弟因自身在经营实业方面有诸多先天性局限与不足，因而更为重视各类人才的培养与引进。

荣氏企业创始人荣德生对于人才的重要性有着相当深刻的认识，他经常说："人才之盛衰，实关系国运之隆替""事业之成，必以人才为始基"。[1]"总之人才为先，一切得人则兴"[2]。晚年的他，曾深有感触地说道："吾国数十年来贫弱原因，以政治腐朽、生产落后与国际市场之经济侵略，实为主要因素。但所以贫弱，所以无新事业发展，则缺乏人才启发之故耳。"[3]"余髫年习商，读书无多，迨后置身实业，职务繁冗，深感学识缺乏之痛苦，渐悟教育事业之可贵。"[4] 荣氏家族在经营企业时，十分注重人才的培养和企业的技术研发工作，且成就显著，荣氏兄弟亦颇以此为自得和欣慰。荣德生曾说："余历年所办学校，以工商中学得人为盛，次则梅园读书专修班造就亦多。工商毕业生都能学得实用技术，今日各工厂、各企业任技术员、工程师、厂长者不少，尤以纺织界为最多。豁然洞人才大多精研学理，品德优良，从事社会事业，或自创企业，颇不乏崭然露头角者，虽非纯粹技术，亦能有裨实用。"[5]

在早期发展中，荣氏企业在进口外国机械设备时，只进口那些最主要、最关键、技术含量很高的核心设备，其余辅助设备一律自己仿造。这样既节省了经费，又培养了技术人才。荣氏兄弟在公益中学中附设铁工厂，后扩大为公益、开源机器厂。这两家机器厂专门为申新、茂新等厂制造零配件及修理机械。而且，荣氏兄弟在订购机器前，必先看样机；在引进重要机器前，必先派人前往实地考察，比较设备优劣、价格高低，并多采用分期付款办法。1919年秋，荣氏兄弟委托曾任过北洋政府交通部电政司司长、时为上海总商会代表的著名电气专家、同族兄弟荣月泉借赴巴黎出席国际和会、呼吁各国废止强加给中国不平等条约的机会，对欧美各国工业特别是纺织、面粉业的生产技能和管理工厂的经验进行考察，并委托其选购先进机器。荣月泉订购了3万锭英国好华特新式纺机和2万锭美国萨克威细纱机，购进2组1 600千瓦发电机，用于申新三厂，使申新三厂的生产上了一个新的台阶，增强了其在同业竞争中的能力。该厂是当时华商棉纺织业中规模最

---

[1] 荣德生文集[M]. 上海：上海古籍出版社，2002：211.
[2] 荣德生文集[M]. 上海：上海古籍出版社，2002：208.
[3] 荣德生文集[M]. 上海：上海古籍出版社，2002：183.
[4] 荣德生文集[M]. 上海：上海古籍出版社，2002：264.
[5] 荣德生文集[M]. 上海：上海古籍出版社，2002：212.

大、设备最新的先进厂。

荣氏企业在引进外国技术时也有过教训。1917年,申新二厂拟添机改造。荣氏兄弟向日商三井洋行订购7 600锭英制纱机。时值第一次世界大战结束后不久、国际经济处于重组之中。洋行以汇率变动为借口,拖延交货期。当汇率下跌时,逼迫荣氏企业加价;当汇率上升时,又将已经到手的机器和部件另行高价出售,从中获利。洋行不守信用,不仅耽误了荣家工厂建设的安装进度,而且使荣氏企业蒙受了汇率、价格变动导致的损失。申新二厂的改造因此错过良机,未能及时投产,致使企业一连几年无法获利。荣氏企业后来在引进外国技术时,总是经过细致谈判,严格把关,对交货日期、地点、价格和付款方式等都有详细规定,对可能出现纠纷的环节都事先定好制约和反制约的办法。进口重要机器时还要派人出国考察,反复比较。

为延揽人才,荣氏企业可谓不惜重金、不计代价。只要是具有真才实学,对企业发展真正有用的人才,荣氏兄弟都会千方百计地加以引进。茂新厂创办时,他们以王禹卿原收入4倍的代价聘请他专门负责产品的销售事务,很快就打开了局面。1919年,无锡商会实业研究会召开会议。荣德生在听取了青年教师薛明剑的发言后,拍手叫好,决定邀请其加盟荣氏企业。薛明剑经过认真思考,答应了荣德生的请求。荣德生如获至宝,当即将申新三厂的创办和管理事务交由薛明剑全权负责,委任其担任总管一职长达18年之久。薛氏在担任总管期间,锐意进取,不断革新,使申新三厂的各项工作都走在荣氏所有企业的前面。荣氏企业的诸多改革措施都首先由申新三厂试行,取得成功后再逐渐推广到其他各厂。薛明剑还自办了20多家小型企业,并将其经营过程中的经验、教训用到申新三厂之中。因此,荣德生始终将薛明剑视为左膀右臂,对其信任有加,有时甚至连家务矛盾也请薛明剑出面沟通协调。[1] 为进一步进行管理革新,他们还聘请曾留学日本的朱仙舫当厂长,邀请汪孚礼、余钟祥、楼秋泉等工程师具体主持,并高薪聘请日本技师礼田哲雄进行技术改造。

荣氏第二代企业家继承了老一辈的做法,而且做了优化,每每收到良好效果。1944年年初,荣尔仁创立了苎麻实验室,致力研究、试验苎麻的脱胶和纺织的各种技术问题,在此基础上开设了苎麻纺织实验工厂。9月,他又创立了公益工商研

---

[1] 上海大学、江南大学《乐农史料》整理研究小组. 荣德生与兴学育才:下[M]. 上海:上海古籍出版社,2003:759.

究所，聘请化学专家钱宝钧、印染专家张承洪和美国的瓦姆斯等为专、兼职研究人员。研究所分设衣食工业、经济工业及化学工业3个系，以纺织、面粉、钢铁、机器及主要化学工业为主要研究范围，研究人员则各领课题自行研究。荣尔仁曾详细说明了设立研究所的目的：一是对企业生产和经营管理各方面的新问题悉心研究，精心改良；二是加强工商业界的联系，沟通工商界信息，使企业和市场、生产和流通得到适当的配合，在国内求协调繁荣，在国外求赢得市场，挽救进出口的逆差；三是将研究成果公诸社会，并接受工商机关委托，研究需要解决的实际问题。抗战胜利后，荣尔仁决定将公益工商研究所办成一个现代化的完备的纺织科学技术研究所，委托美国瓦姆斯莱公司根据美国现代纺织研究所的实际情况，对公益工商研究所进行规划和设计，还在国外订购了价值30万美元的最新式的针织、毛纺、印染、整理、空气调节等实验工场应用的整套机器、仪器。1947年，美国瓦姆斯莱公司代为设计的初步资料到沪。申新公司购地53亩（1亩≈666.67平方米）多，开工兴建新研究所。1947年4月，公益工商研究所创办《公益工商通讯》半月刊，分设纺织、化工、管理3个组，成立了专门的图书资料室。

荣氏兄弟在创办企业过程中，还充分认识到增强一线操作人员技能的重要性和急迫性。荣德生曾说过："今高级职员，如工程师等，均可借材异地，或聘毕业于外洋者。即如中级职员，亦类由中等工业学校毕业，已获初步之门径，无虑缺乏。"[1] 申新公司曾以月薪600元、免费提供豪华生活为条件，聘任过一位美国工程师；给予高级工程技术人员以高薪和优厚待遇，以及在厂内较高的领导地位和较大的权力；重奖、特奖一些为荣氏企业发展积极效力、踏实工作、做出成绩的各种人才。但大量的普通一线操作员工不能完全由社会提供。荣德生说过："今之最感困难者，厥为平日需用最广最要之工人。若辈既未经专门之训练，斯无相当之学识。今所用者，仅凭其敏捷勤慎，用其头目传习而得，陈陈相因之动作，以之应用于各部。如是而欲其改良进展，不犹缘木求鱼耶！故必为此辈大部工人谋技术能力之增高，方克有济。此敝厂申新所以有机工养成所之组织也。"[2]

作为实业家，荣氏兄弟历来认为，教育必须讲求实学实用，把有限的教育经费用到培养具有真才实学的人才上。在他们看来，"教育贵在实学，若虚有其名，

---

[1] 上海大学、江南大学《乐农史料》整理研究小组. 荣德生与企业经营管理：上 [M]. 上海：上海古籍出版社，2004：47.

[2] 上海大学、江南大学《乐农史料》整理研究小组. 荣德生与企业经营管理：上 [M]. 上海：上海古籍出版社，2004：47-48.

无裨实用，不如无学"[1]。因此，荣氏兄弟即使是在创办普通学校时，也始终高度重视向学生传授实用知识。虽然公益工商中学存在时间不算很长，但其因培养了许多实用人才，始终得到荣德生的肯定。

为了大量培养实用人才，荣德生还十分重视对企业员工的职业教育和培训。为了在企业中推行"泰罗制"，荣氏兄弟除加强对工人的技术指导外，还特别注重对青年工人的技术培训。1928年，荣氏兄弟在原公益工商中学创办了新职员养成所，采取半天理论学习、半天到工厂实习的方式培养技术骨干力量。这些技术骨干除供本厂使用外，还被输送到其他民族企业中担任技术管理工作。1932年，申新三厂设立了工人养成所，招收15~20岁的养成工。每个养成工都要通过相当于高小程度的识字、算术测验，并要进行持续性、记忆力、注意力、拔筒管测验和个别谈话、体格检查，被录取后还要进行为时3个月的技术培训和文化教育。在培训期间，每天学习操作技术8小时，上课2小时。在学习期满后，每天工作12小时。为推行标准工作法，荣氏企业还十分注重招收熟练工人。1929年，荣氏企业趁青岛日商纱厂工人罢工之时，曾派人到那里招收熟练女工。

1936年到1940年，申新企业在上海创办新职员培训班。在重庆和宝鸡的申新四厂也创办了职员培训班，前后共培养了250多名技术骨干。在抗战期间，荣氏企业在极为困难的情况下，仍然丝毫没有放松人才培训工作。总公司在上海开办了中国纺织染工程补习学校。这是一所在职职工业余进修的夜校，学制为两年半，前后共办了7期，毕业学生有400名左右。学生除申新企业的一些科室人员外，还有其他纺织企业的职工。荣氏企业还开办过多种女工识字班、工人夜校、艺训班等人才培训机构，部分厂还办过职工子弟学校。

荣氏企业在引进外国的先进设备后，还十分注重消化吸收并加以改进。荣德生提出，进口外国机器设备，应只进口关键的核心部分，辅助设备要力求自造，这样不仅能节省资金，而且能培养人才，增强企业生存和发展的自主权。1932年，申新二厂引进美国的"道白生"牌大牵伸纺纱机12部。这种纺纱机能以两道粗纱纺出32支细纱。荣氏兄弟组织工程师和技术人员进行攻关，研究如何根据新机原理将厂中原有老式的细纱机全部改成大牵伸机，经过一段时间的反复钻研，终于研制成功。荣氏兄弟在引进外国的先进设备后，还注意进行革新改造。福新面粉

---

[1] 上海大学、江南大学《乐农史料》整理研究小组.荣德生与企业经营管理：上[M].上海：上海古籍出版社，2004：113.

厂创办后曾从美国引进先进的"爱立司"牌钢磨面粉机,但引进初期效果不甚理想,产量和质量好长时间没有提高。荣氏兄弟组织工程师查找原因,终于发现这种面粉机是根据美国小麦设计的。美国产小麦杂质少,对清麦设备要求不高,而中国产小麦杂质多,原有的清麦设备显然是不能满足要求的。针对这种情况,他们对进口设备加以改进,加添5号直立打麦机和风箱等装置,同时加添自行仿造的圆筛,增置荞麦机等,从而使产量由每日2 400袋提高到3 400~3 500袋,最高可达4 000袋,面粉质量也有了明显提高。

二、其他企业家对人才和技术的重视

穆藕初在创办实业的过程中,充分认识到人才的重要性。他说道:"国家千百年大计,人间无量数事功,在在需才……"[1]又说:"国无人才,国将不国,才而不用,或用违其才,皆非爱惜人才之道也。"[2]"人才为事业之灵魂。"[3]

唐星海在庆丰厂成立了纺织养成所,培养专业人才,前后共办了5届,共培养了150名各类人才。每届学习3年。前3届为纺织专业,第4届为印染专业,第5届为财会专业。学员都是高中毕业生。为防止学员学成后跳槽,唐星海要求每位学员入学后要先交50银圆的保证金,工作3年后原数发还。他不仅重视员工的专业知识学习,还很重视基础知识学习,先后聘请了骆仰之、钱仲伟、王时雨、范名泉等专业名师前来指导学习,还特聘唐文治、吴敬恒等前来教授国学等基本知识。特别优秀的员工,还被选派到国外继续深造。1934年,唐星海又开办了艺徒训练班,招收小学毕业生,培养熟练工人。

张謇也非常重视人才培养,将之看成国家强大的重要标志和基础性工作,明确指出:"人皆知外洋各国之强由于兵,而不知外洋之强由于学。夫立国由于人才,人才出于立学;此古今中外不易之理。"[4]在大生纱厂创办之初,张謇高薪聘请了英国的汤姆司为工程师。一切技术和管理事务均由汤姆司说了算。所有机物料的添置全由他开单,他还指定由瑞记、怡和、地亚士等洋行承办。汤姆司来厂后,其儿子和另外三人的来华往返费用也由大生纱厂支付。张謇虽心有不满,

---

[1] 穆藕初. 生利的政府[M]//赵靖. 穆藕初文集. 北京:北京大学出版社,1995:180.
[2] 穆藕初. 惜人才[M]//赵靖. 穆藕初文集. 北京:北京大学出版社,1995:209.
[3] 穆藕初. 藕初五十自述[M]//赵靖. 穆藕初文集. 北京:北京大学出版社,1995:58.
[4] 张謇. 代鄂督条陈立国自强疏[M]//张謇研究中心,南通市图书馆. 张謇全集:第一卷 政治. 南京:江苏古籍出版社,1994:35-36.

但仍照单全付。[1] 为了解决兴办企业所急需的人才问题，他在南通等地创办了多所技术学校。大生纱厂创办后，为解决纺织技术人才，他适时开设了纺织专业学校；因盐垦植棉之需，设立了农业学校；随着商业、金融业的发展，设立了商业学校；为解决百姓看病就医的实际困难，创办了医学专门学校和护士培训所。他还创办了工商补习学校、蚕桑讲习所。

张謇不仅通过创办各类学校来解决企业发展所需要的各种人才，还通过引进人才或选送可造之才赴国外深造等办法来解决人才的需求问题。先后有数十位在国外学有成效的留学生自愿到南通工作。张謇还先后聘请日本教师木村忠治郎等人长期在南通多所学校担任数理、外文、体育与音乐等课程的教学工作，聘请德国医学博士夏德门担任南通医院总医长兼教员。在第一次世界大战期间，中国对德宣战后，需要遣返德侨，但张謇通过不懈的努力，最后留下了十多名专家学者继续在南通地区工作。他还以"南通保坍会"名义聘请在防海问题上有突出成就的荷兰水利工程专家特莱克负责修筑防海潮大堤。他在南通等地兴办的学校特别是理工科学校都要开设英语、数学、物理、化学、机织、应用力学、机械力学、电气工学、制图、织物组合和分析、棉纺学、染色学、工程建筑、工业经济和簿记、体操等课程，目的是培养德、智、体全面发展的复合型人才。他大概是中国教育史上第一个提出德、智、体并重的实业教育家。早在1902年创办通州师范学校时，他就提出以国家思想、实业知识、武备精神三者为教育之大纲。[2] 1904年创办扶海坨家塾时，他又提出要"谋体育德育智育之本"[3]。1914年，他在亲拟的"河海工程测绘养成所章程"中，进一步阐述了"三育"的具体要求：德育要"注重学生道德、思想，以养成高尚之人格"；体育要"注重学生身体之健康，以养成勤勉耐劳之习惯"；智育要教授必需的"学理技术，注重实地练习，以养成切实应用之知识"。[4] 尽管张謇所主张的德育的具体内容带有他那个时代和他个人特有的历史局限性，但他明确提出三育并举、特别重视德育与体育的思想是明显

---

［1］杜恂诚. 民族资本主义与旧中国政府（1840—1937）［M］. 上海：上海社会科学院出版社，1991：55.

［2］张謇. 师范章程改订例言［M］∥张謇研究中心，南通市图书馆. 张謇全集：第四卷 事业. 南京：江苏古籍出版社，1994：17.

［3］张謇. 扶海坨家塾章程［M］∥张謇研究中心，南通市图书馆. 张謇全集：第四卷 事业. 南京：江苏古籍出版社，1994：35.

［4］张謇. 河海工程测绘养成所章程［Z］∥张謇研究中心，南通市图书馆. 张謇全集：第四卷 事业. 南京：江苏古籍出版社，1994：123.

超前的。

刘国钧在经营活动中，不仅高度重视发挥人才的作用，而且在对人才的认识上有其鲜明的特点。他把人才分成三等，认为：懂经营管理，又懂技术的，是一等人才；懂经营管理，但不懂技术的，是二等人才；懂技术，但不懂经营管理的，是三等人才。[1] 在经营大成纺织染公司时，为了吸取国外的先进技术和管理经验，刘国钧曾选派南通纺织学院毕业的陈钧到英国去学习染色，本厂的优秀练习生缪甲三到美国去学习纺织。陈钧、缪甲三学成归国后，均被刘国钧委任为厂长。他们感于刘国钧的知遇之恩，都勤恳工作，在改进技术和新产品设计上尽其所长，为公司的发展壮大做出了特殊贡献。刘国钧还在企业中设立练习生班、艺徒班和值车工养成所，先后招收四五十名练习生、百余名艺徒和上千名养成工进行培训。具有初中文化水平的练习生经两三年培训后，充任副职管理员；具有小学水平的艺徒经培训后充任机工；来自农村、粗通文字且勤恳朴实的女青年经培训后充任值车工。此外，刘国钧还在厂里举办工人夜校，既教授基础文化课，又传授生产技能及机械构造和工作原理。

为了提高企业生产的技术水平，吴地企业家十分重视引进外国的先进机器设备。杨宗瀚在创办业勤纱厂时，为掌握生产技术，曾设法派精干人员到上海英商老公茂纱厂去学习，获得了提高产品质量的技术诀窍。他同时还很重视用户的反馈意见，不断进行改进，稳步提高产品质量，在经历了最初几年的困难后，逐渐打开市场。

庆丰厂辟建第二工厂时，唐星海亲自出国考察，经过反复比较，决定引进当时工艺最先进的日本PNA皮卷大牵伸和美国卡式大牵伸设备。在大规模引进之前，先各购进一台样机，经过实际使用，不仅摸清了机器的性能特点，而且培训了大批掌握先进技术的一线工人，然后再成批引进。在机器起运前，还派专人前往查验，直到全部合格后方才装箱。[2]

唐骧庭、唐君远在创办和经营丽新厂时，善于引进国外先进设备和技术。为引进外国最先进的机器设备，他们不惜东借西贷，多方筹集资金。为此，丽新厂的设备一直保持在很先进的水平上，其产品质量也因此得到保证。为引进技术人

---

[1] 中国民主建国会常州市委员会，常州市工商业联合会. 刘国钧经营大成纺织染公司的经验［Z］//中国人民政治协商会议全国委员会文史资料研究委员会. 工商经济史料丛刊：第三辑. 北京：文史资料出版社，1984：154.

[2] 王敏毅，尤兴宝. 无锡庆丰纺织厂三十年代企业管理的改革［M］//茅家琦，李祖法. 无锡近代经济发展史论. 北京：企业管理出版社，1988：110-118.

才，全厂尽管非常重视勤俭节约，但在给予洋工程师的待遇方面毫不吝惜。据统计，20世纪30年代初，全厂所有人员的工资不过5 000元左右，低者每人每月只有3~5元，但支付给一名洋工程师的薪金就达6 280元。

抗战胜利后，丽新厂在修复扩建时，唐君远听说瑞士里妥尔细纱机比较先进，便派专人对样机进行认真考察，先期购进2台试用，然后再大规模引进，避免了盲目性。其他如精梳机、印花机、三轧辊府绸整理机等，也都经过反复比较，并且都是当时国内同类企业引进的设备中最为先进的，安装使用后，使产品性能得到明显改进。[1] 协新厂则与瑞士嘉基颜料厂签订了为期7年的报销合同，取得了该厂"灭蠹"牌羊毛不蛀粉剂的独家专营权，生产的不蛀呢不仅在国内市场很受消费者的欢迎，而且远销国外市场。

唐星海掌握庆丰厂实权后，为改进生产，亲赴日本考察最新的纺织技术，并亲赴美国直接向厂商订购纺锭5万枚、布机400台，安排庆丰厂人员前去验收合格后才同意装箱起运。

20世纪20年代后，纺织业出现了一次重要的技术革新，大牵伸技术逐渐被广为采用。所谓大牵伸，是1923年由西班牙纺织专家首先试验成功的棉纺新技术。它通过改变纺机构造，提高转速，使棉纱拉长倍数增加，相应减去粗纺工序，直接纺出细纱，不仅大幅度增加了纱锭出纱量，而且提高了出纱的支数和质量。无锡申新三厂、庆丰厂等纺织企业在引进这一技术后，立即组织技术人员加以消化吸收，并对原有设备进行改进。经过认真对比研究，反复试验，终于弄清了其工作原理，并根据国产棉花的特点做了改进。将厂里原有的老牌英国道白生、勃拉特等纺机相继按照大牵伸的技术要求改造，不仅成倍提高了劳动生产率，而且使棉纺产品从16支纱为主向20支纱和更高支数提升，提高了棉纺行业生产技术的整体水平。

在技术引进和改造方面，还需要提到的是立式缫车的研制成功。20世纪20年代后期，日本丝业界率先成功研制当时世界上最为先进的御法川式立缫车，使生丝产量和质量得到稳步提升，但当时日本政府对这一先进技术严加保密和封锁，不准立缫车出口，尤其不准华人接触。薛寿萱下决心要自行研制立缫车。他聘请邹景衡、薛祖康等一批留学美国、日本的技术人员，在永泰练习班实验工场增设

吴文化与近现代江南工商企业文化

---

[1] 朱复康. 唐骧庭、程敬堂与丽新布厂[M]//寿充一等. 近代中国工商人物志：第二册. 北京：中国文史出版社，1995：561.

一个专门的研究室，集中力量进行攻关仿制。后来在无锡工艺传习所的配合和帮助下，他们终于成功试制中国第一台32绪立式缫丝车。经过进一步试验、修改、完善，缫丝车最终定型为20绪丝车，并批量生产。后来，无锡瑞纶等丝厂在江苏省立女子蚕业学校费达生等师生及上海环球铁工厂、无锡合众铁工厂技术力量的帮助下，也成功研制了立式丝车。这种丝车性能较日本同类丝车更优，被称为"华新式"。每车比日本丝车多4绪，转速快20转/分。到1936年，无锡将近一半丝厂采用了经过进一步改良的立缫车。

周舜卿在无锡创办裕昌丝厂时，从上海华纶丝厂购进96台旧丝车，聘请技术人员对丝车进行整修、改造，使丝车基本达到开车要求。但不久，丝厂所在的茧行发生火灾，所有丝车被烧毁。周舜卿依靠自己多年从事五金生意的经验，组织技术人员加以仿造，比购机节省15%的费用。

乾生丝厂将进口的558台意大利立缫车全部改装成小篢复摇式丝车，减少了切断和落绪，使生丝质量明显提高。民丰系统各厂，在薛寿萱主持下，先将大篢直缫式丝车改装为小篢复摇式丝车，随后又借鉴日本立缫技术，分批将坐缫车全部改装为多绪立缫车；仿制日本带川三光火热式烘茧机，以机灶取代传统土灶，并从无锡市推广到周边各县；从日本引进和仿造千叶式煮茧机，大大提高了出丝效率和质量。当使用过程中出现诸如生丝切断较多、车轴回转不顺、缫丝灌水温不匀、蒸汽阀漏气等问题时，薛寿萱依靠邹景衡、邹泰仁、李光华等技术人员，改制小篢，改进接绪器和鞘丝装置，加装防切断装置，使立缫车及相关配套技术进一步趋于完善，对无锡和整个苏南地区缫丝工业的技术改造起到了积极的示范和带动作用。与引进设备相配套，改进工业技术，成为吴地近代工业生产中一个不可阻遏的潮流。

刘鸿生在人才培养和引进上也舍得花本钱。在刚进入火柴行业时，为生产安全火柴，他曾以每月高达2 000元的高薪，聘请德国人马礼泰任华商上海水泥公司总工程师，免费提供花园洋房住宅一幢，每年还从厂里的余项下分给马礼泰一份红利。他还聘请韦斯门为总化验师兼副总工程师，卜克门为机械工程师，黎鸿汉为经理技术助理，戴兰璧为机匠领头。他们的薪水等待遇都远比国内同行要高很多。[1] 在经营走上正轨后，他以1 000元左右的高薪改聘国人林天骥为技师。[2]

---

[1] 张圻福，韦恒. 火柴大王刘鸿生[M]. 郑州：河南人民出版社，1990：57.
[2] 上海社会科学院经济研究所. 刘鸿生企业史料：上册 1911—1931年[Z]. 上海：上海人民出版社，1981：95.

这在当时的华商企业中极为罕见。

唐程集团也很重视智力投资。在他们提出的"智爱勤慎"厂训中，"智"被排在第一位。他们认为要办好企业，除了要遵循经济活动的基本规律外，还要充分发挥企业员工的聪明智慧，以智取胜。在人才建设中，他们把引进和培养相结合，采用练习生制，安排2名工程师帮带3名练习生，在实践中培养既会做工，又有专业知识的管理人才。

上海得利车行老板徐文渊不仅重视高级技术人员，对普通员工的录用和管理也很严格，以确保产品质量和市场信誉。车行员工的工资普遍不高，但徐文渊对分管进出口业务的高级技术人员实行暗补，还特批技术人员可以单独到饭店用餐，而他本人和其他所有员工都只能在厂里吃工作餐。聘用普通员工时，徐文渊除了要求应聘者亲笔填交申请书外，还要亲自面试。不仅要了解应聘者的履历，而且要了解其过去的工作情况和亲友关系，正式录用时还要求有保人。在工作上决不徇私情，而是任人唯贤。[1] 同样，电池业巨擘丁熊照在用人方面一秉至公，以事择人，不称职者，决不因循录用。厂中所聘职工均须经过试用考核，量才录用，待遇则视各人的贡献而定。同时，丁熊照还关心普通职工的生活福利，使其一心生产，而无后顾之忧。[2] 因此，他所经营的工厂，内部凝聚力始终很强，具有真才实学的各类人才均能有各自的用武之地。著名实业家邓仲和在经营活动中也始终奉行"唯才是举"的用人之道。凡有一技之长者，他都想方设法延聘到企业中，为其所用。进入他所创办的安乐系统的各类人才，大多是经过严格考核而被聘请或录用的精通技术或有实际办厂经验的人才。他知人善任，用人不疑。安乐系统的进出口公司曾因机器交货拖期而与英商信昌洋行发生诉讼。邓仲和聘请杨姓律师担任代理人。尽管杨律师在庭审中引经据典、应答如流，但官司仍然打败了。然而，邓仲和并没有责怪杨律师，不但如期付了有关费用，还亲赴杨律师所在的律师事务所，诚心邀请杨律师担任公司的常年法律顾问。杨律师为感激邓仲和的知遇之恩，遇事无不认真对待。有人如果尸位素餐，不善经营，即使是亲戚，也会被邓仲和辞退。比如，邓仲和就曾辞退过一位不会经营的安乐一厂的物料间主管，尽管这位主管是他的近亲。对普通工作人员，邓仲和不仅关心他们的生活福

---

[1] 黄培霖. 旧中国最大的自行车商店：上海得利车行 [G] //上海市政协文史资料委员会. 上海文史资料存稿汇编：7 工业商业. 上海：上海古籍出版社，2001：112.

[2] 廉建中. 丁熊照与"大无畏"电池 [G] //上海市政协文史资料委员会. 上海文史资料存稿汇编：7 工业商业. 上海：上海古籍出版社，2001：314.

利,还通过举办培训班来提升他们的文化水平和业务技能;在薪资待遇上,他对销售人员实行底薪加佣金的制度。每逢年底,对所有工作认真者都进行分等奖励,对有突出成绩者予以重奖和提拔。[1] 因此,安乐系统的凝聚力一直很强,这也是安乐系统取得成功的重要原因。

吴地商业企业为提高营业水平和服务质量,十分注重人才资源的培养和引进。培罗蒙西服店有王阿福、沈雪海、鲍公海、庄志龙等"四大名旦"。绸布店协大祥、宝大祥等之间经常互挖人才。方液仙负责的中国化学工业社对技术人才的引进和培养非常重视。这既是行业的特殊性所要求的,也跟方液仙的认识有很大关系。在中国化学工业社中,职员和工人之比为2∶8,远高于一般企业。大量职业技术人员的存在为企业生产方式的转变提供了必要的人才支撑。从20世纪30年代起,经技术人员的不懈努力,中国化学工业社的蚊香在行业中已率先由手盘改为机制,由自然晾晒改为机器烘干;牙膏由原先的脚踏式灌装改为电动机灌装;香皂也由手工包装改为机器包装。方液仙还高度重视对普通职工的技术教育和训练,并鼓励技术人员向外发展,共同把国家的化工事业推向更高水平。[2]

三、重视人才和技术的回报

吴地企业家对人才培养的重视为企业的发展带来了丰厚的回报。1913 年,茂新面粉厂新购钢磨 12 座。洋行派德籍工程师前来安装。时任茂新文牍兼稽核、在两江师范学堂专攻过外语的荣鄂生担任翻译工作,顺利完成了工作。1917 年,荣氏兄弟创办申新纺织厂,感到需要有更为专业的人才来负责处理对外交往业务。他们聘请了我国电讯界先驱、多次出国办理涉外事务、曾任中华民国南京临时政府交通部电政司司长兼全国电报督办的荣月泉来企业工作。荣月泉早年毕业于上海电报学堂,电讯技术一流,精通英语,对新式会计工作十分熟悉,还多次出国办理涉外事务,并在铁号行工作过,对机械设备也很了解。荣月泉品行高洁,为官清廉,与当时官场上盛行的各种污秽浊流丝毫无涉。对这样理想的复合型人才,荣氏兄弟极为倚重。他们先是任命荣月泉担任租办的保新面粉厂经理,租期满后,

---

[1] 马炳荣.记爱国实业家邓仲和[G]//上海市政协文史资料委员会.上海文史资料存稿汇编:7 工业商业.上海:上海古籍出版社,2001:324-325.

[2] 林汝康.中国化学工业社与方液仙[G]//上海市政协文史资料委员会.上海文史资料存稿汇编:7 工业商业.上海:上海古籍出版社,2001:295-296.

于 1919 年派他到欧美各国考察粉、纱工业，并订购战后企业发展所需的纺织机械及 1 600 kW 发电机两座。荣月泉回国后，荣氏兄弟任命他为汉口福新五厂经理。申新四厂创建后，荣月泉又担任经理，在那里一干就是 10 年。1931 年，年届耳顺之年的荣月泉主动提出辞职。荣氏兄弟认为他是荣氏企业的功臣，而且身体也允许，就请他负责总公司的五金材料部，严把机器设备的进口质量关。荣月泉在各种工作岗位上都尽心尽责，清廉自守，没有辜负荣氏兄弟的厚望，为荣氏企业的发展做出了应有的贡献，不仅获得周围同事的钦佩，也得到荣氏兄弟的敬重和厚待。

近代企业的发展，离不开必要的法律人才来处理各种不期而至的法律纠纷。荣氏兄弟在经营企业过程中就特别重视对法律人才的搜罗和引进。过守一就是荣氏企业众多法律人才中最为杰出的一位，多次在荣氏企业遇到棘手问题时，提供法律支援和帮助，使企业得以渡过难关，化险为夷。

1935 年，日本律师村上通过英国设在香港的鲁意斯摩洋行，趁荣氏企业因经营困难而不能按期偿还所欠英国汇丰等银行债务之际，欲以拍卖申新七厂来偿还债务为借口，妄图一举搞垮与日本纱厂有强劲竞争力的荣氏集团，置荣氏兄弟于十分不利的境地。此种阴谋如获成功，申新系统有可能因之坍塌；即使不能得逞，对申新和荣氏兄弟的信誉也会带来一定程度的打击。面对危机，申新的常年法律顾问过守一表现得异常冷静。他对荣宗敬分析道：申新七厂虽被英国洋行拍卖，但不用害怕，因为按照我国法律规定，一项债务涉及多个债权人的，如要拍卖抵押品，需债权人之间协商一致后方能进行。申新七厂产权虽然抵押给了英国汇丰银行，但同时还抵押给中国、上海两家银行。汇丰未与中国银行、上海银行协商，也未有成议，就擅自拍卖，是违反中国法律的。据此，申新七厂是有与其进行斗争的余地的。

事实证明，过守一的分析是有道理的。在鲁意斯摩洋行对申新七厂进行拍卖并且自行宣布生效后，荣氏兄弟便立即与上海银行总经理陈光甫和中国银行总经理宋汉章联系，由他们出面，联合在上海向中国法院提起诉讼，要求法院判处对申新七厂实行扣押。申新七厂职工自行组织起护厂队，全国各界也对英日帝国主义勾结起来企图搞垮中国民族企业感到义愤填膺，纷起声讨和揭露。英日两国担心激起中国人民更大的反帝运动，便悄然取消了这起拍卖活动。

然而一波刚平，一波又起。由于申新系统所欠巨额债务到期无法清偿，债权人担心血本无归，便联合起来向法院起诉，要求法院出面强制荣氏兄弟偿还债务的本息，并且承担诉讼费。法院判令荣氏兄弟尽快偿还所欠债务的本息及诉讼费。荣氏兄弟虽然也想偿还，但心有余而力不足，便问计于过守一。过守一认为，申新系统除清偿债务外已别无出路，但可采取缓兵之计，在诉讼程序上钻空子，明知上诉必败，也要反复上诉。他建议荣氏兄弟先向高级法院提起上诉，若不成再向最高法院上诉，目的在于拖延时日，以求转机。荣氏兄弟依计而行。与荣氏兄弟同样着急的还有上海银行的总经理陈光甫。他是荣氏企业的最大主顾，如果申新系统真的被法院查封，用于清偿债务，上海银行必然损失惨重。因此，他专程去南京晋见当时国民政府实际上的最高领导人蒋介石，力陈申新倒闭的严重后果。蒋介石出于巩固统治的需要，也认识到问题的严重性，于是密令各级法院，若遇行庄向申新提出的债务诉讼案件，一律接下来，但要压着暂不办理，从而使申新暂时从沉重的债务危机中缓过来。抗战全面爆发后，申新系统利用战争时期生产普遍萎缩的特殊形势，开足马力进行生产，获取了丰厚利润，同时利用汪伪政权宣布法币贬值的有利时机，很快清偿了所欠各项债务。

然而随着战时景气的很快结束，申新系统重又陷入了股权之争。起因是申新一厂、申新八厂被"发还"后，日本丰田纱厂要求强行收买申新一厂、申新八厂，遭到荣家的严词拒绝。敌伪不甘心，便挑动两厂的小股东起来造反。他们的如意算盘是，荣家为逃避小股东的发难，并摆脱两厂本已半死不活的困境，必然会就此收手，将企业卖掉，日商就可趁机收购。

过守一接手小股东们的起诉案件后，立即向荣家通报了这一信息，并商量对策。大家一致认为，既然小股东们是为利而来，荣家不妨在经济上做出点牺牲，让企业的所有权仍然掌握在荣家手里。于是，荣家请过守一出面，许诺给小股东们提升占股比例，并由总公司抽出一部分现款，按股分派，让他们能维持生活，还在总公司4楼专门安排了一个房间，让小股东们去清查账目，了解荣氏企业面临的严峻困难，以免上了外人的当。通过3个多月的反复交涉，小股东们终于接受了过守一的意见。荣氏集团又一次化险为夷。

有些人才则是在工作中被发现和选拔的。长期追随荣氏兄弟，并在荣氏企业中担任高级职务的荣永达、荣雪梅、丁梓仁、杨少棠、严裕昆、吴昆生等都是荣氏兄弟在工作中发现并加以培养的重要骨干和得力助手。

一次，在振新厂担任董事长的荣宗敬到厂里去视察，看到栈房的地面上非常干净，几乎见不到"落脚棉"，便问时任栈房管理员的吴昆生是如何做到的。吴昆生据实回答说：装卸工人有时把棉花掉到地面上是不可避免的。他只能要求他们尽量少掉一些。但这些落脚花如果不及时捡起来，就会被踏成废棉花，不能再做纺纱原料。农民辛苦种出棉花，再经收花，运到厂里上栈，是很不容易的。他就希望能物尽其用，因此常和勤杂工人一起专做捡花工作，让所有棉花都能派上用场。荣宗敬听后，很是感动。此后，荣宗敬便一直将吴昆生带在身边，并不断委以重任。福新系统创办后，吴昆生曾任福新三厂副经理。申新九厂成立后，吴昆生被任命为经理。荣德生对申新各厂综合考察后，认为申新九厂的经营管理情况和经济效益属于上等。经过吴昆生的不断努力，申新九厂成为申新系统规模最大的骨干工厂。

人才是企业生存与发展不可或缺的重要资源，甚至可以说是首要资源，也是企业能在技术上不断更新的重要条件，但光有人才这一软件还不够。企业要想在技术上实现创新，先进的机器设备则是必不可少的硬件条件。荣氏企业在引进国外先进设备方面，可以说从不吝惜，舍得花钱，但从来只引进国内或本企业无法制造的关键设备，而且在引进之后，很快将其消化吸收，并加以仿制和改进。

荣氏兄弟刚创办面粉业时，即从法国购买了 4 部石磨。这 4 部石磨尽管引进时已不是最先进的，但就国内面粉业而言，也还不算太落后，况且当时荣氏兄弟的资本实在太单薄。经过几年发展，积累了一定资本后，荣氏兄弟立即购买了当时最先进的英制钢磨。

1933 年，申新四厂在停电维修机器时因使用蜡烛不慎起火，厂房连同机器一并被烧毁。李国伟在拿到保险公司的理赔款，并争取到岳父荣德生的有力支持后，不仅重修了厂房，而且从美国购进了当时最先进的纺织设备，设立布厂和染厂，使工厂成为纺织漂染的联合企业。新企业的技术水平大为提高，加上及时改进了经营管理方法，使得产品质量明显提高。其产品"绿双喜"牌优质细布畅销全国。

刘国钧的经营理念是：机器要精，人头要灵。他广泛招贤纳才，因此在他经营的企业中，人才辈出，著名的有陆绍云、刘靖基、刘丕基、华笃安、朱希武、何乃扬等。这些人后来都成为中国纺织业名人。

刘国钧在经营大成纱厂获得成功后，获悉日本生产的灯芯绒手感好，着色牢，颇受顾客欢迎，便于 1934 年春第三次赴日本详细了解灯芯绒的生产过程，并买进了必要设备，还高薪聘请日本技术工人前来传授生产技艺。到抗战全面爆发前，刘国钧经营的工厂已能生产出与日本厂家产品相媲美的灯芯绒产品。

1936 年，刘国钧向瑞士企业订购了当时国际上最富声誉的"里透"牌纱锭32 000 枚，织机 1 008 台，后由于日本发动了大规模的侵华战争，刘国钧扩大和改

进生产经营的想法未能实现。

薛寿萱在经营永泰丝厂时,于1929年开设了练习班,培养技术管理人员和制丝技术人员。练习班由毕业于美国麻省理工学院的薛祖康具体负责,由蚕丝专家邹景衡等任教员。练习班前后共办了八期,每期招生二三十名初中水平以上的青年人,学制为两年。学员学习结束后,薛寿萱会挑选1~2名优秀学员出国深造,学员学成后则回永泰系统工作。被派赴日本留学的有戴亚民、吴德骥、周晦若、沈协和、陈东林等人。他们回永泰系统后,在工厂管理、技术改进和蚕种改良等方面都做出了显著成绩。薛寿萱还办过两期女子制丝指导员训练班,培养了一批生产车间的管理人员。1930年,薛寿萱又出资40万元,在无锡南门外河旺桥兴建华新制丝养成所,聘请美国麻省理工学院毕业的薛祖康担任华新制丝养成所所长,日本东京高等蚕丝学校毕业的邹景衡担任总技师(相当于总工程师),购置了322部当时国内最先进的多绪立缫车,采用千叶式煮茧机,改革工艺规程,培养立缫女工。养成所半年一期,前后共办了6年,每期招收300多名养成工,边教文化边生产实践,培养了3 000多名技术工人。

在人才培养和使用方面,薛寿萱一方面大力培养新型人才,另一方面很重视调动那些具有丰富经验的老一辈管理人员的积极性,同时想法改变他们的落后思想认识,让他们继续为企业的发展效力,力求避免新旧人员之间的矛盾冲突。他在积极培养新的管理人员和工人的同时,委任薛润培、曹祥生、姚梓香等具有丰富管理经验的老一辈人物担任厂长和经理。在供销方面,他竭力争取社会上具有购茧、售丝能力的人才,如袁端甫、潘家槐、费福焘等人。在管理方面,他聘请留学日本的张娴担任永盛丝厂厂长,留美回国的朱钰宝承担女工管理工作。在技术方面,他邀请江苏省立女子蚕业学校推广部主任费达生到厂里授课,并从事蚕种改良。

老一辈管理人员虽然经验丰富,但思想较为保守,陶醉于企业已经获得的丰厚利润,看不到进一步发展所潜藏的危机,而当时以日本为代表的缫丝技术正在迅速发展,国际上普遍采用多绪立缫式丝车。很明显,如果不能尽快采用最为先进的缫丝技术,永泰的发展机遇就要被葬送,但是如果强行进行改革,简单地将老一辈管理人员径行撤换,必然会遭到他们的顽强抵制,而且也有失公允。在这种情况下,薛寿萱既未鲁莽行事,也未消极等待,而是通过改变老一辈管理者的思想意识、让他们参与和领导的办法来推行改革。他力劝并安排薛润培带人去日本参观考察。通过实地考察,薛润培拓宽了眼界,改变了看法,"乃知我国工厂机械陈旧,不适现代之用",认识到若不"将永泰全部(意式直缫)丝车改为日式扬返坐缫车",势必落伍被动。[1] 在有了这样的清晰认识后,薛润培被任命全面负责永泰丝厂的技术改革事宜,并取得了很大成功,为永泰丝厂的长盛不衰打下了坚实基础。

在苏城长期享有盛誉的曹廷标伞店,在用人方面更是严格到近乎苛刻的地步,在录用工人时,无论是本帮(苏州大眼帮)工人还是泾帮(安徽泾县帮)工人,凡愿进工厂者,都必须先试做一件样品,经过全体老师傅共同审评、认为合格后,才能被录用。"因此,行业中曾流传这样一句俗语:'要到"标里"(对曹廷标伞店的简称)吃饭不容易。没有真本领,饭就吃不成'。又说:'一到"标里",生活无忧,竖的进去,横的出来'(指凡有技术者,不会轻易辞退)。"[2] 凡被招进曹廷标伞店的,都是从事纸伞工作多年的熟练工人。这样不仅可以节省大量培养学徒所花费的人力、物力,而且足以保证产品的质量。

第二节 与时俱进,不断改进和创新经营管理方法

成功的企业家都有创新精神。曾有一位法国学者用诗一样的语言对这种精神进行了具体描述:他们很像勇士,能迅速做出决定,具有不寻常的精力和毅力,满怀非凡的勇气和果断的魄力;他们奋不顾身地冲向广阔的经济战场,开辟一片又一片创新的领域;他们以一种广泛、灵活的应变能力和行动准则指导企业运行;他们有青年人的好奇心、发明者的创造欲、初恋者的新鲜感、亚神经质般的敏感性以及建设者和破坏者兼备的变革意识;他们双眼紧盯着国际上、国内外的各种信息,紧盯着市场需求,大脑中急骤地将外界的信息重新组合构造出新的创新决策。[3] 同时,企业家总是搜寻变革,对它做出反应,并将它视作机遇而加以利用。[4] 与时俱进,不放过任何一个稍纵即逝的有利时机,不断进行制度创新,改进经营管理,是吴地企业家获得成功的重要条件,也是十分有益的历史经验。

――――――――――

[1] 高景岳. 同步异归:从生产和管理看永泰丝厂和裕昌丝厂之成败 [M] //江苏省中国现代史学会. 江苏近现代经济史文集. 如东:如东县彩印厂,1983:92.

[2] 姬允奎. 誉满苏城的曹廷标雨伞店 [Z] //政协苏州市委员会文史资料委员会,民建、工商联苏州市委员会. 苏州经济史料:第一辑. 苏州:吴县文艺印刷厂,1988:267.

[3] 刘光明. 现代企业文化 [M]. 北京:经济管理出版社,2005:212.

[4] 德鲁克. 创新与创业精神 [M]. 张炜,译. 上海:上海人民出版社,2002:33.

一、荣氏企业的经营管理创新

荣氏企业原本实行吴地企业通行的管理制度，且各厂并不相同。"单就名称而论，同一职务，或称经理、或称总办、或称厂长。此经理、总办、厂长之下，或再设有副经理、副总办、副厂长一人至两人，或叫做协理、驻办或助理。甚至经理之外，同时设个厂长；更有设两个厂长而不设经理的，……。工程方面，也是如此，有总工程师，或总技师，有工程师或技师，有副工程师或副技师；或者三项人员同时设置，计总工程师一人，工程师一人至数人，副工程师一人至数人；或者不设总工程师，单设工程师一人，副工程师一人至数人；或者单设总工程师，而不设工程师或副工程师，此则不知总在何处；或者单设副工程师，而不设工程师或总工程师，此又不知副于何人。有的明明是工程师或副工程师，偏可特许其离开总工程师独立执行工程职务；有的明明是总工程师，偏只许其管理一部分工程。又工程师之外，或有总管的设置，所谓总管，当然无所不管，工程自在其内。此外，更有主任、副主任或总领班、四领班、双领班等，名称虽异，意义殆同，再用不着多举了。"[1]

荣氏企业财务管理也较混乱。据上海银行的调查，在申新系统内，"银钱之出纳，票据之保管，似无一定手续。发出票据，并不经负责人员签字，而收入票据则经职员私行兑取，存入私折，事过月余，方经发觉者有之；因职员疏忽将收入票据投入废纸篓中者亦有之。""不独各厂未经施行一种适当之成本会计制度，即总公司之财务会计制度亦极不健全。年终决算时，总公司之资产负债状况、损益情形未见有一整个之报告。同时，财务科有财务科之旧式簿记，会计科有会计科之新式帐册，工作重复而结果仍不完善。至于各厂之会计制度，均各自为政，极不整齐，会计科目亦不统一。对于出品因无确实之成本计算，故全由估计，而估计时又乏标准，咸以意为之。"[2] 上海银行所言或有过，因为此时正是以该行为代表的银团对申新系统实行委托管理的时候，但申新企业中的财务管理比较混乱恐是事实。为了应付银行，会计部通常制作几份不同的报表，有给本国银行的，

---

[1] 上海社会科学院经济研究所. 荣家企业史料：上册 1896—1937年 [Z]. 上海：上海人民出版社，1962：289-290.

[2] 上海社会科学院经济研究所. 荣家企业史料：上册 1896—1937年 [Z]. 上海：上海人民出版社，1962：290-291.

有给外国银团的,内容是反映某一个厂或某几个厂的生产和销售情况。这种报表,多的每天有五六份,少的则有一两份。总会计师许叔娱尽管向来在厂中推行"成本会计",但在总经理荣宗敬看来,会计部门的设立不过是"银行利息的附加还比钱庄利息合算"。他还认为:"从来旧学为体,新学为用,最合时宜。我不采用银行的纯新式,我们是旧帐新表,中外咸宜。"[1] 这种颇为矛盾的现象,在吴地早期企业家身上表现得相当普遍而且明显。学界基本公认,张謇的现代化思想就较为明显地反映出中西结合、新旧结合的矛盾品质。

但随着企业的进一步发展,这种不规范的管理制度的弊端便逐渐暴露出来。实现企业管理制度的创新势在必行。企业制度文化是管理文化的重要组成部分,是一定精神文化的产物。一定的企业制度文化又影响人们选择新的价值观念,成为新的精神文化的基础。制度文化还要随着物质文化的变化而变化,是物质文化建设的保证。[2]

吴地企业家都很重视改进和创新管理方法,以提高经营效率。荣氏企业创办时,和所有其他企业一样,在管理方面实行的是工头制,具体分为文场和武场两个系统。文场负责人员管理,设双领班、领班、女工头和童工头,管理女工和童工。武场负责机器设备等的管理,设总头脑、值班、机工。实际大权完全在工头手里,因此带来许多问题。他们尽管不懂技术和科学管理,但掌握着工人是否录用、收益多少乃至去留的权力,而工人普遍敢怒不敢言,严重影响企业的经营绩效。

为提高生产效率,加强对企业的科学管理,同时为了减少改革的阻力,荣德生提出了"新为表,旧为里,互相转抄,新旧并存"的改革原则,并于1924年率先在申新三厂对原有的企业管理制度逐步进行改革。具体由工程师汪孚礼、余钟祥、楼秋泉主持。根据荣宗敬的意见,全厂5万枚纱锭分开管理:美国机器使用的2万枚纱锭因机器生产效能较差,交给工程师们实行科学管理;英国机器使用的3万枚纱锭因机器效能较好,仍交给工头们管理。改革的结果:实行科学管理明显好于实行工头制管理。荣氏兄弟决定在所有厂中推广科学管理。后因遭到工头们的顽强抵制,荣德生乃决定徐图实行。一方面在原有的文场和武场中任用一部分受过高等、中等专业技术教育,懂得科学管理的新职员,并扩大他们的权力;另

---

[1] 上海社会科学院经济研究所. 荣家企业史料:上册 1896—1937年[Z]. 上海:上海人民出版社,1962:291.

[2] 刘光明. 现代企业文化[M]. 北京:经济管理出版社,2005:207.

一方面根据科学管理的要求，新建诸如保全部、考工部、实验室等新的管理部门。对原有工头，不是采取一律辞退的办法，而是日渐缩小其权力，逐步淘汰。到20世纪30年代初，内行领导、科学管理的格局在荣氏企业内部基本形成。这是一场极为重要的管理革命，不仅对荣氏企业产生了深远的影响，而且对吴地乃至整个近代中国的企业管理制度产生了重大影响。

在科学管理制度下，荣氏企业管理人员按照"泰罗制"原则，仿照日本纱厂的操作方法制定了一整套标准工作法，并强制工人执行，取得了相当不错的效果，使得企业的利润额不断增加。

20世纪30年代中期，申新系统利用暂时的经营困难，在申新改进委员会主任荣伟仁的主持下，对企业的管理系统进行了较为全面的整顿和改进，主要措施包括：调整设备，改进工艺技术；加强质量检验，统一产品标准；精简机构，辞退部分员工；强化市场营销，发展与各地商行的联营和特约经销；盘点物料，减少积压浪费；加强财务核算，完善会计制度，压缩各项开支；划清总公司和各分厂之间的职责和权限。通过这次整顿，荣氏企业集团的效率明显提高，管理更加规范。

福新企业在原料采购和组织生产方面，也明显比同类企业要有效率。福新一厂初办时，所需小麦都是由茂新企业在无锡统一采购，数量、质量有保证。而且福新一厂向银行、钱庄借款，基本上不需要动用本企业的资金。"办麦时，在麦购进之后，即在无锡向钱庄即日卖出申汇，将钱先付还麦行，无锡钱庄将汇票寄到上海茂、福新总办事处来收钱。上海见票承兑之后，照例还有几天期才付款。这样，小麦在无锡购进之后，即日装船到上海厂里入仓，只须花一夜天时间。麦入仓时，即可动工制造，再花一天便可出厂。可是货未出厂，批发部即已将货抛出而收到现款，把收入的货款，来偿付无锡购进小麦承兑的申汇，时间上绰有余裕。"[1] 由此可见，荣氏企业的高生产效率为企业节省了大量流动资金。

20世纪30年代中前期，李国伟在汉口负责申新四厂和福新五厂时，也积极改进经营管理方法。第一，招收大批青年女工，开办养成工短期训练班，在10个月中培养出掌握操作技能的千余名新工人。第二，为适应新购美制纺机的性能，改变总公司规定的混纺工艺，采用长纤维细绒棉花专纺16支纱，降低成本，提高产

---

[1] 上海社会科学院经济研究所. 荣家企业史料：上册 1896—1937年[Z]. 上海：上海人民出版社，1962：34.

量和质量，赢得市场。第三，减少经纬纱，织出价廉物美的"绿双喜"牌细布。不仅如此，为调动广大职工在生产经营活动中的积极性，在抗战期间，李国伟还冲破层层阻力，打破了总公司关于不得扩招外股的固有规定，通过举办新厂等办法，积极吸收社会游资，迅速扩张企业规模，收到了很好的经济和社会效果。

二、其他企业的经营管理创新

穆藕初在创办德大、厚生和豫丰等纱厂时，一直在改进企业的经营管理工作。他在德大纱厂率先实行"三八"制，安排工程师直接指挥生产，排除封建把头的干扰，提拔和安排一些有真才实学和实际工作经验的技术人员到各部门从事管理工作。

在企业的微观经营活动中，吴地近现代企业也采取了一些很有特点的方法。二十世纪二三十年代，吴地企业盛行租赁经营的风气。一些有经济实力的企业家在投身实业活动时，或创办厂房赁予别的企业家经营，或租别人的厂房从事经营活动。当时的工厂厂有实业厂和营业厂之分。所谓"实业厂"，是指企业家投资建造厂房、装添设备后，并不亲自经营，而是将其出租出去的工厂；所谓"营业厂"，是指从事生产活动的经营者承租别人的厂房，投入流动资金，购备原辅材料，招募职员和工人，从事具体的生产经营活动的工厂。出现这样的情形有几个原因：一是资金缺乏。投资建厂者缺少企业经营活动的流动资金，而租厂经营者缺少建厂的固定资金。租赁制的出现使得社会闲散资金的利用率实现了最大化。二是为获取经营效率的最大化。对于厂房和固定设备的所有者来说，不论企业生产是否赢利，租金的收取都是固定的；对于经营者来说，他们没有固定资产破产的风险，一旦发现市场低迷，就可以及时收手，将损失降低到最低限度。租赁制成为资本家规避和抵御市场风险、获取经营效益最大化的一个十分重要且有效的手段。正因为如此，一些企业主在将自己的企业出租出去的同时，又会租赁其他企业主的企业从事经营活动。三是租赁制的实行有利于实现生产的集中和规模化。经营者在租赁经营活动中可以积累经验和财富。他们在长期的生产经营活动中发现某种行业有利可图，便加大对这一行业的投资，或者将租赁企业买过来，或者投资兴办新的企业，而出租者之所以愿意出租有时是因为经营不善，有时是因为无力（心）经营。比如，荣氏集团15个面粉厂中，租办的有6个，期满收购的有3个。四是租赁经营有利于提高产品质量和调整产品结构。在资本主义生产方式出现的早期，由于资金缺乏，企业的生产规模一般都不大，技术也较落后，而且分散布

局,遍地开花。这是不利于提高产品质量的。一些生产规模相对较大、技术程度较好的企业为了保证产品质量,避免消耗资源、形成恶性竞争,便通过租赁的办法,使有些质量无法保证的小企业暂时停产。如薛南溟曾租赁了不少被称为"野鸡厂"的小丝厂,目的便是将它们关闭停业、减少阻挠。[1]

唐星海掌握庆丰厂的经营实权后,在企业中进行了大刀阔斧的改革,彻底废除了工头制,成立了以工程师为中心的工务处,制定了一系列科学管理制度,如设备保养制度、工艺改进制度、劳动操作制度等,从而使生产秩序井井有条。他对职工要求十分严格,常常不分昼夜地到车间里去查岗。工人生产懈怠一经发现就要受到严厉训斥和惩罚;技术人员如果长期没有长进,就有被解雇的可能。

薛寿萱在经营永泰丝厂时,十分重视管理工作,而且从招工环节就开始抓起,有"八要八不要"的规定,完全采取现代资本主义管理方式。当时人称:薛寿萱创办于1930年的华新制丝养成所不仅设备最新,而且管理之合法堪称全国之冠。在管理改革方面,薛寿萱在永泰系统建立总管理机构,统一采购原料,安排生产和对外销售。工人的考勤也有一定的制度。薛寿萱每天都要到各厂巡视,掌握生产和管理的第一手资料。

业勤纱厂创办后,杨宗瀚充分吸取了上海机器织布局失火的沉痛教训,普遍加强了安全生产意识,向外国专门订购了全套喷水设备和上等灭火机械。这在近代苏南工商企业中是极为少见的。

王汝嘉在上海襄阳路开设乔家栅食府(经营汤团)时,尽管其本人并不是制作汤团糕点的行家,但从自己擅长的经营管理着手,将企业经营得风生水起。王汝嘉采取的主要方式有:① 高薪聘请高士峰、黄鸿祥、匡兴国、吕修起、陆才根、严长发、高云鹏、陈小根等各类点心名师,从而使该店的所有点心都各有特点。② 重视培训工作,提高员工的操作水平,要求粽子要做到软、糯、香、鲜,汤团要达到入口糯而不腻。③ 重视品质,严禁偷工减料。④ 注重服务态度,使顾客有宾至如归的感觉。⑤ 要求乔家栅食府供应适时。随时节变迁,上市的点心各异,如春节有百果松糕、猪油糖年糕、八宝饭,清明节有青团,春秋季有擂沙圆,冬季有各色烩面、汤圆、三鲜瘪子团、面筋百叶,端午有粽子,中秋有月饼,重阳节有重阳糕,等等,其中汤圆、擂沙圆、粽子、猫耳朵、百果松糕、八宝饭、虾

---

[1] 当然,在租赁制条件下,企业也会出现盲目经营、过度消耗固定设备、设备老化落后、产品粗制滥造等问题,因为市场上常会出现供不应求的虚假繁荣和供大于求的产品滞销两个极端,从而使得正常的生产秩序被打乱。

肉月饼、香糟田螺、三鲜瘪子团、面筋百叶被称为"乔家栅十大名点"。⑥虚心学习，精益求精，经常带领师傅们到各家点心店品尝研究，博采众长。⑦研究不同顾客的口味要求，虚心征求意见，务求适合食客要求。⑧重视店面布置、广告宣传，充分利用报刊、电台广播、散发卡片等进行宣传，并提升服务品质，推广送货上门服务，且在送货车上写上"乔家栅食品"字样，标明电话号码，做到随叫随送。王汝嘉很快就将食府做成了上海滩的知名品牌店，梅兰芳、周信芳、俞振飞、沈尹默、吴湖帆等知名文化人经常光顾。[1]

三、经营管理创新的效益

科学而又规范的管理给企业带来了丰厚利润。20世纪20~30年代，多数华商企业经营惨淡，有的甚至纷纷破产倒闭，连国内外闻名的大生集团、荣氏企业也不例外，先后被银团接管。但有些企业在具有科学管理知识的年轻企业家的有效经营下呈现出蒸蒸日上的喜人气象，如德大纱厂、厚生纱厂和豫丰纱厂。1923年前，在穆藕初的有效经营下，三厂发展迅速，规模快速扩大。高峰时，三厂总资本达500万元，纱锭有10万枚，拈线机有11 000台，布机有600台。穆藕初还出面牵头，引进了西方国家的交易所制度。1920年，他联合纺织界大佬聂云台、荣氏兄弟等旗下的11家工厂，集资3 000万元（是原计划的10倍），在上海成立交易所。棉花的日交易量最多时达30万担，棉纱的日交易量最多时达15万担。1921年，为解决华商企业资金调剂的困难，穆藕初还主动集资100万元，在上海发起创办了中华劝工银行。

刘国钧经营大成厂时同样狠抓经营管理，精于算计。他对棉纱的用量与费用，每天生产多少纱布，能获得多少利润，都能做到了如指掌。一次月底结账时，他突然问会计当月的利润有多少，会计因无准备，一时答不上来，说要查了纱布产量的报表后才能知道。刘国钧说："我这里有个数字，你估算一下有多少出入。"结果相差甚微。由于刘国钧狠抓经营管理、注重"算计"，因此工厂很快得以上规模，产品也得以上档次。1930年，他以50万元的代价接办了濒临倒闭的大纶久记纱厂，改为大成厂。为整修机器和增加附属设备，花了巨款，不得已只好向上海

---

[1] 高洵侯，史琴谷. 话说乔家栅［G］∥上海市政协文史资料委员会. 上海文史资料存稿汇编：7 工业商业. 上海：上海古籍出版社，2001：100-101.

银行借贷了40万元作为流动资金。一些股东对前途表示担忧,心生退意。刘国钧对他们说,他们若担心公司前途,不愿合作的话,可以将入股资金改为存款,并保证在1~2年还清本息。由于狠抓企业的经营管理,结果第一年就获利10万元左右。这在纺织界绝对算得上是一个奇迹。"九一八"事变后,由于各地掀起抗日浪潮,提倡国货、拒用日货,大成厂年终除去股息、红利等开支外,净赚50万元。1932年,刘国钧将独资经营的广益布厂改为大成二厂,增添了印染设备,使大成成为苏南地区又一家集纺、织、印、染于一身的全能企业。

无锡唐程集团经营的丽新厂也是由于狠抓企业的经营管理,励精图治,在20世纪20~30年代纺织业界普遍每况愈下的情况下,逆流而上,大踏步向前发展。1931—1936年间,资本从100万元增至400万元,职工从1 600人增至3 500人,日产坯布2 000多匹,还能印染、整理色布3 000~5 000匹,品种有百余种。

第三节 注重品牌信誉,狠抓产品质量

技术保持不断进步,又注重管理的不断革新,是吴地企业产品质量不断提高的重要条件,但是仅有这两方面的条件还不够。吴地企业产品质量不断提高、花色品种不断增多,在市场上一直有很强的竞争力,还跟企业主要负责人的品牌和质量意识有很大关系。为了实施品牌战略,吴地企业家采取了多种措施,其中最为重要的就是诚信经营,狠抓质量。近现代吴地企业家在经营活动中普遍注重诚实守信、守法经营。

一、无锡企业家群体对品牌信誉、质量的重视

中国近代史上首家民营商业储蓄银行——信成银行的创办者周舜卿,早年在上海做煤铁生意,以诚实经营取信于人。一次,他在路上拾到一张1 000元的支票,不仅没有私吞,还按着支票上所提供的信息找到失主英国商人帅初,交还了支票,由此获得帅初的信任。帅初提供5 000两白银资金供他开设震昌五金煤铁号,从事中外五金贸易。极富经营才能的周舜卿由此发迹。[1] 周舜卿的这次经历

---

[1] 周舜卿[Z]//中国人民政治协商会议全国委员会文史资料研究委员会.工商经济史料丛刊:第四辑.北京:文史资料出版社,1984:105.需要指出的是,作为资本家的周舜卿的社会面貌是多方面的,最大限度地追求利润是其本性使然,因此他身上时而出现的欺诈行为也很好解释。

虽带有很大的偶然性，但与他平时诚信待人的做人原则是分不开的。在接受帅初的资助后，他把每年的盈利悉数存起来。帅初在英国病逝后，其子来上海办理善后事宜，只是取回了应得的历年所积累的3万两利润，其余都归周舜卿所有。这在一定程度上也可以看成诚信所带来的回报。

荣氏企业也十分重视企业的信誉和产品的质量。荣毅仁曾回忆说："先父经营企业讲究实干，他始终认为要以保持产品的质量为基础，才能维护企业的信誉，取得用户的信任，达到不断发展企业的目的。"[1] 荣德生说："古之圣贤，其言行不外《大学》之'明德'，《中庸》之'明诚'，正心修身，终至国治而天下平。吾辈办事业，亦犹是也，必先正心诚意，实事求是，庶几有成。"[2] 他把"戒欺"作为座右铭，强调"心正思无邪，意诚言必中"。

荣德生在总结自己事业上的成功因素时，认为他做到了"但凭诚心，稳步前进，虽屡遭困厄艰难，均想尽方法应付，终告化险为夷"。[3] 又说："与市井中人谈，常恨少真意，遇有真意者，即是成大事业而明理之人。"[4] 在他主持编印的《人道须知》中，进一步说道，"与商人言忠信，似乎高远，而理实浅近。假如一人主理商店，著有数十年之功勋，而莫能及之者，则此一人必忠于其事，信于其主者也。又如一物，必经某店制造，四远驰名，而莫能及之者，则此制物之人，忠信又可知也。反言之，商人嗜利，有贩卖毒物凶器，并与自产物冲突洋货物者，有影射洋商，倚势凌人者，有承办军械，弊混滋多者，此类不胜述，皆不忠之甚者也。市场通病，有以伪乱真者，有冒牌侵权者，有骗局吞财者，此类亦不胜举，皆不信之甚者也。忠信与否，惟在一心，正与不正之分而已。能尽忠信之实者固少，而据忠信为美名者甚多。如寻常货物仿帖，其自称有加工监制者，有选料精造者，有货真价实者，则忠是也。有包退回换者，有老少无欺者，有真不二价者，则信是也。"[5]

虽然近现代吴地大企业家普遍注重信义，但像荣氏兄弟那样，将忠信、信义的重要性强调到如此高的程度，还不多见，因而显得特别难能可贵。

按旧时惯例，纱厂花栈进出棉花时要扣足秤头，多的时候一年即达数百担。花栈负责人以此获利的不在少数。为了改掉这一陋习，1920年申新三厂即将开办

---

[1] 荣德生文集［M］.上海：上海古籍出版社，2002：3.
[2] 荣德生文集［M］.上海：上海古籍出版社，2002：150.
[3] 荣德生文集［M］.上海：上海古籍出版社，2002：202-203.
[4] 荣德生文集［M］.上海：上海古籍出版社，2002：190.
[5] 荣德生文集［M］.上海：上海古籍出版社，2002：367-368.

时，荣德生专门对时任花栈负责人的内侄说，"对棉花客商必须公平秤足，不许克扣花客一斤半两。栈中如有秤余，我就要认是偷窃花客而来，我就要处理，过分多余的，立刻就要停职"[1]。

荣氏企业一贯重视狠抓产品质量，树立品牌信誉。茂新面粉厂开办后，以"兵船"牌作为企业商标。该商标蕴含劈波斩浪、勇于前行、敢于与国内外著名品牌对抗、驶向世界大市场的意思。从企业创办时起，荣德生就对原料的选购和仓库的保管做了严格规定，要求各办麦处严禁采购失晒受热的小麦，对进仓小麦进行认真拣选。江南地区雨水较多。一次，荣德生外出巡视，看到多数仓库外墙返潮，墙脚水痕有时高至丈许，联想到仓库内小麦也有可能受潮，便马上通知各庄收麦人员特别注意不收潮麦，并将仓库内受潮霉变的小麦全部清出。结果那年无锡粉厂都受到霉烂小麦影响，产品质量普遍不佳，销售受到影响，唯荣氏"兵船"牌面粉未受影响，由此博得市场的声誉，逐渐打开了市场。

后来，经过进一步认真比较，荣德生发现产自四川的小麦磨出的面粉质量上佳，颇受顾客的好评和欢迎，于是茂新厂的原料麦多以川麦为主。严把质量关，为荣氏企业带来了丰厚的回报。"兵船"牌乃由末牌渐升至头牌，在1912年的南洋劝业会上得了大奖。[2] 由此，产品销路渐广，销量大增，荣氏企业也在面粉业界站稳了脚跟，并为日后的大发展奠定了坚实基础。即便是在其他面粉厂纷纷陷入困境之际，茂新的"兵船"牌面粉也畅销不衰，且后来居上，超过了面粉市场上信誉颇佳的"老车"牌。对此，荣德生颇为自得地说，"茂新牌子甚佳，人人称赞。各厂皆滞，惟我独俏，价已超过'老车'，目的已达。他厂无利，麦贵粉贱，销滞耗利，我则无存货"[3]。荣氏兄弟从面粉企业中获得了厚利，为进军纺织业积累了必要的原始资本。

随着企业规模的不断扩张和实力的迅速增加，荣氏企业有能力根据市场上的不同顾客群体生产出不同品质和档次的面粉产品，有"绿兵船""蓝兵船""红兵船"三种品牌，其中以"绿兵船"的品质为最好。除了"兵船"外，荣氏企业的面粉产品还用过"宝星""红绿牡丹""红蓝福寿"等著名商标。

品牌信誉的获得为企业的进一步发展提供了良好的条件。荣氏企业的"人钟""双马"牌棉纱成为上海棉纱市场的标准产品。上海棉纱期货市场的价格以"双

---

[1] 无锡市史志办公室. 薛明剑文集：上[M]. 北京：当代中国出版社，2005：558.
[2] 荣德生文集[M]. 上海：上海古籍出版社，2002：315.
[3] 荣德生文集[M]. 上海：上海古籍出版社，2002：61.

马"牌为依据，于是狡猾的日商纱厂因中国抵制日货运动致其产品销量大减，从1928年起就开始用其产品冒充"人钟""双马"牌棉纱进行销售。如1928年10月，华商纱厂联合会就发现日商产品冒充"人钟"等名牌棉纱在内地销售。为制止这一卑鄙行为，华商纱厂联合会特地登报悬赏，如：查实冒充华商纱厂产品者，奖励5 000元；查实冒用商标者，奖励1 000元。1932年1月约60草包冒牌棉纱在上海昆明路被截获，9月又有32捆日商冒牌"人钟"牌棉纱在济南被查获。[1]这类情况几乎一直延续到抗战全面爆发之时。可见，日商仿冒荣氏企业产品的时间相当长，数量特别多，情形相当严重。这从一个侧面也说明荣氏企业产品质量过硬，市场信誉良好。荣氏企业还以"人钟""双马"牌棉纱的市场信誉为依据，大量抛售棉纱栈单，一方面主导市场上的棉纱价格，另一方面从中提前获取巨额的流动资金。除"人钟""双马"牌产品外，荣氏企业还生产过"红人钟""金钟""好做""特别好做""宝塔""金双喜""金双马""人元宝""红鸡""人枪""四平莲"等品牌产品。[2]这些不同品牌的相继出现，除了迎合和满足顾客不断趋新的心理需求及适应纺织行业快速发展的要求外，还表明荣氏企业自身也在不断发展，用不断推出新品牌的办法来拓宽市场渠道和促进企业自身的发展。

为了把好原料关，荣德生对采办棉花的负责人说：采办棉花非难事，只要把握好三个"一点点"就可以了，即花色白一点点，水分干一点点，纤维长一点点。正是这三个"一点点"成就了荣氏企业棉纱的高品质。

唐程集团在经营丽新厂时十分重视产品质量。该厂是20世纪30年代全国唯一的一家能纺高档细纱的工厂。1933年，日本《朝日新闻》称丽新厂是日本棉纺业的劲敌，其名牌产品如"长胜王"精元华达呢和直贡呢，品质超过日商的"四君子"牌。该厂的"九美图"和"鸳鸯"牌府绸，可与德商的同类产品相媲美，畅销天津、西安及东南亚一带；"鲤鱼"牌府绸和麻纱则为南洋群岛的居民所乐用。

唐蔡集团庆丰厂生产的"双鱼""鹤鹿同春"牌棉纱，因为条干均匀、拉力强、光洁度好，同样深受用户欢迎。

生丝质量的好坏与蚕茧质量的高低关系极大。徐锦荣在薛南溟支持下经营永泰丝厂后，力创名牌。他精选无锡产优质"莲子种"和浙江萧山"余杭种"中的

---

[1] 上海社会科学院经济研究所. 荣家企业史料：上册 1896—1937年［Z］. 上海：上海人民出版社，1962：359-360.

[2] 上海社会科学院经济研究所. 荣家企业史料：上册 1896—1937年［Z］. 上海：上海人民出版社，1962：290.

一二号蚕茧做原料,并不惜一切提高缫折。经过全厂职工的辛勤努力,永泰丝厂终于在1905年缫出了日后享誉全球的"金双鹿"牌优质丝。这种丝纤度齐一、偏差小、丝线光洁、拉力强、抱合性好,能用来织造高级绸缎和高级丝袜。为防假冒,徐锦荣要求工人在每绞丝内夹入薄打字纸精印的"金双鹿"商标。永泰丝厂的"金双鹿"与当时上海的"厂图""铁锚"和苏州的"丰人"被公认为当时的国产四大名丝,每担售价要比普通丝高出三四百两银子,而且往往供不应求。于是,薛南溟决定扩大生产规模。1910年,租下由王敏文在无锡西门刚刚建成但尚未开工的锡金丝厂,改名为"锦记",以表示对徐锦荣的感激和重视。1916年出资购进了周月珊经营的隆昌丝厂。1918年出资在无锡亭子桥建造永盛丝厂。1920年出资建造永吉丝厂。到20世纪20年代初,薛南溟已拥有永泰、锦记、隆昌、永盛、永吉5家丝厂,共有缫丝车1 814台,工人3 000多名,组成了无锡地区乃至江南一带少有的丝业集团。1921年,永泰丝厂派出14名工人代表中国丝织界参加了在美国纽约举办的万国博览会,并当众表演了精湛的缫丝技术,受到广泛好评,"金双鹿"牌生丝也获得了金象奖。

为提高生丝品质,薛寿萱非常注重蚕种的改良。1926年,他给永泰丝厂的技术员陆某贷款创办蚕种厂,生产"三葫芦"牌改良蚕种。1929年他又出资在镇江桥头镇购地千余亩,与薛润培合伙创办了第一蚕种厂,计划每年春季制种10万张,秋季制种3万张。1930年,他又以其妻荣卓仁的名义出资在无锡钱桥开办了第二蚕种厂,计划每年春季制种2万张,秋季制种5 000张。后又在无锡荣巷设分厂。3家蚕种厂都生产"永"字牌改良蚕种。为加强对蚕种改良的研究工作,薛寿萱还在薛家大院里设立永泰蚕事部,专门负责推广改良蚕种,提倡和鼓励农民购买良种,换掉土种,改进传统的养蚕方法。他还仿制日本先进的烘茧机,以降低烘折,提高干茧质量。1931年,当中国缫丝业进入萧条期,许多丝厂被迫关闭时,薛家的永泰丝厂却能照常开工并获利,是因为"永泰的'金双鹿'和乾甡的'三舞女'均属中国四大名牌生丝之列,在危机期间杂牌丝几乎断绝销路,而名牌丝仍有一定市场,这也是永泰、乾甡两厂能渡难关并得到发展的关键原因"[1]。

在半殖民地半封建的近代中国,一些企业的产品常常会蒙受来自实力雄厚的外国企业的不白之冤。简照南兄弟经营的南洋兄弟烟草公司所生产的"爱国""双

---

[1] 马俊亚.规模经济与区域发展:近代江南地区企业经营现代化研究[M].南京:南京大学出版社,2000:136.

喜""大联珠"等品牌香烟质量上乘、价格公道，颇受国人的喜爱，销路很好，引起英美烟草公司的嫉恨。它们依仗自己的雄厚实力，先是大量购买南洋兄弟烟草公司的香烟，放在潮湿的堆栈里任其受潮发霉，然后再择机集中投放市场，使得市面上到处都有南洋兄弟烟草公司的霉烟。用户很是不满，纷纷退货。[1] 南洋兄弟烟草公司一开始不明所以，吃了不少哑巴亏。

二、其他企业家群体对品牌信誉、质量的重视

张謇在总结一些企业旋生旋灭的经验教训后，曾指出："即局面阔绰之企业家，信用一失，亦长此已矣。"[2] 张謇和荣德生等还很重视守法经营。早在1914年，荣德生等作为工商界代表到北京开会时，时任北洋政府农工商部总长的张謇就要求他们多研究法律，以免在跟外国人打交道时吃亏上当。荣德生当时虽未认识到其中的重要性，但在经营实业活动时还是经常研习各种法律制度，做到自觉遵守。他曾说道："余数十年经营，未尝触犯刑章，二十余岁读刑、民法，三十岁后始有商会，遂习商法，凡事依法而行，至违法取巧之事，万不可为也。"[3] 他特别强调，在经营活动中，一定要诚实守信。

阜丰面粉厂开办后，为赢得市场信誉，扩大产品销路，获取高额利润，非常注意产品质量的改进和提高，形成品牌效应。阜丰面粉厂开办后不久，为在市场上树立信誉，抵御洋面粉的冲击，经营管理者着力提高面粉质量，根据面粉消费者既要粉色白，又要筋质好的要求，按照不同小麦品种所具有的物理性状，反复研究合理的搭配比例。紫皮小麦筋质好，但色泽暗。黄皮小麦和白皮小麦粉色白，但筋质较差。将7成黄皮麦和3成紫皮麦搭配使用，效果良好。为防止出差错，运麦工人穿着不同颜色的工作服，按搭配顺序下料。为保证各品种小麦不断货，该厂在不同品种小麦产区遍设麦庄或委托当地行商收购。在国产小麦不敷使用或难以保证时，阜丰面粉厂还大量采购外麦，仅1922—1936年间（缺1924、1926、1929年数据），阜丰面粉厂就从美洲、澳洲等地购买洋麦1 283 550 吨（占到其用

---

[1] 樊文珏.英美烟公司琐话[G]//上海市政协文史资料委员会.上海文史资料存稿汇编：7 工业商业.上海：上海古籍出版社，2001：158.

[2] 张謇.北京商业学校演说[M]//张謇研究中心，南通市图书馆.张謇全集：第四卷 事业.南京：江苏古籍出版社，1994：112.

[3] 荣德生文集[M].上海：上海古籍出版社，2002：170.

麦总量的50%~60%）。[1] 该厂生产的"自行车"牌面粉在市场上有很强的竞争力。用户习惯称之为"老车"牌。1922、1923年，由于外销减少，各民族面粉企业纷纷把开拓国内市场作为企业发展的重要手段。一批中小面粉企业经营困难，纷纷关门倒闭或转让。唯阜丰面粉厂不但没有缩小生产规模，反而出现了产销两旺、稳步发展的喜人景象。

德大纱厂因狠抓质量，品质一度居上海各纱厂之冠，在市场上极具竞争力。1916年，在北京举行的纱厂产品质量比赛会上，开工不久的该厂生产的"宝塔"牌棉纱荣获第一名，为上海工商界所侧目，穆藕初的经营才能和管理思想由此也得到上海企业家的高度重视和一致好评。

为了提高产品质量，吴地企业家还注意从源头上也就是原料的采办和改良上下功夫。棉花的品质在很大程度上决定了棉纱的质量。为提高棉花品质，穆藕初创办穆氏植棉试验场，引进美国哥伦比亚和赫尔奔等长纤维棉种，经过3年多的努力，终于获得成功。单株棉铃最高可达40个，一般在20个以上，比国内一般棉种要多出5~6倍。

雷允上制药厂为保证产品质量，一贯严把原料关，对所进原料都严格按专门标准办理，遇到以次充好等情况，坚决退货，即便是负责人触碰这一高压线也不稍宽宥。如雷滋藩当负责人时，有一次收进不合规格的珍珠，不仅退了货，而且引咎辞职。[2]

注重产品质量是吴地成功企业的共同秘诀。1915年，在旧金山举办的美国巴拿马太平洋万国博览会上，张謇推荐的吴县刺绣大师沈寿精绣的"耶稣肖像"获得头等大奖，被列为世界最著名的艺术品之一，就是高度重视产品质量的结果。

长期誉满苏城的曹廷标伞店，不仅一向十分注重原料的选购，而且十分重视对生产技术、业务知识等的钻研。在原料方面，曹廷标伞店始终坚持其先人的遗训："要做出名牌，以讲究原料为第一。"生产伞的原料主要有纸、竹、油、漆四种。经过反复实践，长期比较，曹廷标伞店最后确定：纸以汉口皮纸为最佳，竹以浙江大竹为主，油以汉白为优，漆以苏州洞庭西山柿漆为传统佳品。由上述四地原料做成的伞，经久耐用，深得用户喜欢。

---

[1] 上海市粮食局，上海市工商行政管理局，上海社会科学院经济研究所经济史研究室. 中国近代面粉工业史[M]. 北京：中华书局，1987：203.

[2] 周云龙. 雷显之及其雷允上诵芬堂药铺[G]//上海市政协文史资料委员会. 上海文史资料存稿汇编：7 工业商业. 上海：上海古籍出版社，2001：64.

为保证质量，曹廷标伞店还十分重视生产工艺的改进。最早的雨伞为粗柄、无顶，有48根粗伞骨，极为笨重，在清末民初时改为白柄、尖顶、45根精细伞骨，后又改为出头伞、40根伞骨。曹廷标伞店还曾试制过十骨油布伞和露骨绸伞。前者尽管防雨效果很好，但较为笨重；后者尽管轻便美观，但售价昂贵。二者都没有能打开市场，但曹廷标伞店勇于创新的品格，是十分难能可贵的。

由于严把原料关，且十分注重生产工序的不断改进，曹廷标伞店生产的伞的质量不断提高。那时，每值夏季，苏州郊区都有酬神演戏（俗称草台戏）习俗。戏台搭在空地中央，群众围立观看。烈日当空，炽热难耐。观众往往会撑开晴雨两用伞以遮挡阳光。但此举影响后面看客的视线，因此常有人朝伞投掷石子。然而，所有曹廷标伞店所产伞无一被击穿（由于伞纸有韧性，撑开后成圆坡形，伞面上因涂有油料而滑溜，伞骨又有弹性，石子落伞后，不是弹出就是滑落到地上）。乡民不明就里，认为曹廷标伞店的伞有神明支助，功能特异，于是争相购买。

曹廷标伞店因产品质量过硬，曾多次参加江苏省地方物产展览会，得到过二、三等奖，并参加苏州总商会国货陈列，获得优等奖。[1] 因此，其产品在苏州地区成了畅销不衰的名牌产品。

尽管平望达顺酱园早已站稳了脚跟，但经营者面对竞争激烈的市场环境，在质量问题上始终精益求精，不敢稍有懈怠。酱园所制作的酱小黄瓜采用的是品质好、新鲜带刺、瓜体匀称、色泽青翠的童子黄瓜。这种黄瓜原先由酱园委托本镇地货行按斤收购，因品质难以保证，便改为由酱园直接放船到农村按条收购，每斤由原先的16条增加到后来的24条。为减少碰擦，酱园要求瓜农清晨采摘带花的小黄瓜后，每20条用稻草轻捆起来，购价比原先上涨了20%。起初，酱园每天只能收到20担左右的黄瓜。这个数量根本满足不了市场需求，但酱园为保证质量，宁缺毋滥，绝不降低要求。后来酱园每天能收到五六十担，年产成品由12吨增至30多吨，但仍一直供不应求。酱园在"选、腌、酱、管"四个环节上严格把关，绝不松懈。鲜黄瓜一运到场，酱园就立即拣选，不让其被暴晒，以防变质；将挑好的黄瓜清洗、晾干后，用浓度为30%的盐水腌制7天左右；接着用天然曲块发酵后做成的稀甜酱进行泡制；然后将酱好的黄瓜放入酱缸，加盖闷制，天晴时打

---

[1] 姬允奎. 誉满苏城的曹廷标雨伞店[Z]//政协苏州市委员会文史资料委员会，民建、工商联苏州市委员会. 苏州经济史料：第一辑. 苏州：吴县文艺印刷厂，1988：266-270.

开盖子通风疏气，遇到雨天则盖严缸口，以防受到雨水浸蚀。如此酱制出来的黄瓜，咸甜可口，瓜体翠绿，瓜茎金黄，色香味俱佳，被称为"金丝黄瓜"，是佐餐上品。酱园同样十分重视所产辣酱的质量。最初用的辣椒是由本镇地货行供应的统货。原料紧缺时，酱园还从山东、苏北购进辣椒干。后来酱园就只用浙江省练市、马腰一带的鸡爪红椒。这种辣椒肉厚味辣、柄小籽少、色泽鲜红。在每年10月辣椒收获季节，酱园就派船到产地收购。这种辣椒价格要比统货高出30%左右，但因肉厚、柄小、籽少，用其制出的辣酱成品只比统货制出的辣酱少10%左右，质量却有明显提升，得到消费者欢迎，销路很好。

上海老正和染厂在鲁庭建经营时期，相当重视产品质量的提升，设置了染色、整理、检验三道关，采用耐洗、耐晒的颜料，请有经验、技术的师傅来操作，要求产品"做到鲜艳夺目，有神有骨，子眼清爽，耐久不变……在包装方面，绸呢衣料，改用盒装，避免压绉；在服务方面，收受染货时要负责仔细鉴别，来料合染何种颜色，同时根据顾客不同对象（分别男女老少、城市乡村）、不同用途（做何种衣服），介绍推荐何种颜色；如顾客坚持意见，亦要向其事先说明染成后的色泽和牢度结果"[1]，尽量使顾客满意。正是因时刻注意保证并不断提升产品质量，并辅之以其他措施，老正和染厂在上海业界有口皆碑，尽管要价比其他同行高出50%～70%，但仍然顾客盈门，生意兴隆。[2]

刘鸿生在试制煤球成功后，为保证质量，规定了3条标准：① 煤球烧完后，总的灰分不能超过20%；② 煤球必须完全烧透，不准留有未烧尽的黑芯；③ 为防止运输和使用中破碎，坚硬度的标准为将煤球拿到胸口处放下，煤球落地时不破碎。[3] 因此，刘鸿生经营的中华煤球厂的煤球尽管价格较高，运输也不太方便，但因其产品质量有保障，所以在较长时间内都有相当的竞争力。

李康年在经营上海萃众毛巾厂时，面对竞争激烈的严酷环境，坚持走质量取胜的道路。他经常说："创办一个企业虽然在筹集资金、调度财政、用人得当、管理严密、不断改进技术设备，以及熟悉市场情况、观察社会风尚、决定经营方向等等方面都要十分注意，但产品质量问题，却是一个企业是否能长期存在的一个

---

[1] 周龙初. 老正和染厂史料 [G]//上海市政协文史资料委员会. 上海文史资料存稿汇编：7 工业商业. 上海：上海古籍出版社，2001：14.

[2] 周龙初. 老正和染厂史料 [G]//上海市政协文史资料委员会. 上海文史资料存稿汇编：7 工业商业. 上海：上海古籍出版社，2001：24.

[3] 丁辛叔. 上海首创机器制造煤球与刘鸿生创办中华煤球厂经过 [G]//上海市政协文史资料委员会. 上海文史资料存稿汇编：7 工业商业. 上海：上海古籍出版社，2001：275.

关键,如果忽视产品质量,即使一个已经成功的企业,也会逐渐保持不住声誉,以至最后站不住脚。"又进一步分析了两种经营思想,"一种是重视质量,竭尽全力,为产品建树长期声誉,即所谓'做出牌子',因此,宁可在售价方面不妨定得稍高,但质量必需保证;另一种是不考究质量,甚至偷工减料,但求博得眼前利益。更有甚者,堕落为做'滑头生意'的,也屡见不鲜。这种不重视质量的经营思想和方式,无论从为国、为民、为己的任何方面去衡量,都是不足道的。"[1]在原料供应遇到困难时,李康年也不肯降低产品质量。每当原料青黄不接之时,他总是亲自上门去和小型纱厂协商,采用上等棉花定纺,以保证毛巾质量的稳定性。

著名纺织专家陆绍云治厂一贯注重产品质量和信誉。他在天津宝成纱厂经营遇到严重困难时,受聘担任工程师一职,负责产品质量,使该厂出产的棉纱很快就打开了销路。英商慎昌洋行因借巨款给该厂而派来担负监督事务的代理总经理白登看到生意好转,就擅自决定将摇纱车的车档改小,从而使棉纱的长度缩短了,尺码明显不足,进而影响到了产品的质量和信誉。用户因此很不满意。陆绍云乃对中方经理进言道:实业要"实",不能弄虚作假。在产品质量的问题上,不能一味听任外国人胡来,外国人不一定比中国人高明。[2]由于他的坚持,该厂最终又将车档改了回去,从而保证了产品的质量和信誉没有发生大的波动。

刘国钧在企业的经营活动中也高度重视产品质量建设,并力求创出名牌,在与同业的竞争中取得了优势。在投资大纶纱厂后,为提高布匹的质量,解决浆纱问题,他曾买通英商怡和纱厂的工人,借了该厂的工作服,混进浆纱车间,实地了解浆纱配方和操作方法,但很快被厂方管理人员发现。虽然他侥幸逃脱,但那位工人被打得遍体鳞伤。该工人在治愈后,将怡和纱厂浆纱的配方和操作技术全盘传授给了大纶纱厂的技术工人,使大纶纱厂的浆纱水平得到根本改善,产品质量明显提高。

在创办广益布厂后,刘国钧十分重视经营管理方法的改进,以实现产品质量的提升。他效法荣氏企业,提出了"货色好一点点,成本低一点点,卖价高一点点,三个一点点,好赚大铜钱"的著名口号。[3]为提高产品质量,他在1927年淘

---

[1] 马伯煌.上海近代经济开发思想史[M].昆明:云南人民出版社,1991:232.
[2] 上海市静安区工商联、民建会.纺织专家陆绍云[G]//上海市政协文史资料委员会.上海文史资料存稿汇编:7 工业商业.上海:上海古籍出版社,2001:311.
[3] 关于"三个一点点",也有说法为"质量好一点点,产量高一点点,成本低一点点"。

汰了旧式木机和铁木机，购买了 180 台以日本丰田产布机为主的电动布机，增设了整染设备，生产"征东"牌和"蝶球"牌彩色布，意在"征服东洋，无敌地球"。

为提高产品质量，刘国钧曾三次赴日本学习参观，结合本厂的实际认真消化，对生产指标逐项进行比较，想尽办法发掘潜力。他还经常下车间检查各个生产部门的情况，注意查看棉纱的条干、强力、棉结、杂质等影响质量的几个方面，一旦发现棉布质量问题，就立即责成技术人员加以解决。由于产品质量上乘且保持稳定，其工厂所生产的"蝶球"牌细布虽然每匹售价要比其他厂的同类产品高出一两元，但仍受到顾客的青睐。其他如"六鹤"牌纱、"双兔"牌绒及大成蓝、阴丹士林等产品，也都深受市场欢迎。[1]

邓仲和经营的安乐系统将产品质量视同企业的生命。他在每个分厂中都指定专人主抓产品质量。针对英商博德运公司设在上海的密丰厂生产的畅销货"蜜蜂"牌藏青色绒线易掉色的不足，他花重金聘请专家悉心研究，终于制成永不褪色的青光藏青色绒线；为了保持纱线条干均匀、粗细一致，他将各道工序上稍有不合标准的次品全部挑拣出来重新梳理、纺织；为使产品手感柔软，他打破陈规，重新配料，进行混纺试验，并取得成功；他还严格执行对机器的定期检修和平时保养制度，以减少废次品的出产率。[2]

吴县黄埭（现属苏州市相城区）西瓜子（全称"香水水炒西瓜子"）是闻名全国、畅销已久的地方特产。它的成功跟它的高质量有密切关系。首先是精选原料。所用瓜子均从山东胶州采购而来，被称为"胶子"。每百斤瓜子经精挑细选，仅剩下 20 多斤。挑出来的瓜子籽粒饱满、均匀。其次，炒制方法独特。经营杂食店起家的创始人殷福熙决定自己炒制瓜子售卖。他从原在采芝斋从事炒制瓜子的大师傅易老九（因与采芝斋老板失和而离店经营野味）那里学得独门秘方，并加以改进，终于成功炒制出黄埭瓜子。黄埭瓜子香脆可口，一磕就开，且壳分两瓣，吃完不沾手；壳吐到地上，多数能黑面着地；把熟瓜子放在桌子上，用嘴轻吹，瓜子能自动旋转。[3]

---

[1] 中国民主建国会常州市委员会，常州市工商业联合会. 刘国钧经营大成纺织染公司的经验 [Z] // 中国人民政治协商会议全国委员会文史资料研究委员会. 工商经济史料丛刊：第三辑. 北京：文史资料出版社，1984：155.

[2] 马炳荣. 记爱国实业家邓仲和 [G] // 上海市政协文史资料委员会. 上海文史资料存稿汇编：7 工业商业. 上海：上海古籍出版社，2001：328.

[3] 朱恶紫. 殷福熙与黄埭西瓜子 [Z] // 政协吴县委员会文史资料委员会，吴县工商行政管理局. 吴县文史资料：第九辑. 苏州：吴县文艺印刷厂. 1992：216-218.

完全可以这样说，近代江南地区的工商企业，凡是经营成功的，都无不高度重视产品的质量。反之，一些"滑头商人"虽得逞于一时，但终究难以持久，或虽侥幸赚了不少钱，但在业界和社会上没有什么好的口碑，最终也就成不了什么气候。

个案：无锡永泰丝厂的改革[1]

近代无锡工商企业的改革是全方位的。不仅几乎所有行业的著名企业都适时地进行了改革，而且每个企业内部的改革往往都是全方位的，而绝非修修补补。其中，薛南溟、薛寿萱父子相继经营管理的无锡永泰丝厂的改革极具代表性。

1896年，薛福成次子薛南溟与周舜卿合伙在上海七浦路创办永泰丝厂，资本规模达5 000两，有意大利坐缫车312台，不久即增至532台，工人300多名。为保证茧源，薛南溟独资在无锡开设茧行。由于永泰丝厂起初经营不善，周舜卿逐渐退出。为扭转困境，薛南溟接受总管车薛润培的建议，高薪聘请在意商纶华丝厂工作多年，具有缫丝技术和生产业务、企业管理等方面丰富经验的徐锦荣任永泰丝厂经理。1905年，永泰丝厂除继续生产"月兔""地球""天坛"等牌号生丝外，还新增"金（银）双鹿"牌号生丝。1910年，薛南溟在无锡西门租下锡金丝厂，改名为锦记丝厂，薛南溟、徐锦荣按7∶3投资。徐锦荣在任职期间，首先加强了工厂管理，在车间设有考工簿，规定管车每天都要把职工生产情况记录下来。他经常到车间考查，还把缫丝方法编成口诀，传授给没有文化或文化程度不高的工人。

为了创出名牌，徐锦荣精选原料，采用上等好茧缫制"金（银）双鹿"生丝。即使是"莲心"优质蚕种，也需要370~380斤（1斤=0.5公斤）一号茧，才能缫制1担"金（银）双鹿"丝，而二号茧需要430~440斤。所以，当时永泰丝厂每季所收原茧仅能精选出15%的优质茧用于缫制"金双鹿"生丝，15%~20%的优质茧用于缫制"银双鹿"生丝。徐锦荣抱定宁缺毋滥，即使数量少，也要出精品的宗旨，经过几年努力，终于使"金（银）双鹿"品牌在国际市场上打响。为保证

---

[1] 本案例的撰写主要参考了如下材料：① 高景岳. 同步异归：从生产和管理看永泰丝厂和裕昌丝厂之成败 [M]//江苏省中国现代史学会. 江苏近现代经济史文集. 如东：如东县彩印厂，1983：79-93. ② 钱耀兴. 薛氏丝业资本集团之兴衰 [M]//茅家琦，李祖法. 无锡近代经济发展史论. 北京：企业管理出版社，1988：69-81. ③ 葛红. 薛南溟与永泰丝厂的改革 [M]//王立人. 吴文化与工商文化. 南京：凤凰出版社，2008：304-310.

茧源供应，至1911年，永泰系统共在无锡开设了14家茧行。

1916—1920年间，薛南溟在无锡投资建成隆昌（1916年）、永盛（1918年）、永吉（1920年）3家丝厂。至此，永泰系统共有5家丝厂、1 814台丝车，在缫丝行业已处于龙头老大地位。1921年，"金双鹿"牌生丝在美国纽约举办的万国博览会上获金象奖。

薛寿萱是薛南溟第三子，曾留学美国伊利诺伊州立大学，学习经营管理，1925年学成回国。1926年，薛南溟将永泰丝厂从上海迁到无锡，并以熟悉业务为名，将薛寿萱派到厂中问事，不久即让其担任永泰及锦记等丝厂协理。随后，薛南溟即将永泰企业的管理权全部移交给薛寿萱。

薛寿萱在掌握企业的管理大权后，发现"金双鹿"牌生丝虽然拥有很好的销路，但由于设备陈旧、管理落后，产量质量已无法提高。1929年，薛寿萱到美国参加第二届万国生丝质量检验标准会议，调查生丝在美国的供需情况，回国时有意取道日本，考察了日本的蚕丝事业，深感"国外需要生丝甚广，我国生丝急宜设法改进"。

为了使改革获得在厂中握有实权的元老派负责人薛润培的支持，他有意安排薛润培去日本参观考察生丝生产情况。通过考察，薛润培深受震动，认识到"我国工厂机械陈旧，不适现代之用"，因此全力支持薛寿萱进行改革。在这种情况下，薛寿萱在永泰系统进行了全面改革。

一、引进和培养技术、管理人才

首先，引进新式人才，促进企业改革。薛寿萱认为"欲期振兴中国丝业，人才当为首务"，所以他非常重视人才的引进。

为了进行改革，薛寿萱在企业内召集了一批技术专家，形成了一个核心集团。他聘请的第一个技术专家是日本东京高等蚕丝学校毕业的邹景衡。薛寿萱早在1926年到日本考察时，即邀请邹景衡毕业后加盟永泰丝厂。1929年，薛润培到日本考察时，邹景衡全程陪同。同年，邹景衡进入永泰系统，担任技师。永泰的许多改革措施均出自邹景衡的提议，如设立蚕种制造场、永泰蚕事部，引进和改造机器设备，创设试验工场等。邹景衡的弟弟邹泰仁曾在日本学习缫丝，回国后进入华新制丝养成所，负责煮茧。1930年，曾在日本留学的费达生也进场负责女工管理及生产技术指导。接着，薛寿萱又聘请美国麻省理工学院机械专业硕士、浙江大学教授薛祖康担任机械工程师。薛祖康负责把坐缫车改为立缫车，后兼任华新制丝养成所所长。曾在日本留学的张娴也被聘为永盛丝厂厂长，专门负责女工培训及生产。此外，被薛寿萱网罗的人才还有蚕茧方面的专家周元勋、沈祖培、袁端肇等，管理工人福利的朱钰宝等。

其次，重视人才培养。除了引进外，薛寿萱还通过各种方式培养人才。

一是资助青年到日本蚕丝学校深造。当时考上日本蚕丝学校的青年可以向永泰系统申请资助，条件是学成后必须为永泰系统服务。通过这种方式培养的人才有戴亚民、陈东林、沈协和、周晦若、吴德骥等。

二是开办训练班，培养管理人才。1929—1937年，永泰系统曾办过8期制丝管理练习班，每期招收二三十名初中以上文化程度的18~20岁的男性学员。练习班的学制原定为3年，后改为2年。前半年学员以学习为主，之后以实习为主，每3个月考试1次，不合格者被淘汰。最后共有176名学员毕业，其中大部分被分配在永泰系统各企业工作，有的在生产线上任管理人员，少数到财务、事务等部门工作。每期毕业时的前两名则被永泰企业"资遣留学"，到日本学习蚕丝技术。1934年，永泰系统办了一届蚕丝助理人员训练班，招收10名初、高中文化程度学员。学员1年后毕业，仅剩下3人。1936年，永泰系统办了一届车间训练班，培养了90名学员。此外，永泰系统还办过3期制丝指导员培训班（学制3个月），专门培养管理车间女工的基层女职员，共培养27人。

人才的引进和培养促进了永泰丝厂的改革工作，并使各项改革措施得以顺利进行。

二、进行蚕种改良，控制蚕茧业

首先，改良蚕种，控制茧源。

薛寿萱认为，改良蚕种是中国丝业改革的第一要务，"改革华丝，根本须谋改进蚕桑"。基于这一考虑，薛寿萱于1926年资助陆子荣创办三五馆蚕种制造场，并且每年包销其生产的"三葫芦"牌蚕种3 000张，还从其他制种场购买改良蚕种。为了让蚕户使用改良蚕种，一开始采用无偿分发给蚕户使用的办法，等蚕户慢慢接受后，再收取蚕种价格的1/3、1/2，直到1927年才收全价。

为了改良蚕种，控制优质茧源，1929年薛寿萱利用以庚子赔款所办的江苏省蚕桑改良会的关系，在镇江桥头镇购地1 000多亩，与薛润培合伙，创办永泰第一制种场，计划每年春季制改良蚕种10万张，秋季制种3万张。1930年下半年，他以妻子的名义出资在无锡钱桥创办永泰第二制种场，计划每年春季制种2万张，秋季制种5 000张。不久，又在无锡荣巷创办第二制种分场，计划每年春季制种5 000张，秋季制种2 000张。3个制种场都制造"永"字牌改良蚕种，发售给农

民，并调毁农民自留土种。为了鼓励农民使用改良蚕种，制种场一方面联络地方势力和蚕种商贩，请客送礼，并给以回佣；另一方面以每张2角的低价销售，而且允许在蚕茧卖了以后再偿还购买蚕种的钱，在推销中还采用赠送毛巾、肥皂等手段，并大力宣传改良种的茧价比土种每担高5~10元。改良种取得蚕农信任后，即逐步涨价，最高涨到4角一张，特制的红"永"字牌蚕种最高达1元一张。

在创办制种场的同时，在邹景衡的建议下，薛寿萱在前西溪的住宅内设立永泰蚕事部，安排周元勋负责蚕桑指导及组织蚕农合作社。永泰蚕事部还举办了两期蚕桑指导员训练班，招收女生，训练共同催青、稚蚕共育等方法。经过短期培训后，她们被派到各处设立养蚕合作社。当年，永泰丝厂在寺头和旺庄两地设立了蚕农合作社，以后扩展到四乡及邻近的江阴、武进、宜兴、溧阳、金坛等地。养蚕合作社的主要任务：一是推销"永"字牌蚕种，排除其他蚕种和土种。二是指导蚕农饲育改良种，保证蚕茧的良好培育。三是控制茧源，确保蚕农将鲜茧卖给永泰系的各茧行。

由于改良种采用共同催青、稚蚕共育的方法培育，因而蚕体强壮，茧型整齐，茧层厚，茧丝长，茧色白，纤维粗，匀度好，舒解良好，丝厂缫折减少，成本降低，生丝质量明显提高。一般来说，土种茧的烘折为300斤（即300斤鲜茧烘成100斤干茧），缫折为500斤左右（即500斤干茧缫成1担生丝），而改良种的烘折和缫折分别只有280和380斤，而且丝质好，售价高（比中等丝高10%~20%）。仅在茧价成本上，改良种成本即可比原来降低30%左右，因此，销售改良茧的利润较高。据永泰第二制种分场的经理潘家槐估算，薛寿萱用于制种场的投资，只需3个蚕汛，即可全部收回。

其次，改良茧灶，控制茧行。

1929年前后，永泰自有及承租的茧行有数十家。为了保证茧质，并有利于与同行竞购原茧，薛寿萱于1928年投资改建了无锡工艺铁工厂，制造了带川三光火热式烘茧机1台，并安装在寺头永泰隆茧行。这种烘茧机一天一夜可烘茧450担，最高可烘700担。其后，他又陆续投资改建了主要茧区的茧行，共添置11台火热式烘茧机（金坛4台、华新6台、寺头1台）。1934年，在永泰等丝厂的支持下，国民政府宣布实行茧行统制，旧式茧行纷纷倒闭，于是永泰乘机控制了无锡及邻近地区的茧行。金坛的茧行则全部被永泰控制。当时，金坛一带有"走穿脚底鞋，跑不出薛家门"的说法。到1936年，永泰系统控制了600多家茧行，每年春季收茧30万担，秋季收茧20万担。

再次，控制茧价。

为防止丝厂同业哄抬收茧价格，1930年，永泰和乾甡两家丝厂邀集民丰、泰丰、鼎昌等丝厂，在祝家花园联合成立大公公司，订立合约，规定遵守议价，不放价，不抢购，不虚秤，各在自己有关的茧行收茧等。由于有些茧行没有严格遵守协议，次年开春收茧前，5家公司在永泰的要求下，再行商议，组建大发公司。这次协议虽然仍未得到很好遵行，但在永泰系统控制的地区，由于没有竞争对手，茧价被压得很低。

永泰系统对无锡及相邻地区蚕茧业的控制，为其系统各丝厂在危机中的生存和发展提供了有利条件，也为其成为国内丝业巨子打下了坚实基础。

三、改进生产设备

生产设备落后不仅影响了中国生丝质量的提高，而且使中国生丝在国际生丝市场上无法与日本生丝竞争。为提高中国生丝的质量，增强产品竞争力，薛寿萱决定改进生产设备。首先，为保证蚕茧质量，他接受邹景衡的建议，把原先设在永泰工场的蚕茧仓库改装成用金属板密封的仓箱。经过试用，效果良好，不仅能节省10多斤缫折，而且能提高8个舒解率。随后，薛寿萱在水泥厂旧址添建一座三层楼房仓库，其中第二、三层都建成了坦克式的密闭仓库。其次，他积极推广机械煮茧，从日本购进千叶式煮茧机，让永泰机修车间加以仿制，然后安排在永泰、锦记两厂使用，使得生产质量明显提高。再次，他还对缫车不断进行改良。1929年，薛寿萱请邹景衡设计，薛祖康监工，并请费达生等进行技术指导，将永泰丝厂的96台意大利式的直缫机全部改成日本返扬式坐缫车，同时着手研制新式缫车。当年他们即成功研制国内第一台32绪新型立缫机，后经改进，定型为20绪立缫车，并随即批量生产。1930年，薛寿萱投资建造了拥有292台新型丝车的华新制丝养成所，缫制出匀度达94分的"华美"牌高级丝。1932年，薛寿萱向农本局借款15万元，将永盛、永吉两厂的492台丝车全部改为立缫机。到1933年，永泰系统已有922台新型丝车，大大提高了生丝质量。

四、创办华新制丝养成所，培养青年女工

1930年，薛寿萱曾在永泰丝厂设立试验工场，装有80台丝车，招收小学毕业的女生进行培训。为了大规模培养女工，薛寿萱还出资40万元，在无锡南塘太湖水泥厂原址兴建华新制丝养成所，招收年轻女子，加以训练。除所长薛祖康外，邹景衡任工务部长，王同楼任事务部长。据1935年《申报年鉴》记载，华新制丝养成所设备系最新式，管理之合法，则为"全国之冠"。

华新制丝养成所招收养成工的条件最为苛细，主要为：年龄在15~18岁，未婚，面目清秀，伶俐干练，面有血色，手指细长均匀，视力在1.0以上，身高在1.47米以上，身体健康，无慢性病，会一到两位数心算，牙齿整齐、能咬断新丝头。而五官不正、手指粗笨、视力不好、身材矮小、体弱有病、牙齿不齐、没有一定文化基础的均被排斥在外。养成工训练期为6个月。养成工训练未满3月，没有任何津贴，厂方仅供应伙食，每月膳费为4.5元。训练3个月以上的养成工每月有2元津贴，在训练期满后升为预备工，工资低于正式工人。

华新制丝养成所实行新式管理制度，班有班长，室有室长，管理人员不准打骂工人。对养成工的管理制度也极严。薛寿萱规定，养成工一律住在厂中的三层楼宿舍，进所后，不许随便外出，星期六傍晚放假，星期天必须回所。养成工平时一般不准会客，下班后还要上夜校。学员还有统一的发型和服饰，一律梳童花头，制服为士林布上衣、黑裙、白袜、保险底搭扣布鞋。宿舍里床位、被褥、面盆、毛巾等物由厂方供给，统一编号，按规定放置，衣服至少半月换洗一次。厨房门窗用铁纱制成，饭菜出入用抽屉传送，防止苍蝇飞入。养成所在国内率先实行两班制。养成工半天学习，半天工作，颇有"工场生活学校化"的意味。逢年关养成工回家，厂方会派专船接送。当时，除10小时工作外，养成工的衣食住行等生活水平胜于中等人家。她们"截发旗袍，貌亦楚楚"，"见之几令人以为女校学生，疑非工人"。

养成所对工人福利事业也相当关注。所内设有惠工处，由从美国留学回来的朱钰宝负责，专管工人食宿等福利事业。所内除了有女工宿舍、可容500人就餐的大食堂外，还设有浴室、盥洗室、茶室、理发室、医院、图书室、体育场、音乐室等。浴室有冷热水龙头。厕所设有新式抽水马桶。周末厂方免费给职工放电影。这些设施当时一般丝厂是没有的。

到全面抗战前，华新制丝养成所共办了6期培训班，培训女工5 000多人。这些经过严格培训的女工没有旧习气，思想单纯，接受新技术较快，也更容易控制，因此保证了产品质量的提高，也保证了技术和管理改革的顺利进行。

五、组织集团公司，直接推销生丝

中国生丝出口原本一直受制于洋行。为了摆脱这种被动局面，1930年，华商先后成立了由纬成、虎林、景星、华通、通运5家丝厂组成的生丝出口公司。其中，通运生丝贸易公司是由无锡的永泰、乾牲、振艺、瑞纶丝厂发起组织的，由薛寿萱任董事长。永泰的产品约占该公司生丝出口总额的80%。但通运公司因为在国外推销生丝仍然要委托代理人，再加上经营不善，并遇到国际丝市萧条，故营业亏损，于1932年停歇。

从1932年秋起，国际丝市回暖，每担丝从年初的500两白银左右上升到六七百两，最高达895两。随着国际丝价的回升，国内外丝业竞争又趋激烈。为加强无锡丝业内联外挤力量，薛氏集团再次发起组织无锡丝厂同业联合企业，合组兴业制丝股份有限公司（简称"兴业公司"），资本额达100万元，分1万股。兴业公司由薛润培任董事长，程炳若、王化南、郑海泉、张子振、张季芳、许受益等任董事，薛寿萱任经理，薛祖康任协理，华少纯任总务部主任，邹景衡、姚梓香任工务部主任，沈祖培、潘家槐、袁端甫任茧务部主任。1936年春，兴业公司正式成立，控制了600多家茧行，30家丝厂，其中薛氏集团占据最主要的地位，其控制的永泰系统生丝日产量达85担，占整个无锡生丝总量的60%以上。当年，公司获纯利224万元，薛润培一人获利28万元，每个职工拿双倍工资（总务处另多拿4个月）。

1931年起，永泰丝厂直接派人去美国推销生丝。当时恰逢丝袜业在美国兴起。永泰丝厂派员携带生丝样品到各丝袜厂推销，取得成功。1932年，为进一步打开销路，薛寿萱派薛祖康去美国调查生丝情况。薛祖康到美后，得知美国用户需要永泰丝厂的产品居多，于是建议在纽约自设公司，直接销售，这样可以省去支付给通运公司的2%手续费。薛寿萱对此完全赞同，1933年，他安排薛祖康在纽约开办永泰丝业公司。不久，即出资5 000元在纽约生丝交易所购得经纪人席位1个。从此，永泰丝厂直接在美国销售生丝，生丝的月销售量从开始的每月800包迅速上升到2 000包左右。

此外，薛寿萱还派人到英国、法国、澳大利亚调查生丝业务，在这些国家聘定了代理商，调查了300多家用户各需要哪一级丝，每月需要多少，以产定销。当时，华新丝厂、永盛丝厂、永泰丝厂（立缫部）生产90—94分的高级丝，永泰丝厂（坐缫部）、锦记丝厂、民丰丝厂（一、二工场）生产85—87分的中级丝，隆昌丝厂、民丰丝厂（三工场）生产78—81分的普通丝，由永泰系统租用的其余10家丝厂生产75—83分的普通丝，以满足国外不同厂家的需要。

永泰丝厂由于在国外设立了推销机构，有比较固定的用户，在生丝销售和外汇结算上掌握了主动权，而且消息灵通，因此在国际丝市不振时，可以少受损失。如1931年秋天，国际丝价暴跌。永泰丝厂事先已抛出相当数量的生丝，其中华新丝厂的300件生丝因丝质好，价格比一般生丝高1倍以上。同时抛出外汇30万美

元,等跌至低点时再买进,从中获利十五六万美元。在旧中国的蚕丝对外贸易史上,能够完全摆脱洋行束缚,广泛开拓国际市场的,唯有无锡薛氏最为成功。

薛寿萱从20世纪20年代末开始进行的各项改革,使薛氏集团在世界经济危机和中国丝业危机中非但没有一蹶不振,反而抓住机遇,利用自身的实力稳固了在无锡缫丝业的优势地位。到全面抗战前,薛氏集团的总资本比1909年增加8倍,在无锡五大资本集团缫丝工业总资本中,其比重已占到78%,薛氏集团也成为闻名全国的丝业巨子,被称为中国的"丝业大王"。由于抗战全面爆发,薛氏集团的扩张宣告结束。

从薛氏集团的发展历程来看,不断进行技术和管理方式等方面的改革创新,是其能快速发展并保持长盛不衰的主要原因。

第四节 树立团队意识,广结社会关系网络

近代吴地企业家具有浓厚的团队意识,十分注重社会关系网络的建设。无论是荣氏企业,还是唐蔡、唐程集团,其主要合作伙伴间都始终相处融洽,分工合作,同心协力,各自发挥所长。这是吴地企业能够做大做强的重要原因。

现代企业文化研究表明,企业主管人员是在一个复杂的环境中经营的。他们在一定程度上受到经济、技术、社会、法律、伦理、文化环境的影响,因此,营造一个有利于个人发展、企业发展和社会协同发展的文化环境是十分重要的。[1] 研究还表明,获得成功的企业领导,同时也是一位领袖。他不仅能命令别人做他或她想要做的事,而且能让别人对做这些事产生兴趣和欲望,用企业文化和企业精神去管理企业。领导者坚定的信念和持久的热情是企业的精神能源,是驾驶企业之船奔向远方的力量源泉。[2] 家族企业如果能妥善处理人事安排方面的矛盾,通常都能促进企业的快速发展。

一、荣氏企业的团队意识

荣氏家族在创业和发展中能充分发挥和衷共济、一致对外、共克时艰的优势,

---

[1] 刘光明. 现代企业文化 [M]. 北京:经济管理出版社,2005:31.
[2] 刘光明. 现代企业文化 [M]. 北京:经济管理出版社,2005:173-174.

屡屡克服一个个看似难以克服的困难。荣德生女婿李国伟曾将荣氏企业的成功经验概括为"和衷共济，力求进取"。他说："我那时最佩服荣宗敬先生的话，当我们汉口厂开办时，我还曾在纱厂日夜两班清（花）、粗（纱）、精（纺）、摇（纱）四部，分别用'和、衷、共、济、力、求、进、取'八个字来做班名，表示拥护荣宗敬先生的经营作风。"[1] 但家族企业做大、做强后，通常也会出现诸多难以克服的矛盾和问题，最突出的就是人际关系的复杂化和利益纠葛的胶着化。一招不慎，往往就可能导致集团的分化和瓦解。

在前期发展中，由于荣宗敬、荣德生兄弟俩和衷共济，荣宗敬办事果断，富有魄力，闯劲十足，而荣德生细致周密，理财有方，遇事谨慎，二人在很短的时间里就打开了事业发展的良好局面，一批跟随左右的办事人员如王禹卿、浦文汀、吴昆生，以及子、侄、婿辈如荣鸿元、荣尔仁、李国伟等也很快成长起来，大多能独当一面。此外，如无锡茂新三厂的资方代理人过赓先、秦芹生等，也都是荣家长期一手栽培的亲信。[2] 然而，与此同时，荣氏家族的亲朋故旧也纷纷加入企业，担任不同的职务，给企业的发展造成了一些消极影响。这些人依仗自己的特殊身份，不思改进工作方法、精通业务，逐渐成了企业发展的累赘。1944年10月，远在美国的荣研仁在给荣尔仁的信中直言不讳地指出：企业管理陈旧过时，人力浪费严重，很少人具有远见，各分厂各自为政。他认为：为了改变这一状况，就必须采取具有效率的集中管理，并裁除冗员；企业不应仅仅成为亲戚啖饭之处。与此同时，在企业快速发展后，原先艰苦创业时被掩盖的矛盾也逐渐暴露并激化。1938年年初荣宗敬去世后，围绕企业的接班人问题，矛盾很快就表面化了。最后，荣氏企业实际分为大房、二房和李国伟三个系统，以致到中华人民共和国成立前夕，尽管荣德生公开表示决不出走国外，并反对将企业迁往境外，但还是有不少荣氏企业的流动资金、机器设备被偷偷转移到了境外。荣氏企业难以再现鼎盛时期的雄风。

企业文化研究表明，企业的未来、企业的成功，属于那些能经常认识到企业文化变革迫切性的企业家。一般来说，不是企业的组织结构，而是企业的价值观会成为现代高效企业管理原则的决定因素。[3] 近现代吴地企业家十分重视在自己

---

[1] 马克锋. 荣氏家族［M］. 广州：广州出版社，1997：160.

[2] 中共江苏省委统一战线工作部. 关于无锡市九个合营企业中改造资产阶级分子的工作情况调查. 1954，12. 苏州市档案馆馆藏档案资料，档号：A1-9-1955-11. 本书所用档案材料均来自苏州市档案馆，以下只注档号。

[3] 刘光明. 现代企业文化［M］. 北京：经济管理出版社，2005：163.

的企业中营造一个良好的工作氛围，在"实业救国"思想的激励下，一心想尽快实现将企业做大做强的理想和目标。

在荣氏兄弟创业之初，因企业缺乏专门的营销人员，产品积压十分严重，挤占了原本就十分紧张的流动资金。正在此时，精通面粉销售的王禹卿看到荣氏兄弟初生牛犊不怕虎的闯劲和新企业急需人才因而重视人才，便主动找到荣氏兄弟，表示愿意帮助推销堆积如山的面粉。王禹卿凭借自己多年积累起来的非凡销售能力，很快将积货销售一空，由此赢得荣氏兄弟的高度信任和倚重。荣氏兄弟便花重金延聘其加盟企业，并专门负责面粉销售。浦氏兄弟长于办麦，不仅对小麦的主产区分布了然于胸，而且对各地小麦的品质非常熟悉，同时对收购小麦的各个环节如水分大小、杂质多少也十分了解，被委为办麦主任，专司小麦的采办。后王氏兄弟和浦氏兄弟曾准备自立门户，独创面粉厂，但苦于资金短绌，有心无力。荣氏兄弟得知后，主动提供帮助，使其拥有了自己的面粉厂，由原先的打工仔变成了企业主。有感于此，王氏兄弟和浦氏兄弟后来始终跟随荣氏兄弟一起打拼，共同把荣氏企业做大做强。

荣氏兄弟的用人之道还体现在对属下的宽待和关爱上。有人曾向荣德生报告，厂里有位账房先生造了一幢与其正常经济收入很不相称的楼房。荣德生听后说道："他拿了我的钱，不是去吃喝嫖赌的。他造房起屋，我也光彩。说起来是跟着我荣家人做生意赚的钱。"事后，工商界的一些朋友谈起这件事，荣德生进一步解释道："东山老虎吃人，西山老虎也吃人。我荣家赚了这么多钱，谁经手也会眼红。东山老虎一直跟着我，吃饱了就不会再吃。我与其用西山饿老虎，不如用东山饱老虎。"那位账房先生听到后，对荣德生感恩戴德，尽心效力，再也不做中饱私囊、侵吞公款的事情。还有一次，申新三厂失火。住在附近的职工连忙跑向厂里准备救火。荣德生吩咐门房，将大门紧闭，但记下前来救火的职工的名字。他说："这些人都是厂里的忠臣。厂烧了，保险公司会赔偿，可以再造；忠臣烧死了，就不好找了。"事后，前来准备救火的人大多得到提拔和重用。[1] 由此，荣氏企业笼络了一批在关键时刻用得着也用得上的各类人才。

近代苏南的民族资本集团之间还通常以同族、同乡、同僚、姻亲等关系保持密切的联系，有时还通过上述关系同政界保持联系，并以此为资源使资本集团渡过一个个困难，保持相对平稳的发展态势。这样的例子举不胜举。20世纪30年

---

[1] 赵云声.中国大资本家传：第二卷　荣氏家族卷[M].长春：时代文艺出版，1994：268-270.

代,唐骧庭经营的丽新厂遇到困难时,曾由陶、夏两个亲家贷给大量资金,才得以渡过难关。[1] 1928年,周舜卿之子周肇甫筹建鼎昌丝厂时,需费四五十万元。周家只出资15万元左右,另由亲家南浔刘家帮助了40万元。

荣氏集团的姻亲关系网更为庞大,所起的作用也就更大。在棉纺织业方面,荣德生的五婿唐熊源是庆丰厂唐纪云之子,六婿杨通谊是业勤、华新纱厂杨味云之子,七媳汪氏是纺织界同行之女。在缫丝业方面,丝业大王、永泰丝厂负责人薛寿萱是荣宗敬的女婿,无锡第二大丝业企业乾甡丝厂负责人王化南是荣德生次子荣尔仁妻兄。此外,荣德生五媳是火柴大王刘鸿生的侄女,八婿是著名红顶商人胡雪岩的后人,亲家华绎之、杨干卿及荣宗敬亲家王尧臣等都是无锡著名实业家。有如此庞大的关系网,荣氏企业遇到困难时,总是能得到多方援助,最终化险为夷。以荣氏企业与永泰丝厂的关系为例,每年五六月份新春茧登场时,丝厂急需大量用款,薛寿萱便向岳父荣宗敬借款收茧;秋后棉花上市,申新厂需款正殷,适永泰贷款大批到账,荣宗敬便可向女婿借贷。丝业大王与面粉大王相互支持,极大地增强了彼此应对经济困难的能力。在1931年至1935年中国民族工业极度困难时期,薛、荣两家的相互配合,令彼此均受大益。

作为荣德生的亲家,杨味云、宋汉章在关键时刻总能帮上大忙。1934年,申新系统因债台高筑(总计6 376万元,与自有总资产6 899万元大体相当),资金周转严重不灵,所欠金融机构的债款无力偿还,被中国、上海银行所组织的银团监督营运。一时债主盈门,再没有金融机构愿意给申新系统提供贷款,致使企业的经营活动严重受阻。荣氏兄弟整日为应付债主的催讨而焦头烂额。为应对局面,他们先是向亲家——中国银行总经理宋汉章求援。

1934年6月下旬,近20家银行和钱庄的代表接连几天聚集在申新公司大楼里,坐讨欠款。28日晚,他们相约通宵不散,要求主持公司业务的荣宗敬给一个明确的说法。当晚,荣宗敬连电在无锡的荣德生,急商对策,未果。荣宗敬乃派荣德生的长子荣伟仁连夜赶赴无锡。荣德生手执茶壶,一边听儿子讲述上海的危急情势,一边品茗沉思。他认识到,兄弟俩共同创办的事业,就好比手中的茶壶,一旦破裂,即使自己手里还拿着半片,又有什么用处?于是,他接连11次拨通中国银行总经理宋汉章的电话,商量对策。同时,将家里和存放在无锡各处的股票、

---

[1] 马俊亚. 规模经济与区域发展:近代江南地区企业经营现代化研究[M]. 南京:南京大学出版社,2000:196.

存折等全部集中起来，于29日凌晨4时赶往上海，以价值1 100万元的有价证券和申新三厂、申新七厂两厂抵押借款余下的资产600万元做担保，紧急借款500万元，用于偿还催讨过急的几家行庄的到期借款，从而渡过了暂时的难关，化解了燃眉之急。

但是，申新系统的债款问题未彻底解决，甚至谈不上好转。在银行监管之下的申新系统仍然无法正常运营。国民政府不仅见死不救，反而时生并吞的歹念；日本帝国主义也在积极勾结英帝国主义，妄图彻底搞垮申新系统。荣氏兄弟深知，企业若无法正常运转，不用说发展了，就是想要偿还债务也是力不从心，长期下去只能越拖越累，最终走向破产。为摆脱被动，荣德生只好向亲家杨味云求援。杨味云曾任北洋政府的财政次长，被认为是理财老手。他看到各大银行财团之间由于政治背景和利益的不同而分成了不同的派系：中国银行、上海银行属中央系，交通银行属北洋系，便动用自己的老关系，先介绍荣氏企业向交通银行争取到200万元的贷款。荣德生用这笔巨款在无锡火车站旁建了大型堆栈新仁栈。新仁栈占地20亩，可堆放棉花10万担，小麦10万石，还可堆放铁粉、水泥等物资，栈外通路轨，停船上栈或通向铁路均十分便捷。同时，杨味云还命儿子、荣德生六婿杨通谊暗中从其经营的无锡广勤纱厂中紧急划出私款10万元，存入杨氏家人经营的中国实业银行，于1935年夏，在新麦上市季节，贷给荣氏企业购办新麦。外界不知底细，以为荣氏企业的经营状况已有改变，唯恐错过赚钱的机会，于是中国银行、上海银行的无锡分行经理邬志和、谈森寿均主动找到荣德生，表示愿意放款。在关键时刻，由于亲家的出手相帮，荣氏兄弟在与金融界的较量中赢得了主动。

在多方共同努力下，荣氏集团终于逐步度过了最为困难的时期，到1936年已出现回暖的明显迹象。要不是日本帝国主义不久就发动了旨在灭亡中国的全面侵华战争，荣氏企业彻底走出困境、重铸辉煌只是时间问题。

此外，荣氏兄弟还得到过荣宗敬的亲家薛南溟、孙直斋的帮助。荣氏兄弟在创办申新三厂时，遭到当地士绅的阻扰。在无锡极具人望的薛南溟出面进行沟通，很快就让有关方面让出了工艺传习所所属的一块地皮。1931年，荣家收买三新纱厂（其前身为李鸿章筹办的上海机器织布局。后由盛宣怀接办，改名为华盛机器纺织总厂，后又改名为"三新纱厂"。1931年盛氏后人以40万两白银的低廉价格，将机器设备等物资卖给荣氏兄弟）时，手头现金吃紧。在金融界颇有实权的孙直斋慷慨相帮，提供了为数不菲的贷款。

荣氏兄弟还很重视对地方名流的争取和利用。无锡的社会名流孙北萱、陶起凤、钱孙卿、薛明剑，苏州的江衡，丹阳的荆梦蝶等，都从不同方面给荣氏企业提供了大小不同的帮助。他们当中有的是文人学者，有的是社会活动家，对经济活动并不熟悉，但其社会影响大。荣氏兄弟将他们请进企业，就在很大程度上提升了企业的整体形象。他们学识丰富，善于谋略，可以起到参谋作用。他们出面能办理很多意想不到的棘手事。其中尤以薛明剑和钱孙卿对荣氏企业发展的贡献为大。

薛明剑原为小学教员，后为无锡县体育场负责人。荣德生在一场讼事中了解到薛明剑是一位难得的人才，便多次上门邀请薛明剑到申新三厂任总管。薛明剑进入申新三厂后，为企业的发展竭诚奉献。他和革新派代表人物汪孚礼等一起，率先在申新三厂废除工头制，改用工程师和技术人员负责企业技术管理的新式管理方式。汪孚礼早年曾进东京高等工业学校学习纺织专业，前后长达6年之久，是国内纺织行业不可多得的专门人才。回国后受到近代中国纺织工业巨子聂云台的器重，乃放弃高薪职业，到聂云台所办的上海恒丰纺织企业中负责工厂技术工作，为聂云台扩大企业规模、建立设备先进的大中华纱厂出力甚多。后来，大中华纱厂不敌日本纱厂的倾销，无法维持，但拒绝有意收购的日本商人，以低价售予民族企业永安公司。汪孚礼为此极为惋惜。聂云台乃主动安慰汪孚礼，说自己事业的失败是客观形势使然，希望汪孚礼不改初衷，继续为发展民族纺织工业而奋斗。聂云台还向汪孚礼说道，他的好朋友荣宗敬正有志于发展民族纺织工业，是当今实业界的雄杰，气度宽宏，手段灵活，可与日商一较短长，现在正缺少纺织技术方面有专长的人才相助。在聂云台的再三劝导和推荐下，汪孚礼于1923年进入申新系统，被安排到申新三厂任工程师，很快就受到总管薛明剑的赏识。他们在征得荣氏兄弟的同意后，在申新三厂率先进行了管理制度改革，并最终获得成功，大大提高了企业的生产效率。薛明剑是个具有多种能力的复合型人才。他能说会写，多谋善断，一生从事过多项事业，喜爱发明创造，并都有所成就。他还是申新系统《人钟月刊》的主笔，既以此来团结本企业职工同心同德，克服各种发展过程中的困难；又通过它来积极争取外部同情和支持，并为荣氏企业保留了大量珍贵史料。

钱孙卿原是公益中学校长，与荣氏兄弟长期保持着朋友关系，在出任无锡县商会会长后，常常为申新、茂新系统的发展积极进行协调。渡江战役前，其子钱钟汉曾代表无锡工商界前往苏北同中共领导人陈丕显、管文蔚等晤谈，行前专门

向荣德生请示，并问他是否有什么话要带给中共领导人。荣德生回答道："我与令尊是心腹之交，凡是尊翁所要说的，也是我要说的，所以何必再来问我呢？"由此可见荣家和钱家的关系了。也正是因为钱钟汉的苏北之行，荣德生对共产党有了初步了解，进一步坚定了留下来的决心。

近代吴地民族企业多为家族企业，因此在人事布局上，家族成员一般都占有相当重要的位置。荣氏企业无论在创业阶段，还是在大发展时期，都大量使用荣氏宗亲担任企业关键岗位的负责人，其家族企业的特色极为明显。荣氏企业任用宗亲的详细情况见表2-1。

表2-1　荣氏企业各厂负责人与荣家的关系（1928年）

厂名	职务	姓名	与荣家的关系
荣家所有企业	总经理	荣宗敬	荣家企业创办人
茂新一、三厂	经理	荣德生	
茂新二厂	经理	陆辅仁	无锡人，荣氏企业主要助手
茂新四厂	经理	张文焕	无锡人
福新一厂	经理	王尧臣	荣宗敬亲家
	副经理	浦志达	福新一厂股东
福新二、四、八厂	经理	丁梓仁	荣宗敬姻亲
福新三厂	经理	王尧臣	同前
	副经理	吴昆生	荣家助手
福新五厂	经理	荣月泉	同族，福新五厂股东（1929年退出）
	副经理	李国伟	荣德生长婿
	副经理	华栋臣	荣家亲戚，李国伟表兄
福新六厂	经理	查仲康	茂新厂、福新二厂、申新一厂股东，荣家助手
	副经理	王尧臣	同前
福新七厂	经理	王禹卿	王尧臣兄弟
	厂务经理	王尧臣	同前
申新一厂	经理	严裕棠	申新一厂股东
	副经理	王尧臣	同前
	代理副经理	王启周	王尧臣子
申新二厂	厂长	朱仙舫	技术人员
	副厂长	荣溥仁	荣宗敬长子

续表

厂名	职务	姓名	与荣家的关系
申新三厂	经理	荣德生	同前
	协理	荣鄂生	荣氏兄弟族叔
	助理	荣尔仁	荣德生次子
申新四厂	经理	荣月泉	同前
	副经理	李国伟	
	副经理	华栋臣	
申新五厂	厂长	朱仙舫	
	副厂长	荣伟仁	荣德生长子
申新六厂	经理	荣鄂生	同前
	副经理	荣吉人	同族
申新七厂	厂长	朱仙舫	同前
	副厂长	荣伟仁	

资料来源：上海社会科学院经济研究所.荣家企业史料：上册 1896—1937年[Z].上海人民出版社，1962：287-288.说明：表中"与荣家关系"中的有些关系是在1928年之后建立的。

正如荣德生所慨叹的那样："昔年老友，都为经理矣。"不仅如此，在荣氏企业的职员（管理人员）中，同乡同族也占有相当的比例。具体情况见表2-2。

表2-2 荣氏企业管理人员中同乡同族占比情况

荣氏企业	职员人数/人	其中：无锡籍贯		其中：荣姓	
		人数/人	占比/%	人数/人	占比/%
总公司	60	41	68.3	20	33.3
茂新一、三厂	34	29	85.3	8	23.5
茂新二厂	23	19	82.6	4	17.4
茂新四厂	20	12	60.0	3	15.0
福新一厂	21	15	71.4	1	4.8
福新二、四、八厂	72	56	77.8	8	11.1
福新三厂	25	21	84.0	2	8.0
福新五厂	25	19	76.0	4	16.0
福新六厂	20	15	75.0	0	0.0
福新七厂	35	22	62.9	0	0.0

续表

荣氏企业	职员人数/人	其中：无锡籍贯		其中：荣姓	
		人数/人	占比/%	人数/人	占比/%
申新一厂	97	57	58.8	11	11.3
申新二厂	51	20	39.2	6	11.8
申新三厂	94	86	91.5	10	10.6
申新四厂	48	27	56.3	3	6.3
申新五厂	54	30	55.6	8	14.8
申新六厂	39	19	48.7	3	7.7
申新七厂	100	31	31.0	2	2.0
各地庄处	139	98	70.5	24	17.3
合计	957	617	64.5	117	12.2

资料来源：上海社会科学院经济研究所．荣家企业史料：上册 1896—1937年［Z］．上海人民出版社，1962：289．

从表2-2中可知，在总共957名企业管理人员中，无锡籍人员就占了617名，占总数的64.5%，其中荣姓人员有117人，占12.2%。不仅如此，荣氏家族中的子、侄、婿等第二代少壮派更是如日中天，逐渐在企业中掌握实权。具体情况见表2-3。

表2-3 荣氏家族第二代成员在企业中的任职情况

姓名	在族中辈分	学历	企业中的职务
荣鸿元	荣宗敬长子	南洋大学经济系毕业	先任总公司营业部及申新二厂副厂长，后任总公司总经理
荣鸿三	荣宗敬次子	圣约翰中学毕业	先任总公司储蓄部主任，后任总公司副总经理
王云程	荣宗敬三婿	美国罗伟尔纺织大学毕业	先为副厂长，后为申新一厂经理
荣伟仁	荣德生长子	南洋大学经济系毕业	先为副厂长，后为申新改进委员会主席
荣尔仁	荣德生次子	光华大学名誉法学博士	先为申新三厂助理，后为申新天元、合丰、开源总管理处副总经理
荣伊仁	荣德生三子	美国罗伟尔纺织大学毕业	先为天源实业公司经理，后任合丰总经理、总管理处部门经理

续表

姓名	在族中辈分	学历	企业中的职务
荣毅仁	荣德生四子	圣约翰大学历史系毕业	先为茂新厂协理，后为申新一、二、五、六、七、九厂管委会总经理
荣研仁	荣德生五子	赴美国学习纺织专业	先为天元实业公司经理，后任总管理处国外部主任
荣纪仁	荣德生六子	赴美国留学	抗战胜利后回国参与茂新厂复建工程
荣鸿仁	荣德生七子	从光华大学毕业后赴美国学面粉工程	先为总管理处稽核处副处长，后为申新一厂、申新六厂副厂长
李国伟	荣德生长婿	唐山工学院铁道工程系毕业	先为福新五厂协理，后任福新五厂、申新四厂、建成厂、宏文厂总管理系统总经理
李冀曜	荣德生四婿	美国密苏里大学机械系毕业	建成成都分厂厂长
唐熊源	荣德生五婿	美国罗伟尔纺织大学毕业	申新三厂副经理
杨通谊	荣德生六婿	美国麻省理工学院终身荣誉院士	先为茂新厂协理，后任广新银业公司总经理
胡汝禧	荣德生八婿	美国威斯康星大学化学系毕业	天元麻纺厂工程师

资料来源：根据荣氏家族史料综合整理而成。

与荣宗敬、荣德生等相比，荣氏家族第二代大多受过正规和系统的近代学校教育，甚至有国外留学经历。他们更懂得现代企业管理方法，熟悉现代工业技术。这是荣氏企业长期保持不败的组织和人事保证。因此，荣氏家族第二代在经营企业过程中，尽管所遇到的环境要比第一代更为恶劣，但他们没有坐享其成，更没有坐吃山空，而是将企业搞得有声有色，在一定程度上并不亚于老一代。

近代吴地民族企业发展的事实表明，家族企业如果能妥善处理好各种关系，就能发挥目标一致、命运与共、共同对外的优势，积极进取，迅速做大做强。这在荣氏企业里得到了充分体现。荣宗敬去世后，荣德生一再提醒子侄辈要紧密团结，避免内部争权夺利而陷企业于不利境地。

二、其他企业的团队意识

阜丰集团也多用家族成员担任各级管理和行销人员。在1900年到1949年的

50年时间里,先后担任总经理与协理的10人中,除阜丰集团为寻求国民党权贵的庇护于1946年聘用的席德炳(总经理)、1931年任用的孙多森的外甥顾翊经(协理)外,其余均为孙氏族人;六任厂长非亲即故。在职工选择方面,除了必不可少的技术人员外,连一般的管理人员和工人,都是从孙氏族内亲友与本乡佃户中选择,因此安徽寿州籍的工人、职员占该厂员工总数的90%以上。这些人的乡土意识很强,虽然有很强的封建色彩,但他们背井离乡,平时不大敢轻举妄动,因此容易管理。他们进城工作,在乡里乡亲面前很是体面,收入虽然不高,起初月薪只有7.5元,后来提高到12元,在同行中算是最低的(在20世纪30年代后期,福新二、七、八厂工人的最低收入为16元),但比在当地帮工的收入要高出几倍,因此他们很珍惜难得的工作机会,服从管理,尽职尽力。

张謇在经营大生集团时,也很善于用人。大生纱厂依靠沈敬夫、吴寄尘进行日常管理;垦牧公司则靠江导岷、章亮元擘画经营。

刘国钧在经营企业过程中,高度重视对企业进行规范管理。在他的企业中,有很多人是亲朋好友,但他强调在用人问题上要做到任人唯贤、量才使用,而不是任人唯亲。

丽新厂也有一个结构合理的经营团队。在这个团队中,总经理唐骧庭虽不很熟悉纺织业务知识,但知人善任,思想开明,刻意开拓;经理程敬堂包揽厂里的一切大小事务,把诸事安排得井井有条;董事长邹松丹,只是出出主意,并不过问具体事务;唐骧庭之子唐君远熟悉新式技术和管理工作,升任厂长后,专门负责与外商打交道。有人形容这个团队班子是"唐骧庭稳扎稳打,程敬堂长袖善舞,唐君远刻意经营",大致是不差的。

在唐蔡集团中,高层决策团队的关系也十分和谐。唐、蔡两家是亲家,尽管唐氏家族内部经常传出不和谐的声音,但唐、蔡两家在30多年的合作中,几乎未发生过不愉快的事情。初创面粉厂时,社会活动能力强的蔡缄三任经理,负责对外拓展业务;注重实干的唐保谦任协理,负责厂里的生产事务,狠抓产品质量,严把原料进口关。1920年庆丰厂创办后,薛南溟任董事长,唐保谦为总经理,蔡缄三为协理,唐保谦的六弟唐纪云担任总管,唐保谦的长子唐肇农负责稽查处,唐云亭负责总务处,唐保谦的连襟丁馥初负责物料,实际大权操纵在唐保谦手中。唐肇农病故后,唐保谦电招时在美国麻省理工学院攻读纺织管理的次子唐星海回国任庆丰厂的副总管及纺织工程师。唐纪云离去后,唐星海掌握了企业的实权。

薛南溟从事实业后,经过一系列碰壁,知道自己不善经营,但懂得借力生财的道理，而且知人善任。他聘请曾在上海纶华丝厂任总管多年、有丰富技术和管理经验与能力的徐锦荣为永泰丝厂经理，放手将丝厂交给他来管理，自己从不干涉企业的具体事务。薛南溟的知人善任还体现在对接班人的选择和培养上。他共育有三子七女。长子是无锡县大地主、资本家华绎之的妹婿，因1924年创办水泥厂失败，失去了薛南溟的信任。次子是袁世凯的乘龙快婿，在官场混迹，作风漂浮，对实业不关心。三子薛寿萱在美国受过教育，懂得资本主义企业管理和经济规律，思想敏锐，精明强干，有强烈的事业心。薛南溟先将他安排到永泰丝厂中进行锻炼，熟悉丝业生产的基本知识，学会与员工相处的技巧，将书本知识与实践操作结合起来，积累生产经营和企业管理的必要经验。日后的实践充分说明薛南溟的选择是正确的。薛寿萱接手永泰集团的经营管理后，也有一个精干有为的经营团队。他狠抓企业内部的技术队伍建设。为获得有保守思想的父辈同事薛润培的支持，他特地指派从日本东京高等蚕丝学校毕业的邹景衡陪薛润培到日本考察，让薛润培开开眼界，接触国外的新事物。先后聘请了邹景衡、薛祖康、费达生等30多名蚕丝专家进入永泰工作，并委以重任，组建了一支技术一流的核心队伍。

近代吴地企业发展历史表明，企业内部既分工负责又协力同心、各自发挥所长的团队意识是其获得成功的关键因素。

第五节　强烈的市场竞争和进取意识

市场经济的活力来源于充分竞争。在近代中国，虽然前有洋务企业的垄断经营，后有国民党四大家族官僚资本的极度膨胀，但无论是洋务企业，还是国民党四大家族的巧取豪夺，其经营活动都或在时间上时断时续，或在实力上力有不逮。这就为民族企业的经营提供了相当广阔的空间。

一、竞争和进取意识的主要表现

第一代成功的吴地企业家大都具有强烈的市场竞争和进取意识。荣宗敬常说："做人要有不自足之心，大有为之志。""我一生做事的宗旨，就是要出人头地，做

得痛快,处处争第一。"[1] 荣德生也常常称自己是"事业迷"。他说:"本人自幼即为'事业迷',先兄宗锦为'大迷',而余为'二迷'。"[2] 因此在创办企业之初,他就志存高远,目标宏阔。用荣德生的话说就是:"厂虽小,布置不小。"[3]

1914年,为振新纱厂扩大一事,荣氏兄弟与只顾眼前利益的投资人发生正面冲突。荣德生详细记述了双方当时的争执。在一次董事会上,他提出"欲造振新厂四所:二厂在申,三厂在宁,四厂在郑",建成全国规模最大的纱厂。然而未曾料到,他刚一提出自己的设想,当即就遭到与会者的强烈反对。他们声称:"若此,即赚钱,股东永无希望拿到现钱。"荣德生解释说:"要拿大钱,所以要大量生产,照三万锭,能赚到几何?""彼时,内地无过三万者,所以看得大。"[4] 荣氏兄弟的设想虽暂时受挫,但其将事业做大、做强的理想从未消失。其后经过10多年的迅猛发展,他们最终成为公认的中国面粉、棉纱大王。1918年,荣德生出席了江苏省第二届议会,在与周围的同僚有过一番交流后,他颇感失望:"各县同席,均知余办实业,纷谈设施之况,然有毅力者少。既至省会,方知省中提出议案,均是琐屑无补,只一预算,稍以范围省中用度耳,与余意动即属全国者不同。"[5]

追根溯源,荣氏兄弟获得面粉、纺织业界龙头老大地位不是没有缘由的。将事业尽可能做大做强的远大理想和持之以恒的顽强毅力是其取得成功的最重要因素。在众多的实业家中,他们主要通过自己的努力,在一定程度上实现了理想和抱负,然个中的酸甜苦辣也只有他们才能真正体味到。

但是在企业的经营活动中要想取得成功,光有竞争意识是不够的,还必须有进取意识和全局观念。荣氏兄弟在创业之始,选择面粉业后逐渐扩展至纺织及与之相关的行业,就是看中面粉、纺织两业原料取给方便,产品的市场需求量大,技术不是很复杂,投资也不是太多,因此后来碰到金融危机时,他们果断地关闭了钱庄,专心于面粉、纺织两业。晚年的荣德生在总结自己经营活动的成败得失时说:"凡事当知层层相因,不能但顾一方也。"[6] 并说他本人"一味顾大局,

---

[1] 王赓唐,汤可可,钱江,等.荣氏家族与经营文化[M].上海:上海世界图书出版公司,1999:94.
[2] 荣德生文集[M].上海:上海古籍出版社,2002:481.
[3] 荣德生文集[M].上海:上海古籍出版社,2002:41.
[4] 荣德生文集[M].上海:上海古籍出版社,2002:71.
[5] 荣德生文集[M].上海:上海古籍出版社,2002:81.
[6] 荣德生文集[M].上海:上海古籍出版社,2002:147.

各事均得分寸"[1]。

为降低成本，吴地企业家十分注重减少营销环节，将产品直接推向市场。以丝业为例，产品输出至国际市场时，由洋行控制，生产者和消费者互不见面，在价格上更无主导权。按照国际商业惯例，一旦合同签订后，不论市场价格如何变动，买卖双方均应以合同为准，卖方按原价售出，买方照价购进。但在中外厂家之间，事实并不如此。若丝价上涨，洋行从不加价购买；若丝价下跌，洋行则节外生枝，在质量上百般挑剔，迫使华商降价出售。不仅如此，洋行还在货款支付等方面玩花样。华商丝厂必须先向外商送交厂丝，待检验合格后再送上外轮。直到外轮起锚后，洋行才支付货款。为了改变这种不利处境，华商早就在试图探索直接对外贸易的途径，以掌握对外贸易的主动权。

20世纪20年代末，上海等地有实力的蚕丝厂已开始逐步摆脱外商或洋行的控制，开拓对外贸易的新途径，其中属"丝业大王"薛寿萱做得最为成功。1930年，永泰集团与瑞纶、乾牲、振艺丝厂联合成立了通运生丝贸易公司，由薛寿萱任董事长，直接将生丝运往国外销售，利润比由洋商代理所获利润高出一倍多。薛寿萱通过实地调查发现，永泰所产的"金双鹿"牌生丝在美国市场上很受欢迎。随后，他在美国纽约设立永泰丝业公司，并在纽约生丝交易所取得一席之地。他还在英国曼彻斯特、法国里昂、澳大利亚墨尔本等地建立代销处。薛寿萱开创了中国生丝直接在国外进行销售的先河，在我国蚕丝外贸史上具有重要地位。这些都表明他的市场开拓意识较为超前。

第一代吴地企业家大都具有矛盾的性格。如前所述，荣宗敬胆魄过人，敢于挑战，勇于创新，堪当大任，与谨慎从事、稳扎稳打的弟弟一起打拼，很快就将旗下的申新、茂新、福新企业做大做强。没有敢于决断的魄力和善于把握时机的洞察力是做不到的，一味用机缘巧合也是解释不通的。但荣宗敬本人曾一度对革新企业的管理方式不甚热心，反而明确主张新旧结合，认为只有这样才能做到总体"相宜"。从理论上说，新旧结合也许不无道理，在事物的发展过程中，不可能只有创新而没有继承，创新总是在继承基础上实现的，但问题在于，在20世纪30年代的中国，以裙带关系为基础的传统企业管理方式已明显不适应于企业发展的需要，并已一再为企业的实践活动所证明。作为荣氏集团总负责人的荣宗敬对此问题的认识显然是滞后的。事实也说明，正是由于弟弟荣德生的全力支持，率先

[1] 荣德生文集[M]. 上海：上海古籍出版社，2002：54.

采用新式管理方式的申新三厂的经营绩效远远高于没有适时进行管理方式变革的荣氏集团中的其他企业的经营绩效。荣宗敬曾对通过交易所搞投机活动较为热衷。荣宗敬创办交易所的初衷固然不是为了从事投机活动，交易所在历史上所起的客观作用也并非仅为从事投机活动提供一个合适的平台，但荣宗敬确实通过交易所大搞过投机活动，并且损失惨重。20世纪30年代初，荣氏企业在国际投机活动中失败，仅利息损失即在2 743万元以上。[1] 这也是荣氏企业随之出现严重困难、差点宣告破产的一个重要原因。

二、历史局限性

竞争本是所有经济活动不可避免的现象。虽然竞争可能会带来企业发展的无序，而一些企业会因竞争失败被淘汰出局，造成工人失业、资源浪费，但竞争也会带来资源的优化配置，有助于提高产品质量，改善企业的经营管理和技术水平，进而提升产业水平。然而，吴地第一代企业家大多对竞争持否定态度。如张謇说，厂家集中于一地，"时乎买花，则九家争买，而价必抬高；时乎卖纱，则九家争卖，而价必落贱。且工人朝夕彼此，工价动辄居奇"。他得出结论说："窃维工商实业，无不以统系而成，以倾挤而败。"[2] 因此，他在经营活动中总是尽可能地力避竞争，而维持其一定程度的垄断利益。如大生纱厂开办时，沪上纱滞如山。为避苏沪纱并占之路，大生纱厂乃竭力开辟通海本地市场。通州本地的土布用纱量一般要占总产量的70%~90%。

为了满足大生纱厂对原料的大量且连续的需求，张謇花大力气创建了通海垦牧公司。大生纱厂是张謇所经营的庞大的企业群的中心环节，而南通所产的原棉又是大生纱厂的生命线，所以张謇不容他人任意插手，当然就更不能容忍他人在大生纱厂周围另建新的纺织厂了。

荣氏兄弟创办纺织和面粉企业后，同样对原料的采购实行带有垄断性质的专营制度。他们派驻各地的收花、收麦处，运用各种手段排挤、打压同类企业的收购行为，同时仿照张謇在通海等地的做法，与人合伙在江阴、常熟等地修筑堤岸，

---

[1] 上海社会科学院经济研究所.荣家企业史料：上册 1896—1937年［Z］.上海：上海人民出版社，1962：398.

[2] 张謇.因朱某图在海门设厂呈部文［M］//张謇研究中心，南通市图书馆.张謇全集：第三卷 实业.南京：江苏古籍出版社，1994：766.

垦辟适宜种植棉花的大片农田,仅常熟一地的农田就达万余亩。薛寿萱控制的永泰丝厂在原料的采购方面,同样实行带有垄断性质的专营制度。他除在自己开设茧行的地区购茧外,还同金坛等外县取得独家租行控制权。为便于控制原料,适应不断扩大的企业生产规模,他还"首先在镇江开设永泰制种场,接着在无锡钱乔(桥)、荣巷两处,分设两个场,发种无锡南乡育蚕产茧"。[1]

刘鸿生为获得火柴业的垄断利润,对中小厂常常采取挤压手段,迫其倒闭。1920年,他在苏州创办鸿生火柴厂。1927年,李益石在苏州创办民生火柴厂。刘鸿生为了挤垮民生火柴厂,在民生火柴厂的对面创办苏州火柴厂,"其目的就是要以小额的产量、最低的售价来搞垮民生厂。……民生厂生意做到那里,苏州厂的廉价火柴也跟到那里,民生终于因不能力敌而关门"[2]。

与此同时,随着生产规模的快速扩张,刘鸿生积极谋取实现同业的垄断经营,以获取垄断利润。在他的一再倡议下,苏、浙、皖、赣、粤、鲁、冀、豫及东北等地的52家火柴厂的67名代表于1929年11月下旬齐集上海,决定成立全国火柴同业联合会,要求国民政府对进口火柴实行"屯并税",以限制火柴进口;豁免火柴原料进口税,或增加外国火柴进口税;按机制仿造洋货纳税办法,运销时除第一关纳正税一道外,其余一切捐税概予免除;对国产火柴,铁路运输按四等物品收费,并免去附加税,将外国人所办或中外合资创办厂的火柴列入头等货物收费,但这一设想基本未能实现。面对外国火柴特别是瑞典火柴的倾销,加上同业间的相互压价竞销,单个火柴厂所获利润不断下降。为免无序竞争导致同业相残,刘鸿生于1929年12月致函全国最大的荧昌、中华两家火柴厂,提出:如不"自行团结,本互助合作之精神,组织大规模之公司,实不足以与瑞商相抗而图自存,前途至堪危险"。荧昌火柴厂率先表示"实有合作之必要"。接着,中华火柴厂也明确表示要"力谋联合之方,共筹抵制之策"。1930年7月,三家火柴厂合组大中华火柴公司,刘鸿生被推为总经理。大中华火柴公司成立后,进一步展开兼并扩张活动。1931年兼并九江裕生火柴公司,同年又购得汉口的燮昌火柴厂。4月,购进昌兴房地产公司的全部财产,间接控制了同昌兴有联系的协隆梗片厂、炽昌牛皮胶厂和华昌梗片厂。7月,大中华火柴公司在上海东沟设立梗片厂。12月,以投资

---

[1] 马俊亚. 规模经济与区域发展:近代江南地区企业经营现代化研究[M]. 南京:南京大学出版社,2000:191.

[2] 马俊亚. 规模经济与区域发展:近代江南地区企业经营现代化研究[M]. 南京:南京大学出版社,2000:209.

方式将大昌印刷公司改组为大新印刷公司，使之成为一家印刷大中华火柴商标的公司。1934年，又并进杭州光华火柴厂。此前，大中华火柴公司还通过承租芜湖大昌火柴厂、购买扬州耀扬火柴厂等办法，使其变相停工，从而消灭了竞争对手。通过合作、兼并，大中华火柴公司实现了对火柴行业的垄断，获得了超额利润，使自身实力大增，技术能力不断增强，进而增强了与外商的竞争能力，渡过了危机，同时也使众多中小火柴厂面临更大的困难，或艰苦度日，或纷纷倒闭。

从1933年起，火柴厂家、火柴统税均快速增加。火柴厂继1927—1931年新增19家后，1932—1935年间又新增了13家。在统税方面，安全火柴甲级每箱从1931年2月的5元增加到1933年12月的13.5元，增加了170%；乙级从7.5元增加到17.4元，增加了132%；丙级由10元增加到21元，增加了110%。硫化磷火柴甲级由每箱5元增加到10.8元，增加了116%；乙级由7.5元增加到13.5元，增加了80%。日本火柴的走私情况也十分严重，致国产火柴业的利润大幅下降。1933年大中华火柴公司的盈利额由1931年的54万多元下降到6.2万元。1934年，该公司亏42万元，1935年进一步亏50多万元。[1] 为避免亏损进一步扩大，实现扭亏为盈，刘鸿生于1933年12月向全国同行建议实行"火柴统制"，并亲拟了《全国火柴统制大纲》《火柴联合营业大纲》，规定：各厂限定产销数量，超过限额的，立即封存，不准出售；各牌号售价统一规定；限制设立新厂，凡已设厂家尚未出货者，需经全国火柴同业联合会核准，方可开工制造。1935年7月，国产火柴制造同业联合办事处在上海成立，负责协调苏、浙、皖、赣、鄂、湘、闽7省的火柴生产和销售。

国产火柴制造同业联合办事处的成立，虽然有利于避免同业间的倾轧，但因无法阻止日本火柴的走私，发展仍受到很大威胁。于是，刘鸿生便出面和日本火柴业代表商量联营之事。他先是派大中华火柴公司董事陈伯藩赴日，同有关方面进行商谈。1935年3月，刘鸿生亲函日本火柴业代表植田贤次郎，请他来中国商谈。日本方面的要求十分苛刻，不仅提出由中、日、美三方组成统制机关，并"置有相当权限之日本人职员掌管之"，中国政府制定的有关法令、政策必须得到该机关的同意方可实施，而且提出在按统税记录核定日商产额后，再增加19.2万箱（后经艰苦谈判，减为100 714箱）。这显然是为了将此前的走私之数合法化、公开化。刘鸿生认为此苛刻条件有利于稳定大中华火柴公司在华中地区的优势，

---

[1] 张圻福，韦恒. 火柴大王刘鸿生[M]. 郑州：河南人民出版社，1990：44-47，111-112.

便接受了。1936年3月，经国民政府批准，中华全国火柴产销联营社正式成立，参加者有48家，其中华商41家。联营社成立后，规定：各社员厂按核定的生产比例进行生产，社员厂的产品交给联营社集中发卖；联营后，不仅不得另设新厂，而且歇闭已久者也不得复工。这些规定尽管加强了对中小国产火柴企业的控制，但同时也在一定程度上加强了对日本火柴业的监督和管控，遏制了日本火柴的走私。

在经营水泥厂时，刘鸿生同样热衷于通过联营等办法，压制竞争对手，以获取垄断利润。其经营的华商上海水泥公司和另一个水泥生产巨头启新洋灰公司及其南部总批发部在天津召开联席会议，决定实行联营，将江苏境内的苏、松、太、常、镇5府，浙江、福建、广东及香港等列为联营区域。在联营区域内，启新洋灰公司占45%，华商上海水泥公司占55%，水泥销售量超过70万桶后，由双方平分。联营合同签订后，华商上海水泥公司产品供不应求，欠货常在1.2万桶左右。产量由1923年的18.9万桶增加到34.6万桶，销售量则由12.3万桶增加到34.4万桶，且在联营合同生效后，华商上海水泥公司两次提价，每桶售价增加5钱。

南京国民政府成立后，为筹处军政费用，对民族企业的征税力度有所加大。华商上海水泥公司的产品运往外地销售，除要完纳正税及二五税外，还需缴纳堤上捐、市政捐、公益捐、子口捐、消费税、保育捐、印花税等。对刘氏企业来说，这不啻是个相当沉重的负担。1928年，南京新成立了一家中国水泥公司，资本额达200万元，日产水泥2 500桶，对华商上海水泥公司来说是个强劲挑战。为避免同业相残，经过刘鸿生再次做工作，三家公司于1931年7月达成联营协议，规定：半年内启新洋灰公司销售185万桶，中国水泥公司销售75万桶，华商上海水泥公司销售50万桶，如中国水泥公司、华商上海水泥公司无法完成销售量，启新洋灰公司专营的河北、山东、山西、绥远、陕西、甘肃、东三省及大连、威海等地可向其开放；三家公司可随时随市协定售价，不得私自定价，未经联业管委会同意，不得私自扩充机器；货品供不应求，必须扩充时，由三家均分；如遇国内外同业竞争，三家公司一致对外，共摊损失。联业实行后，三家公司均获得了丰厚利润。华商上海水泥公司1931年的盈余即达48.3万多元，为1930年的6倍。[1]

此外，刘鸿生在经营煤球厂、码头公司时，也很热心搞同业联营。联业之举虽有利于与外商竞争，但对国内同业的打压也是明显的。

---

[1] 张圻福，韦恒.火柴大王刘鸿生［M］.郑州：河南人民出版社，1990：60-66.

刘鸿生打压同类中小民族企业的做法屡遭同业诟病。以火柴业为例，1937年1月，广东民生等16家小火柴厂联名致函全国火柴联合会，指责刘鸿生大力倡导的火柴业联营是"摧残同种同业，实行垄断倾销，以制华南火柴厂商之死命"。鲁西18家小火柴厂也批评联营协议"无不充分表现其垄断把持，宰割小厂之阴谋"。[1]

第六节　尽快扩张企业规模，增强抵御风险的能力

经济学的理论研究和近代以来的企业发展实践都表明，在激烈的市场竞争中，企业要想具备较强的抗风险能力和降低成本，必须要有适度的规模经营。适度的规模经营不仅有利于节省管理成本和交易费用，而且有利于在企业内部合理安排劳动力，保持生产过程的连续性，保持劳动者的稳定就业，从而使经营者获得稳定的利润。近现代吴地企业家对规模经营已有清醒的认识，如荣家的纺和织合一、面粉厂和纺织厂互相支持等。

当然，企业规模过大，也会产生规模不经济问题。不过，在近代中国，由于在总体上企业规模的扩张遇到的限制条件较多，企业规模过大而造成的成本增加甚至运转失灵的情形几乎不存在，规模不经济的问题在多数企业中较为少见。马俊亚先生的实证研究表明，近代江南地区的企业规模化经营具有如下优势：一是企业内部的经济优势，表现在融资、智力劳动力的培养和录用、原料来源与质量的保证、产业结构的优化与生产要素的重新配置、商品市场的稳定、内部经验的共享和移植等方面；二是外部经济功能，表现在通过品牌营造、广告宣传等手段拓展市场空间和促进区域经济社会的发展和转型等方面。随着投入的增加，企业生产规模往往会发生几何级数的改变。[2] 之所以如此，是因为随着生产要素投入量的增加，即规模的扩大，生产工艺与生产要素结合方式、经营管理状态、技术研究水平、市场条件与融资条件均随之发生变化，从而使单位商品成本大为降低。

---

[1] 马俊亚.规模经济与区域发展：近代江南地区企业经营现代化研究［M］.南京：南京大学出版社，2000：210.

[2] 马俊亚.规模经济与区域发展：近代江南地区企业经营现代化研究［M］.南京：南京大学出版社，2000：46.本节的撰写参考了马先生的上述研究成果。

一、企业规模的快速扩张

近现代吴地工商企业家的事业心普遍强烈。他们力求尽快扩张企业规模，增强抵抗市场风险的能力。如穆藕初曾指出，"范围较大则实力自厚，既省耗费，又利竞争"[1]。扩张规模的企业中，尤以大生集团和荣氏集团最有代表性。

（一）大生集团的规模扩张

张謇创办的大生纱厂于1899年正式开工后，当年就赢利超过2.6万两，第二年又获纯利5万两，第三年获利10万两，此后更是连年获得厚利，到1908年共获利190万两。大生纱厂的丰厚利润，不仅是对张謇在企业创办过程中历经艰辛的回报，也更进一步促使他把企业做大做强。张謇利用丰厚利润快速扩张经营规模。1899年大生纱厂开工时，股本总额只有44万多两，纱锭有2万多枚；1902年，官股增加到50万两，商股增加到63万两，纱锭增加到4万多枚。1904年，张謇在崇明新建大生分厂，到1906年共集股60多万两。1907年分厂建成投产，有纱锭2.6万枚。该厂投产后同样连年获得丰厚利润。1914—1921年，利用西方列强参加第一次世界大战的有利时机，大生纱厂和分厂共获利1 000多万两。在这种情况下，张謇决定大力扩张企业规模，把棉纺厂从2个扩展到9个，计划在海门创设三厂，在南通四扬坝和天生港分别建立四、五两厂，在东台建六厂，在如皋建七厂，在城南江家桥建八厂，在吴淞建九厂。由于一战后不久西方列强就卷土重来，棉纱业重跌回低谷，张謇的上述计划未能完全实现，但他还是创办了三厂和八厂，不过规模远比计划中的要小得多。

除了明显扩大纱厂的规模外，为满足纺织业对棉花等原料的需要，张謇还在通海地区大力发展垦牧事业，于1901年成立通海垦牧公司。到1907年，张謇经营的大生集团旗下的企业就快速发展到19个，除纱厂和垦牧公司外，还有同仁泰盐业公司、广生油厂、大兴面厂、阜生蚕桑公司、翰墨林印书局、资生铁厂、资生冶厂、颐生罐诘公司、颐生酿造公司、大达内河小轮公司、通州（天生港）大达轮步公司、外江三轮公司、泽生水利公司、大隆皂厂、懋生房地产公司、染织考工所、大中通运公行、船闸公司等，形成了名副其实的企业集团。

---

[1] 穆藕初. 藕初五十自述［M］//赵靖. 穆藕初文集. 北京：北京大学出版社，1995：40.

上述企业大都围绕大生纱厂开展营业活动。如：通海垦牧公司是大生纱厂的原料生产和供应基地；广生油厂利用大生纱厂的轧花棉籽制油自用；大隆皂厂利用广生油厂的下脚料制造皂烛；大兴（后改为复新）面厂利用大生纱厂的剩余动力生产面粉；资生铁厂最初是专为大生纱厂修配机件而设；大达内河小轮公司、通州（天生港）大达轮步公司、外江三轮公司、泽生水利公司、船闸公司主要为大生纱厂解决运输问题；染织考工所实际上就是大生纱厂向纺、织、染全面发展的研究所和实验室；懋生房地产公司则买地造屋，为大生等厂职工提供宿舍并收取房租。这些围绕大生纱厂上下游产业派生出来的带有子公司性质的单个公司的设立，既是当时商品经济在总体上不甚发达的状况使然，也说明张謇欲通过产业集群的联动效应促进通州地区经济社会整体发展水平迅速提高的良好愿望和主观意愿，而通州地区在20世纪上半叶所发生的日新月异的巨大变化在一定程度上实现了张謇的最初愿望。

大生集团的经营范围和规模继续扩大。张謇在外地投资创办了上海大生轮船公司、镇江大照电灯厂、镇江开成铅笔厂、吴淞江浙渔业公司、海州海赣垦牧公司、海州赣丰饼油公司、徐州耀徐玻璃厂、景德镇江西瓷业公司、苏省铁路公司等。辛亥革命后到1924年之前，他所控制的大生集团发展更加迅速，投资领域更大，经济实力更加雄厚，他的政治影响也随之显著提升。张謇不仅在江苏省内成为呼风唤雨的显赫人物，而且在全国政坛上成为各方颇为器重并争相拉拢的重要人物。

（二）荣氏集团的规模扩张

关于企业规模的扩张，荣宗敬认为，他能"多买一只钉子，就像多得一支枪"，因而也就多了一份在激烈的市场竞争中获得生存和发展的主动和机会。

荣德生的考虑还要更深一层。他曾明确指出："对外竞争，非扩大不能立足。况吾国人口众多，而工业生产落后，产品不敷供应，仰求外洋。近年失业者增多，无法找到工作。如此一想，非扩大不可。在别人看来，贪心不足，力小图大，风险堪虞，实皆不明余志也。"[1] 又说："余留心社会经济，而主多立工厂，推至省用、国用，而至世界经济之竞争，尤以自立生存、对外相等为比较。"[2] 也就是说，扩大企业规模不仅有利于增强企业的对外竞争力，而且有利于挽回利权，增

---

[1] 荣德生文集[M]. 上海：上海古籍出版社，2002：149.
[2] 荣德生文集[M]. 上海：上海古籍出版社，2002：77.

加就业机会，促进民族企业进一步发展。

因此，在创办实业的初期，荣氏兄弟抱着"造厂力求其快，设备力求其新，开工力求其足，扩展力求其多"的态度，采取"欠人、赚下、还钱"的办法，大肆举债经营，快速扩张企业规模。短短十数年间，荣氏企业总数就增加至21个，横跨面粉、纺织两个行业，而且单个企业的规模不断扩大，在创业的高峰时期，几乎"无月不添新机，无时不在运转"。

为迅速扩大企业规模，荣氏企业家采取"滚雪球"的方式来进行扩张。荣氏家族以开钱庄起步，然后投资面粉业，再以面粉业的盈余投资纺织业，最后延伸到机械制造业，在较短的时间内将荣氏集团发展成中国首屈一指的民族资本集团。1900年，荣氏兄弟与人合股创办保兴面粉厂，兄弟只占13股中的两股，投入资本6 000元。到1903年创办茂新面粉厂时，荣氏兄弟拥有的资本已占总资本额5万元的近半数，达2.4万元，到1923年自有资本增至88万元。1916年荣氏兄弟投资4万元创办福新系统，1922年资本增长到346万元。1916年荣氏兄弟创办申新纱厂时，投资22万元，到1922年资本增至608万多元。茂新粉厂创办时，固定资产为5万元，到1922年资本增至1 959万元。1922年，茂新、福新、申新系统股本额接近984万元，到1932年增至1 927万多元（不包括申新二、五厂），其中荣氏兄弟拥有股本1391万多元，约占全部股本额的72.2%，比1903年增长了近580倍。生产设备最初只有石磨4部，到1932年，面粉系统有粉磨347台，纺织系统有纱锭521 552锭、布机5 357台，而棉纱产量为306 248件，棉布产量为2 798 486匹，面粉产量达1 994.407万袋。[1]

1912—1921年是荣氏集团扩张最迅速的时期。到1921年，荣氏集团已有茂新、福新两个系统共13家粉厂，粉磨301部，日生产面粉76 000袋；申新系统到1922年发展到4个工厂，有纱锭134 907枚、布机1 615台，棉纱年产量为80 356件，棉布年产量为359 530匹。荣氏集团的扩张速度远超过同期全国相关行业的扩张速度。以面粉业为例，同期全国生产能力增加5倍多，茂新、福新系统的生产能力则增加24倍多。在纺织业中，全国纱锭1922年比1918年增加1.1倍，荣氏集团的增加9.4倍；全国布机增加1倍，荣氏集团的增加1.7倍。[2]

---

[1] 上海社会科学院经济研究所.荣家企业史料：上册 1896—1937年[Z].上海：上海人民出版社，1962：366，375，613-615. 从统计数字看，荣氏企业的生产率要稍高于国内的同类企业。

[2] 许维雍，黄汉民.荣家企业发展史[M].上海：上海人民出版社，1985：41.

从 1925 年开始，经过前一阶段的扩张发展，荣氏集团进一步积累了实力，进入了新一轮快速扩张的时期，直到 1935 年结束。

1925 年 4 月，荣氏集团收购了上海德大纱厂，建立申新五厂。该厂有纱锭 30 348 枚。荣家买下后，陆续添置了新机器。到 1932 年，该厂有纱锭 47 488 枚。

1929 年 1 月，荣氏集团以 170 万两买下英商东方纱厂，创下了中国企业兼并外国在华企业的纪录，建立申新七厂。到 1932 年，申新七厂拥有纱锭 56 284 枚、布机 448 台。同年，荣宗敬在申新一厂旁的空地上新建申新八厂。到 1932 年，申新一厂、申新八厂共有纱锭 122 876 锭、布机 1 111 台。申新八厂的设备是当时申新系统中最为先进的，其产品足以与在华日商纱厂的产品相竞争。

1931 年初，荣家收购三新纱厂，建立申新九厂。到 1932 年，该厂共有纱锭 68 992 枚、布机 1 000 台。同年 10 月，荣家又融资买下上海厚生纱厂，建立申新六厂。该厂有纱锭 75 384 枚，布机 920 台。与此同时，其他纱厂也在不断扩张规模。1932 年申新一厂（包括申新八厂在内）和申新二、三、四厂与 1924 年相比，纱锭增加 133 396 枚，布机增加 1 374 台，分别增长了 95.3% 和 85.1%。到抗战全面爆发前的 1936 年，荣氏纺织企业已拥有纱锭 57 万枚、布机 5 304 台。1916—1936 年，申新系统各厂历年纱锭、布机情况见表 2-4。

由此可见，即便在国内经济普遍不景气的 20 世纪 20 年代后期至 30 年代中前期，申新系统规模也始终处在扩张之中。

通过快速扩张，荣氏集团的棉纺、面粉业不仅在国内同行中迅速拔得头筹，而且在同业中所占比重逐年提高。到 1932 年，荣氏集团的棉纱和面粉产量均占全国总产量的 1/3 左右。荣氏企业家成为名副其实的"棉纱大王"和"面粉大王"，荣氏创业者亦颇为自得。就棉纺业而言，荣氏集团的纱锭数占全国民营棉纺企业纱绽数的 19.9%，线锭数、布机数、棉纱产量、棉布产量、工人数在全国民营棉纺企业中的占比分别为 29.5%、28.1%、18.4%、29.3%、17.5%。具体情况见表 2-5。

表 2-4 申新系统各厂历年纱锭、布机数

年份	申一、八厂 纱锭/枚	申一、八厂 布机/台	申二厂 纱锭/枚	申三厂 纱锭/枚	申三厂 布机/台	申四厂 纱锭/枚	申五厂 纱锭/枚	申六厂 纱锭/枚	申六厂 布机/台	申七厂 纱锭/枚	申七厂 布机/台	申九厂 纱锭/枚	申九厂 布机/台	合计 纱锭/枚	合计 布机/台
1916															
1917	12 960	350												12 960	350
1918		600													600
1919		700	16 992											55 872	700
1920														74 280	
1921															
1922				45 907										134 907	
1923	38 880	1 111	35 400	51 008	504	14 720								140 008	1 615
1924															
1925				57 008	878	19 136	30 348							184 620	1 888
1926							31 116							189 804	2 262
1927							33 208								
1928	45 328			57 808		29 720	44 968	14 264						197 896	2 708
1929	85 328		41 000				45 388			53 844	446			280 532	2 836
1930	87 728					40 000	47 488	73 080		56 284	447	68 992	1 000	327 352	4 757
1931		1 111				50 000		75 384			448			460 000	5 357
1932			55 000				54 208	75 104	920		440	80 556	515	521 552	4 853
1933			56 744	65 808	1 478		49 588	73 800	814	59 848	448	89 224	516	551 860	4 861
1934	122 876	1 100												555 144	
1935		1 304									452			563 840	5 066
1936		1 387		67 920										570 000	5 304

资料来源：中国近代经济史丛书编委会.中国近代经济史研究资料：3[Z].上海：上海社会科学院出版社，1985：187—189. 说明：申新八厂于1930年投产，但一直是与一厂作为一个核算单位。

表 2-5 1932 年申新纱厂在全国棉纺业中的地位

统计项目	申新系统	全国民营棉纺企业	全国所有棉纺企业	申新所占比重	
				占全国民营棉纺企业/%	占全国所有棉纺企业/%
纱锭/千枚	521.55	2 625.41	4 599.36	19.9	11.3
线锭/千枚	40.04	135.86	408.56	29.5	9.8
布机/台	5 357	19 081	39 564	28.1	13.5
全年用棉量/千担	1 080.42	5 814.64	8 706.04	18.6	12.4
棉纱产量/千件	306.25	1 665.04	2 332.68	18.4	13.1
棉布产量/千匹	2 798.49	9 548.08	20 121.90	29.3	13.9
工人数/人	31 717	180 731	257 568	17.5	12.3

资料来源：上海社会科学院经济研究所.荣家企业史料：上册 1896—1937 年［Z］.上海：上海人民出版社，1962：285.

就面粉业而言，1932 年，荣氏企业工人数占全国工人数的 23.4%，总产量占全国总产量的 30.7%，占全国面粉业最为集中的上海市总产量的一半多，足见其规模的庞大，其生产率也较同业要高。1932 年荣氏面粉企业在全国和上海面粉业中的地位详见表 2-6。

表 2-6 1932 年荣氏面粉企业在全国和上海面粉业中的地位

统计项目	全国（除东北外）			上海市		
	关内	荣氏企业	荣氏企业占全国比重/%	上海市	福新	福新占全市比重/%
厂数	66 家	12 家	18.2	15 家	7 家	46.7
股本数	22 414.13 千元	7 905.84 千元	35.3	6 249.65 千元	4 822.50 千元	77.2
粉磨	1 129 台	347 台	30.7	446 台	243 台	54.5
日产能力	302 752 袋	96 500 袋	31.9	122 583 袋	64 300 袋	52.5
全年实用麦量	32 558.22 千担	9815.02 千担	30.1	15 599.58 千担	7 442.89 千担	47.7
全年实际产量	65 224.00 千袋	19 994.07 千袋	30.7	31 792.65 千袋	15 963.99 千袋	50.2
工人数	7 248 人	1 699 人	23.4	2 516 人	1 040 人	41.3

资料来源：上海社会科学院经济研究所.荣家企业史料：上册 1896—1937 年［Z］.上海：上海人民出版社，1962：286.

从表2-5、表2-6可见，荣氏集团在面粉和棉纺业中，不仅规模巨大，而且已具有一定程度的垄断地位。

就单个企业来说，其规模也在不断扩张之中。以申新三厂为例，1921年该厂开始创设，到20世纪50年代初，发展成拥有固定职工5 053人、纱锭101 653枚、布机708台，自备24小时内发电10万度的4 000千瓦及1 000千瓦发电机各一座，实有资本约2 000亿元的全国知名的大型纺织企业。[1]

荣氏企业的规模经营不仅表现在在面粉和纺织业中具有一定程度的垄断地位，还表现在经营种类众多、经营范围较广、企业遍布全国多个地方等方面。这样做往往能在客观上起到以此济彼、相互支持的作用。1932年，在荣氏申新系统的9个纺织厂中，有7个设在上海，2个分别设在无锡和汉口；在茂新、福新系统的12个面粉厂中，有7个设在上海，3个设在无锡，其余2个分别设在汉口、济南。同时荣氏集团在无锡设有公益铁工厂1个，在上海设有堆栈2个，在济南、郑州各有1个打包厂，另有1个同仁储蓄部。

荣氏企业的地域分布极广，其盛况正如荣德生在1936年指出的那样：

> 余兄弟所办企业，除所营之二十余厂外，在全国各大都市均有支店及联络站。在浙省则杭州、宁波、绍兴、温州、台州、枫泾、平湖、嘉兴、湖州；在粤省则广州、汕头；闽省则福州、厦门；沿长江则镇江、南京、芜湖、安庆、九江、南昌、武汉、沙市、宜昌、万县，而至重庆；平汉路则驻马店、许昌、郑州、新乡、开封、彰德；陇海路则由海州、徐州、灵宝、西安，而至咸阳；津浦路则浦口、蚌埠、济南、德州，而至天津、北京；在关外则沈阳、营口、旅顺、大连；在鲁省尚有青岛、烟台、济宁；在湘省则有长沙、衡阳；在本省则苏北之东台、南通、高邮、泰州、溱潼、姜堰、海门、扬州，江南之太仓、江阴、常熟、苏州、宜兴、溧阳、川沙、崇明，以及浦东之大团、周浦等地，非办麦即销粉，非办花即销纱、销布。海外，近则港、澳、日本、南洋群岛，均有交易；远则英、德两国之机械与零件，美国、坎（加）拿大、巴西、澳洲之棉、麦，时有进出。[2]

荣氏企业家还通过参股、合伙等形式投资其他企业。比如荣氏兄弟以申新纺

---

[1] 中共江苏省委统一战线工作部.关于申新纺织厂资本家代理人和职员、技术人员的情况调查及如何进行改造工作的意见.1954，12.苏州市档案馆馆藏档案资料，档号：A1-9-1955-11.

[2] 荣德生文集[M].上海：上海古籍出版社，2002：128.

织公司名义在中国银行投资 25 万元,在上海银行投资 45 万元,在恒大纱厂投资 20 万元,在华商纱布交易所投资 43 万多元,在上海面粉交易所投资房地产 59 万多元,在中国水泥公司投资 30 万多元,另在中国国货银行、上海电力公司、中国铁工厂、汉口打包厂等投资 10 万元,在中国棉业贸易公司、中国国产棉业市场、中华国产纱线采办所等投资 5 万多元,在蕰藻浜、衣周塘、镇江等地有地皮价值 114 万多元。以上总计达 353 万多元。此外,荣宗敬个人还在信康、荣康、汇昶、振泰、生昶等钱庄投资 23 万多元,在维大纺织公司、福泰公司投资 2 万多元,在保丰保险公司、统原银行投资 4.5 万元,总投资计有 30 多万元。[1] 他在均泰、滋丰两个钱庄和世界书局、上海恒丰公司、上海正大银行等也有投资。荣德生个人则与人合伙组织福利垦殖公司,在江阴、常熟沿江一带修堤造田。另在无锡投资创办开原汽车公司、开原电灯公司、太湖饭店等。

抗战胜利后,荣氏企业为适应形势发展的需要更是遍布全国各地。按照荣德生的设想,战后荣氏集团不仅要把战前的所有企业全部恢复起来,而且要全面扩张。"食品工厂由面粉而扩展至各种主要食品;纺织工厂从纱、布而扩展至印染、丝绸、麻葛、呢绒以及有关衣着;机器从翻砂、铁工而扩展至重工业,能自造各种母机;办学则自小学而至大学、专科;筑路则接通环湖,使吾邑不仅成为工业之中心,并为各地市政建设之模范。"[2] 据中华人民共和国成立前夕统计数据,荣氏集团计有"茂新和福新的十一个面粉厂,有日产面粉八万袋的生产设备;申新和天元等十个纺织厂,其生产设备计有纱锭五十万枚、布机四千台、麻纺锭二千四百枚;另创办了颇具规模的开源机器厂"[3]。其规模不仅超过了战前的最高水平,而且有所发展,只是实际生产能力未超过战前能力。

李国伟主持的申新四厂和福新五厂也很注意扩张企业规模。他仿效"酌盈剂虚"这一荣氏企业的习惯性做法,依靠福新五厂的巨大盈利,不仅使申新四厂成功地渡过了初创时期的难关,而且使申新四厂、福新五厂成为日后荣氏集团中实力最为雄厚的子企业。

李国伟主持的申新四厂和福新五厂迁建到内地后,利用抗战期间物资严重匮乏、产品供不应求的有利时机,开足马力进行生产,盈利丰厚,生产规模迅速扩大。1940 年申新四厂在重庆扩建了第二工场,有 1 万枚纱锭。1941 年,李国伟主

---

[1] 许维雍,黄汉民. 荣家企业发展史 [M]. 上海:上海人民出版社,1985:128-129.
[2] 荣德生文集 [M]. 上海:上海古籍出版社,2002:127.
[3] 荣德生文集 [M]. 上海:上海古籍出版社,2002:11.

持在成都创建了拥有 4 200 枚纱锭的申新四厂分厂和日产面粉 500 袋的面粉厂。1941 年起，通过修旧利废创设了日产面粉 2 000 袋的福新五厂宝鸡分厂和日产面粉 1 000 袋的福新五厂天水分厂。1944 年又创办了以废棉为原料的宝鸡宏文造纸厂，日产新闻纸 1 吨半。

此外，李国伟还自建了 1 支运输队，备有 40 多辆大卡车，几十辆骡马大车及一批木船，从各地收购原材料，并将制成品运出去。那时，川陕、陕甘、渝蓉、川黔、陕渝等各条公路上和湍急的嘉陵江上，都有李国伟集团的交通工具在奔驰。为解决战时内迁企业快速发展，但因无法进口而出现的机械不足问题，李国伟于 1941 年将内迁的公益铁工厂与申新四厂、福新五厂的机修部门合并，成立宝鸡铁工厂，制造梳棉机、并条机和面粉机等机器，不仅解决了本系统的机器缺口，还为其他企业提供了大小 100 多台工作母机。同时，安排人员利用废旧物料制作各厂所需的机械零配件。1941 年，李国伟在成都创办的建成面粉厂的全套面粉机械及宏文造纸厂的造纸设备，都是由宝鸡铁工厂仿制的。为解决燃料问题，李国伟还在陕西省开设煤矿公司。

为了在抗战胜利后大干一场，李国伟利用在抗战中积累起来的雄厚实力（黄金 6 000 多两、300 多万美元）及战时各国资金短绌的有利时机，向欧美国家定购了大批机器，计有英、美制 7.5 万锭纱机，英制日产 6 000 袋的粉机一套，瑞士 4 000 瓦发电机座一套，以及美制人造丝和废丝麻纺机各一套。[1]

抗战胜利后，李国伟回到汉口，修复了遭到战争破坏和日本侵略者洗劫的车间和机器，很快就恢复了生产，不久又到上海建面粉厂和纸板厂。1947 年，他派得力干将章剑慧等在重庆购得原日商泰安纱厂，改为渝新纺织公司，随即成立了由申新四厂、福新五厂、宏文厂、建成厂和渝新公司组成的五公司总管理处，统一指挥荣家在汉口等地的生产恢复工作。至中华人民共和国成立前夕，申新四厂已扩展为 4 个厂，分布在汉口、宝鸡、重庆和成都，附有一个宝鸡铁工厂；福新五厂扩展为 5 个厂，分布在汉口、重庆、天水和广州；建成面粉厂在成都和上海各有 1 个；宏文造纸厂在宝鸡和上海各有 1 个。李国伟成为中西部地区具有举足轻重地位的著名实业家。

总计荣氏家族的所有企业，除 12 家面粉厂和 9 家纱厂外，还包括以下 4 部分：

铁工厂：负责修理和制造面粉机、棉纱机及其附属零部件等设备，战前有无

---

[1] 荣勉韧，荣翠琴，荣耀祥. 梁溪荣氏人物传 [M]. 北京：中国华侨出版社，1996：185.

锡的公益铁工厂，战时有申新四厂附属的铁工厂，战后有开源机器厂、上海鸿丰铁工厂、合丰铁工厂和合丰电机厂等。

打包厂：负责储存原料和制成品，战前有上海茂新堆栈、福新运输堆栈，无锡新仁堆栈，济南打包厂，郑州打包厂和汉口打包厂等。

银业储蓄部：负责吸收社会上和企业职工的闲散资金，以筹措企业资金，为周转提供方便。早期有广生钱庄，后在上海、无锡、汉口有同仁储蓄部，战时在上海有三新银行，战后在上海有广新银业公司。此外战前荣家曾在中国银行、上海商业储蓄银行、中国国货银行、上海正大银行、统原银行，信康、荣康、振泰、均泰、汇昶、生昶和滋丰等钱庄有过投资。

此外荣家还投资中国水泥公司、房地产事业、上海华商纱布交易所、中国棉业贸易公司、中国产业市场、中华国产纱线采办所和上海面粉交易所等。

一个集团在如此短的时间内在这么多领域和地方有投资，真是不可思议。也正因为如此，荣氏企业的抗风险能力明显要高于同类民族企业集团。

（三）其他企业的扩张

常州刘国钧曾说过："织而不纺，染而不织，一遇交通阻碍，或市场波动，原物料即有中断，生产势必停顿。必需建成纺织染全能企业，必彼此衔接，一气呵成，而能减轻成本，增加求业，造福社会。"[1] 依据这一清醒的认识，刘国钧在从事实业活动中，都力求创办前后衔接的连锁企业。

刘国钧早年家境贫寒，仅读过一年私塾，曾当过道士，在酱园坊当过学徒，后到常州奔牛镇一家绸布店当练习生。他聪明勤奋、认真刻苦、头脑灵活、悟性极高，接受新事物快。1909年，他与人合伙开办布庄，不久即盘下布庄独立经营。用心经营的他很快把生意做得红红火火，成为奔牛镇上的首富。

1916年，刘国钧和常州富商蒋盘发等人合办大纶机器织布厂。这是近代常州第一家机器织布厂，在当地开了风气之先。刘国钧由于在经营理念上与其他股东存在严重分歧，便很快离开大纶。离开大纶后的刘国钧先后创办过广丰布厂、公裕土纱布厂、广益脚踏手拉木机布厂、广益机器染织厂，虽均不甚成功，但积累了不少从事实业的宝贵经验。

1930年，刘国钧接盘大纶久记纱厂，将之改名为大成纺织染公司。刘国钧和志同道合的吴镜渊、刘靖基、华笃安分任总经理、董事长、协理和总稽查，组成

---

[1] 全国政协文史资料委员会. 文史资料选辑：第149辑[M]. 北京：中国文史出版社，2002：159.

了一个强有力的企业管理班子。刘国钧负责生产,刘靖基负责经营。大纶久记纱厂曾多次租给别人经营,机器设备缺乏保养和维护,致附属设备和配件多有缺损,严重影响生产的正常进行和产品的质量。在刘国钧等人的努力下,大成纺织染公司很快走上正轨。到1937年常州沦陷前,在不到8年的时间里,大成纺织染公司的资金就从最初的50万元剧增至400万元,纱锭从1万枚增至8万枚(含合资的四厂的纱锭在内),再加上相应的织机和印染设备,大成纺织染公司创造了逆势上升的奇迹。到1949年常州解放时,除纱锭因战争破坏略有下降外,布机则由最初的260台增至1 780台,印染设备达到日产5 000匹布的能力。[1] 刘国钧所经营的纺织企业集团因此成为常州乃至江南地区的著名民族企业。

刘鸿生自1909年进入开平矿务局当职员后,用了不到20年的时间,将销煤业务从上海市区扩展到无锡、常州、镇江、芜湖、江阴、南通等地,将用户由城市企业扩大到乡村山区的砖瓦、陶器、石灰等窑户,将销售品种由单一的开滦煤扩展到山西煤、日本崎藤煤、安南鸿基煤等。除了销售煤炭外,他还将事业范围快速拓展到码头经营、毛绒纺织、水泥烧制、火柴生产、搪瓷制造及银行、保险业等众多领域,且在每个行业都干得风生水起,个人净资产快速积累到300多万元,投资的企业资产则达到740万元。[2]

邓仲和投身实业前,依靠在代怡和洋行经销粉袋布和进行期货交易积累了原始资金,最多时每天可获得白银50两的佣金。1922年,他创办了大庆棉布号。1930年,他创办了安乐并线厂。该厂不仅承接代客加工业务,还自产"安乐宫"棉纱。1931年,他创设安乐棉毛纺织染厂(安乐一厂),有工人300多人,安装420台织机、576台粗纺锭机,并续建帆布车间,生产车胎用帆布和网形帐布,供给大中华和正泰橡胶厂。1932年,邓仲和又创办毛纺生产部门,拥有精纺锭600枚及全套设备,生产绒线,后又大量增设粗纺锭,用于纺织粗细毛纱、制服呢、女式呢、大衣呢等,并购置全套整染设备,使毛制品拥有了纺织、精工、整染等全套工艺。为与垄断中国绒线市场的英国博德运绒线厂生产的"蜜蜂"牌绒线竞争,安乐一厂除了继续生产低档的"金钱"牌和中档的"美女"牌绒线外,还着重生产高档的"英雄"牌绒线。为绞杀安乐厂,英商决定采取降价等手段倾销绒线,在经销商进货时降价30%,而且不预收定金,并抛售8个月期货。不少民

---

[1] 果鸿孝. 中国著名爱国实业家[M]. 北京:人民出版社,1988:193.
[2] 张圻福,韦恒. 火柴大王刘鸿生[M]. 郑州:河南人民出版社,1990:20,80.

族企业经受不住打击，纷纷倒闭，但安乐一厂凭借自己的实力和产品质量，不仅始终屹立不倒，反而有所发展。1937年，安乐一厂总资产增加到30多万元。为解决毛纺厂的原料和机器问题，邓仲和于1933年将早年创办的大庆棉布号改为原料进口基地，直接从澳大利亚、英国、印度、巴基斯坦、埃及等国大量进口优质羊毛，并进口各类机器。因信誉良好，还获得了英国最大的颜料化工厂在远东地区的独家总经销权。面对日本咄咄逼人的侵略行径，邓仲和说道："我手中无枪弹，不能与他们开战，但我可开辟市场与之决一高低，决不让其称霸市场"。[1] 为解决纱线厂原料问题，他于1946年创建安乐纱厂，安装纱锭20 960枚，日纺纱40件，使安乐纱厂成为供、产、销相衔接的全能企业。1946年，他斥资买下上海南京路上的安乐舞宫，将其改为书场，听客盈门。同年，他又斥资买下南京东路上的汇中饭店，将之改名为安乐大厦。1947年，他又创办了大庆汽车公司，并大获成功。至此，安乐系统形成了拥有8家工厂的企业集团。

二、扩张规模的主要措施

为了实现企业的急速扩张，吴地企业家采取了不少措施。以荣氏集团为例，为尽快实现企业规模的扩张，以抵御可能遇到的各种风险，其第一代企业家采取了多种措施。

一是强制规定，企业盈利要尽量留在厂里充作资本。申新纱厂创办后，规定除发股息外，一般不发红利给股东，盈余不断滚下去，用来扩大再生产。[2] 茂新粉厂创办后，荣宗敬等也规定企业3年内不分红，所有利润一律转为生产资金，其他企业也都采取不分红或少分红的办法，所获利润多用于扩大企业规模。据统计，1913—1923年间，福新一厂拨付二、三、七厂的投资金额达390多万元，大部分是利润和股息。申新一厂创办时原始资本只有30万元，到1922年已达300万元，其中230万元（占总资产的77%）是由盈余转化而来的。这一被称为"肉烂在锅里"的做法，不仅为企业的发展积累了必要的资金，而且省去了向银行或钱庄筹集资金的诸多不便，同时也省去了一笔不小的利息支出。

---

[1] 马炳荣. 记爱国实业家邓仲和[G]∥上海市政协文史资料委员会. 上海文史资料存稿汇编：7 工业商业. 上海：上海古籍出版社，2001：321.

[2] 上海社会科学院经济研究所. 荣家企业史料：上册 1896—1937年[Z]. 上海：上海人民出版社，1962：111.

荣氏兄弟还在企业内部采取旧式存折方式吸收存款,后来还设立了同仁储蓄部。为吸引储户,存款方式多种多样,有定期存款、定期复利储蓄存款、定期取息存款、零存定期存款、零存整取存款、活期存款、礼券存款、活期流通存券等。后来荣氏兄弟还在无锡、常州、杭州、汉口等地设立分部。由于存储方便、形式多样,同仁储蓄部存款数量迅速增加,到1933年达520多万元(表2-7)。

表2-7 茂新、福新、申新总公司及储蓄部历年年底的存款余额(1923—1933选年)

单位:千元

年份	旧式存折方式吸收存款	储蓄部存款	合计
1923	1 090.40		1 090.40
1927	1 304.28		1 304.28
1928	1 034.58	1 470.33	2 504.91
1930	1 373.26	4 290.15	5 663.41
1932	1 403.79	5 029.73	6 433.52
1933	2 324.05	5 216.42	7 540.47

资料来源:上海社会科学院经济研究所.荣家企业史料:上册 1896—1937年[Z].上海:上海人民出版社,1962:277.

二是只要有机会就兼并收购、租赁经营同类型企业。荣氏家族在扩大企业经营规模时,除了自身积极扩大投资、向社会广为招股外,一个重要途径就是在遇到经营不善、难以维持或即将倒闭的企业时,就向银行借款抑价买进,接着再以新购进的厂子给银行做抵押,获得资金增建或并购另一个企业,使得集团急速扩张。荣宗敬认为,收买旧厂比建新厂便宜,省去了购买地皮、新建厂房、添置机器、招收工人等环节,而且原经营者之所以决定要卖掉工厂,一定是因为遇到了难以继续经营下去的困难,而这正是压低价格的机会。如福新四厂是1915年由购买中兴面粉厂而来的,购买价格仅是原厂的4成。福新六厂是1919年由购买华兴粉厂而来的。当时荣氏兄弟仅需付定银1万两,其余款项分3年付清,而实际上荣氏兄弟几乎没有花什么现金。

在近代中国,实力雄厚的外商特别是日本企业纷纷涌入。仅以纺织业为例,1895年至1936年间,日本设在上海、青岛、天津、营口、锦州的纱厂共有纱锭248.5万枚、布机28 915台,而同期全中国的纱锭仅有292万枚,布机仅有25 503

台，主要分布在江苏、上海、湖北、四川、浙江、安徽、河北、山西、陕西等省。[1] 这些外商在平时的经营活动中就一直以各种手段打压中国的民族企业，并经常乘中国企业经营困难之机进行收购，扩大规模。中国企业家心虽不甘，但迫于无法经营的困难情势，往往不得不将企业低价卖给外商。1921年前，荣氏兄弟先后办过15个面粉厂，其中有6个是租办的。租期满后，3个被收购，2个归还原主，1个继续承租。1922年申新系统有4个工厂，其中有1个是收购来的。1922—1931年，申新系统共增加纱锭32.5万多枚，其中收购和租用的有22.2万多枚，占增加总数的68.4%。[2] 从1925年到1933年，荣家购进上海的德大、厚生、东方、三新四家纱厂，改建为申新五、六、七、九厂，将申新系统扩展至9个厂。有些厂在收购时相当便宜，比如德大纱厂装有2.8万枚纱锭，当时至少值100万元，结果荣家却以60万元的代价买了下来。

三是大量举债，走负债经营道路。荣氏企业家在借债扩张企业方面，可谓魄力很大，胆识过人。为了实现快速扩张发展，抢占足够多的市场份额，达到"以一文钱做三文钱的事"的目的，荣氏企业家充分利用现代金融业在经济发展中所起的资金保障作用，大举借债，扩张企业规模。为此，他们不仅自己创办广生钱庄和同仁储蓄部，而且积极投资现代银行业。在上海银行原始资本中，荣宗敬、荣德生兄弟占有1/5的股份，而在中国银行中拥有50万元的股份。荣宗敬成为两个银行的董事。申新总公司和荣宗敬个人还在其他14个银行和钱庄中有不少投资。具体情况见表2-8。

表2-8　申新总公司及荣宗敬个人投资银行、钱庄一览表

类别	对象	数量
申新总公司 （1935年年底）	中国银行	250 000元
	上海商业储蓄银行	450 000元
	中国国货银行	6 800元

---

[1] 孙萃甫. 抗日战争时期的苏浙皖纱厂业同业公会和原棉委员会[G]//上海市政协文史资料委员会. 上海文史资料存稿汇编：7 工业商业. 上海：上海古籍出版社，2001：410.

[2] 许维雍，黄汉民. 荣家企业发展史[M]. 上海：上海人民出版社，1985：85. 按，根据本书表2-4提供的数据，这里的有关数据或有误。

续表

类别	对象	数量
荣宗敬 （估计在 1931—1932 年）	上海正大银行	120 股
	统原银行	20 000 元
	信康钱庄	35 000 两
	荣康钱庄	20 000 两
	汇昶钱庄	24 000 两
	振康钱庄	48 000 两
	生昶钱庄	40 000 两
	福泰钱庄	10 000 两

资料来源：上海社会科学院经济研究所. 荣家企业史料：上册 1896—1937 年［Z］. 上海：上海人民出版社，1962：552-553.

荣氏兄弟还与一些著名银行家结成亲家，如荣德生就将女儿嫁给了中国银行总经理宋汉章的儿子。由此，荣氏企业能不断得到金融机构提供的资金支持。不仅如此，由于有着错综复杂的利益联系，荣氏企业在面临困境时，常常能得到金融企业家除了资金以外的鼎力支持。比如，1935 年，宋子文想趁荣氏企业经营困难之机进行吞并时，上海银行陈光甫、宋汉章竭力支持荣氏家族，助其渡过难关。

在举债经营方面，通常的做法是以甲厂做抵押，借款购买乙厂，然后再以乙厂做抵押，借款购买丙厂。如 1929 年荣氏兄弟收购东方纱厂后，立即以该厂做抵押向汇丰银行借款；1931 年收购厚生纱厂后，又以该厂做抵押向银行借款；收购三新纱厂时，连 5 万元佣金也是向钱庄借来的。1934 年，仅申新系统各厂欠债就达 6 000 多万元，接近其自身全部资产总值（6 898.641 万元[1]）。具体情况见表 2-9。

表 2-9　申新系统 1934 年负债表　　　　　　　　　　单位：元

科目	长期负债共计	流动负债共计	合计
申新各厂	23 896 500.89	20 608 581.14	44 505 082.03
申新总公司	6 417 706.29	19 855 902.94	26 273 609.23

---

［1］ 上海社会科学院经济研究所. 荣家企业史料：上册 1896—1937 年［M］. 上海：上海人民出版社，1962：404.

续表

科目	长期负债共计	流动负债共计	合计
可以不付者		7 019 555.01	7 019 555.01
净计	30 314 207.18	33 444 929.07	63 759 136.25

资料来源：上海大学、江南大学《乐农史料》整理研究小组. 荣德生与企业经营管理：上[M]. 上海：上海古籍出版社，2004：425. 按：净计负债总额与《荣家企业史料》统计的 6 375.915 万元略有差距。见：上海社会科学院经济研究所. 荣家企业史料：上册 1896—1937 年[Z]. 上海：上海人民出版社，1962：405.

针对一些人认为借债过多会影响企业的正常运转的担心，荣宗敬曾对银钱业界人士说过："你有银子，我有锭子，我的锭子不怕你的银子。"[1] 又说，"债多勿愁，虱多勿痒，债愈多愈风凉。""我虽没有钱，人家肯欠给我，我就要借。"[2] 荣德生尽管对兄长大举借债的做法有所保留，但同时也肯定地指出，荣氏企业之所以能很快发展成国内民族企业中规模最大的集团，与其兄的胆识和魄力是分不开的。

荣宗敬在回答有关企业经营成功的秘诀时说："造厂力求其快，设备力求其新，开工力求其足，扩展力求其多，因之无月不添新机，无时不在运转；人弃我取，将旧变新，以一文钱做三文钱的事，薄利多做，竞胜于市场，庶几其能成功。"[3]

阜丰集团从1898年开始创办，其规模也有相当大的发展。阜丰集团的规模扩张历程大致如下：

1898年，孙多森、孙多鑫兄弟集资创办阜丰面粉厂。总董孙传樾为协办大学士、工部尚书孙家鼐的侄儿，因此阜丰面粉厂创办时一路绿灯。从创办第二年起，由于经营得法，阜丰面粉厂年年大获其利。经粗略统计，1901—1903年每年盈利达10多万两，1904、1905年因日俄战争和抵制美货，每年盈利高达20多万两，此后每年盈利都在10万两左右。在第一次世界大战期间，每年盈利当在50多万元。此后阜丰面粉厂虽然再未有前一阶段的大好时机，但由于经营规模扩大了，总体上仍保持向前发展的态势，总计在其存在的40多年间，仅账面获利就达1 580

---

[1] 王赓唐，汤可可，钱江，等. 荣氏家族与经营文化[M]. 上海：上海世界图书出版公司，1999：107.

[2] 无锡市史志办公室. 薛明剑文集：上[M]. 北京：当代中国出版社，2005：553.

[3] 李国伟. 荣家经营纺织和制粉企业六十年[Z]//中国人民政治协商会议全国委员会文史资料研究委员会. 工商史料：一. 北京：文史资料出版社，1980：6.

万元,如加上拨付其他企业的费用,总计当为2 000万元左右。孙氏兄弟还大量拨付利润创办新厂。1904年建造新车间,新添机器1 200筒,价值10万两(约合13.87万元)。1928年起再度扩建,拨付新厂栈房费277 511.11元,新机器费1 732 190.35元(1929—1934年陆续拨付)。1936年新建圆筒麦仓,到1937年完成,拨付建筑费628 022.93元、传动机械费387 938.7元。此时,阜丰面粉厂的生产能力已超过福新八厂,日产26 000包,号称"远东第一"。账面资本由1898年创办时的32万元升至1936年的300万元,其中多是由利润转化而来的。[1]

1916年,孙氏家族在山东济宁投资6万元创办济丰面粉厂,1919年在河南新乡投资8.3万元创办通丰面粉厂,1923年投资6.9万元租办上海长丰面粉厂,1924年在无锡创办泰隆面粉厂,1926年以年出租金3万元的代价租办上海裕通面粉厂,1935年租办上海祥新面粉厂,1936年租办上海信大面粉厂,此外还于一战后在哈尔滨短期租办过一家俄商面粉厂。

不仅如此,阜丰集团还先后创办或投资银行业(金融业)、木材业、盐业等行业。如:1915年,孙氏兄弟以面粉企业的巨额盈余在北京创设官商合股的通惠实业公司,专营各种企业性投资(资本高达150万元);1918年在山东烟台创办通益精盐公司(资本达30万元),同年还在哈尔滨创办通森采木公司(投资10万元);等等。其中最为重要的当数1916年创办的中孚商业银行。中孚商业银行总管理处设在天津,在上海、北京、南京、苏州、郑州、定县等地设有分行、支行和办事处。1930年总管理处迁往上海,后改为总行。中孚银行创办时资本有100万元,到1930年增至200万元,银行的所有大权都由孙氏家族掌控。此外,阜丰集团还曾于1920年投资3.2万元,与他人合股成立合成公司,从事房地产业;1926年投资14.5万元,在上海滇池路建造中孚大楼,成立协孚地产公司;1934年投资10万元,与中国银行、浙江实业银行合伙租办鼎鑫纱厂。阜丰集团还在无锡锡丰栈等企业中有许多零星投资。由此实力雄厚的通孚丰集团形成了。

"火柴大王"刘鸿生也很重视规模经营。1920年,他在苏州创办鸿生火柴厂,生产"宝塔""单狮""地球"牌安全火柴。由于他在正式进入这一行业之前曾做过长时间的市场调查和技术准备,因此鸿生火柴厂的产品质量在国内同类产品中居于领先地位。该厂解决了火柴头受潮后容易脱落及赤磷片的磨损问题,很快在

---

[1] 上海市粮食局,上海市工商行政管理局,上海社会科学院经济研究所经济史研究室.中国近代面粉工业史[M].北京:中华书局,1987:194-199.

提倡国货运动中不仅站稳了脚跟，逐步迫使日本"猴子"牌火柴退出中国市场，也使得瑞典的"凤凰"牌火柴的销量大量减少。但瑞典商人不甘失败，凭借其雄厚的经济实力，在中国到处收买和兼并火柴企业，妄图重新垄断中国的火柴市场，一时间使得华资中小火柴厂举步维艰，纷纷倒闭。身为全国12家大火柴厂组成的同业联合会的主席，刘鸿生在民族火柴业面临严峻困难的关键时刻，经过反复考虑，提出了同业合并、协力图存、共同对外的主张。他在告全国火柴业同业书中说："火柴一物，为家常日用之品。我华地大、民众，全国销路之广，岁以金钱计，当不下千万元之巨，其为重要实业，奚待繁言。顾国人自设之厂，虽有多家，然均规模简陋，不足以言发展。遂令耽耽外商得日事侵略，攫我巨利以去。"因此，"惟有合并数厂为一，以厚集资力才力，藉图竞存。"[1] 刘鸿生采取先大后小、先难后易的方针，先后说服荧昌和中华两个较大的火柴厂与鸿生火柴厂合并，于1930年成立大中华火柴公司。之后，大中华火柴公司相继合并了苏州鸿生火柴厂、周浦中华火柴厂、上海荧昌火柴厂、镇江荧昌火柴厂、九江裕生火柴厂、汉口燮昌火柴厂、杭州光华火柴厂及东沟梗片厂，年产15万箱火柴，成为全国最大的火柴公司。

在主营原煤生意和创办火柴厂的同时，从20世纪20年代中期起，刘鸿生还先后投资了10多个企业。1920年9月，他与朱葆三、李拔可等创办了华商上海水泥公司，目的是解决码头堆栈里大量积存的煤屑出路问题。1926年2月，他创办中华煤球厂（上海最早的机制煤球厂），进一步解决煤屑的出路。因市场前景看好，他又接连办了二、三两个厂。1927年，他建立了中华码头公司，打破了洋商独霸上海码头的局面。同年，他和银行家陈光甫等一起组建了大华保险公司。1928年与人合伙创建华丰搪瓷厂，不久即将日资搪瓷产品挤出中国市场。1929年，刘鸿生组建惠工银团，改组中华工业厂，成立中华工业公司。1930年接办贾汪煤矿，将其改成华东煤矿股份有限公司。1931年开办中国企业银行。该银行的创办不仅解决了刘氏企业富余资金的存储问题，还为刘氏企业的发展提供了急需的贷款（表2-10）。至此，他投资企业的资本额已达740万元，组建了一个集轻工业、运输业、商业、金融业于一体的企业集团，后来又投资毛纺业。刘鸿生所创办或投资的单个企业，除火柴厂外，规模都不是太大，但是由于投资行业众多，而且所

---

[1] 上海社会科学院经济研究所.刘鸿生企业史料：上册 1911—1931年[Z].上海：上海人民出版社，1981：103-104.

投资的行业大多经过慎重调查研究，因此他还是实现了他所主张的"不把所有的鸡蛋都放在一个筐里"的初衷。

表 2-10　中国企业银行对刘氏各类企业的放款情况（1931、1934、1936 年）

项目	1931 年	1934 年	1936 年
各年度放款总额/千元	915	3 256	4 896
各年度有关系之放款总额/千元	800	2 070	1 510
有关系放款总额占放款总额比例/%	87.43	63.57	30.84
对大中华火柴公司放款额/千元	140	100	40
对华东煤矿公司放款额/千元	140	140	60
对意华毛绒纺织公司放款额/千元		40	
对南京兴业地产公司放款额/千元	280	330	300

资料来源：上海社会科学院经济研究所. 刘鸿生企业史料：中册　1931 年—1937 年［Z］. 上海：上海人民出版社，1981：291. 本表根据相关数据自制。

无锡唐蔡集团的经营规模也一直在不断扩展之中。在第一次世界大战期间，荣氏企业的面粉主要销往国外，而唐蔡集团旗下九丰面粉厂所产的"山鹿"牌面粉主要在沪宁一带销售，并逐渐销售至全国，日产量一度达 8 000 包。股东们年年分得大笔红利，因此有"有了九丰的股票，等于着了头彩"之说。趁着企业大发展的有利时机，唐蔡集团接办了无锡第一家机制油厂——润丰榨油厂（1915 年），创办了锦丰丝厂（1919 年）、利农砖瓦厂（1920 年）、庆丰厂（1920 年）及益源、福源两个堆栈。九丰面粉厂在 20 世纪 30 年代主要由蔡缄三的儿子蔡漱岑和蔡稚岑兄弟负责，唐保谦、唐星海父子则主要负责庆丰厂的生产经营活动。当时有"蔡九丰、唐庆丰"之说，而且九丰和庆丰之间经常彼此捏注。平时，庆丰和九丰二者间的资金经常互相调剂：小麦上市时，庆丰的资金便调至九丰供收购小麦用；棉花上市时，九丰的资金便调到庆丰供收购棉花用。这种做法不仅方便快捷，效率很高，而且节省了不少资金往来的成本。

张謇在成功创办大生纱厂后，为从根本上解决原料供给问题，于 1900 年创办了通海垦牧公司。1901 年在崇明久隆镇创办了大生二厂。为解决棉籽的出路，1902 年创办了广生油厂。为加工油厂的下脚料，1903 年开办了大隆肥皂公司。为改善企业的供销运输状况，1904 年开办了上海大达外江轮步公司和天生港大达轮步公司。为保证纱厂设备的正常运转和提高机器自造率，1906 年开设了资生冶铁

厂。此外，他还创办过吕泗渔业公司、颐生酒厂、翰墨林印书局、铅笔公司等众多企业，组建了近代中国第一个规模宏大的民营企业集团。到第一次世界大战前夕，大生集团下辖的企业达到30个左右。

上海美亚绸厂的老板莫觞清是从经营丝厂起家的。因国产生丝在海外市场上的销售完全操控在洋商手中，盈亏由洋行说了算，为谋求生丝销售的回旋余地，同时考虑到绸品价高利大，莫觞清于1920年春决定独资创办美亚绸厂（此前曾与美商兰乐壁洋行合资创办过美亚绸厂，但旋即因亏损而停歇）。为保证绸品质量，莫觞清招收艺徒班学生为工人，并任命女婿蔡声白为经理，专司织绸。莫觞清在经营活动中一贯秉持如下理念："应该为市面上所需要的生意，去寻觅资金来做；而勿因自己有钱，而勉强地去找生意做"。[1] 他还提出，"品质之不绝改进，实为吸引顾客之最要因素，非仅凭经营推销方法之巧于运用所能为力。要能示人以技术上之实际力量，始克有济"。[2] 为尽快扩大丝绸生产规模，在厂房尚在筹置、扩大之时，他即向洋行预订织机。织机到达时，厂房也已布置完毕，随即装机生产。为打开销路和抢占市场，莫觞清、蔡声白还决定降价3成销售产品，以与出品较早且在市场上行销正劲的湖州著名"象"牌华丝葛及上海名牌物华葛进行竞争。1922年端午节前，美亚绸厂一举售出新旧绸品3 000匹。不仅回笼了资金，而且由于其产品所需生丝成本相对较低，还获有微利。此举使美亚绸厂立足业界，并引起同行侧目。为应对1922—1923年国际丝价大涨致成本上升、亏损严重的艰难局面，蔡声白一方面全力解决资金困难，另一面注重进行技术革新。他重用杭州工业学校毕业的魏嘉会、童莘伯进行技术革新，成功织出新产品华绒葛。华绒葛较华丝葛轻且柔润，深受南洋各地消费者欢迎。接着，6号爱华葛及单绉、双绉等新产品又相继问世。从此，美亚绸厂走上了发展的快车道。到1923年，织机由开办时的12台快速增至116台，工人有294名，年产丝绸8 375匹，销售收入达42.65万元。美亚绸厂实现了规模生产，并由此前的委托经销逐步转为自产自销。到1927年，织机增至408台，职工有1 301名，年产绸品8.96万匹，销售收入达282万元。到1931年，织机进一步增至927台，职工达到2 368名，年产绸品15.5万匹，销售收入达513.6万元，美亚绸厂也成为上海地区乃至全国规模最大的丝织

---

[1] 上海市丝绸进出口公司，上海社会科学院经济研究所．近代江南丝织工业史［M］．上海：上海人民出版社，1991：297．

[2] 杜恂诚．民族资本主义与旧中国政府（1840-1937）［M］．上海：上海社会科学院出版社，1991：149．

厂。此后，因国际经济危机的爆发，除织机增加到1936年的1 200台外，产销量和销售收入大致维持在1931年的水平。[1] 1925年春，美亚绸厂合资接办连年亏折的天纶绸厂，改为天纶美记绸厂。为快速扩大企业规模，除给股东分发一分官利和付给经理、职员应得酬金外，天纶美记绸厂对企业盈余从不分红，而是用多种办法将其积累起来。到1933年，该厂资本即由1925年的白银3万两（约合4.2万元）增加到42万元，增幅可谓神速。在招聘和管理工人方面，除了继续从杭州工业学校招收艺徒班学生外，为满足工厂快速扩张对用工的迫切需求，该厂还直接到艺徒班主要生源地浙江嵊县招收男女青年进厂学艺。该厂设立了训练所，以开展练习生、艺徒和初级职员的培训工作。练习生、艺徒均需在厂内食宿，晨起做早操，早饭后学习两小时，随后艺徒到实习工场学习，练习生到事务部门学习，均学习8小时。练习生学习时间为半年，经考核合格后，即可分配工作；艺徒一般需学习两年左右时间（即织满3 000米）方能成为正式工人；初级职员经短期培训、了解厂情后，即可分派工作。为提高生产效率，蔡声白等在厂内实行生产竞赛和奖励制度。单位机台日产量很快由1920—1923年的6~7米增加到1927年的15米左右，[2] 增幅亦称神速，形成了规模效应。

三、规模扩张后的绩效

企业集团达到一定规模，不仅能使其单位产品的成本下降，形成规模效应，而且有利于企业间的配套合作，相互支持，明显增强市场竞争力和抵御风险的能力。[3]

以荣氏企业为例，规模快速扩张后，其实力相对雄厚，设备的利用率较高，技术水平也相对较高，因此荣氏企业在市场竞争中处于有利地位，在原料采购和产品销售中能在一定程度上掌握价格的主动权，如申新系统所产的"人钟"和"双马"牌棉纱先后成为上海交易所的标准产品，茂新系统所产的"兵船"牌系列

---

[1] 上海市丝绸进出口公司，上海社会科学院经济研究所. 近代江南丝织工业史 [M]. 上海：上海人民出版社，1991：300, 310.

[2] 上海市丝绸进出口公司，上海社会科学院经济研究所. 近代江南丝织工业史 [M]. 上海：上海人民出版社，1991：305.

[3] 关于企业规模与经营绩效之间的关系，学术界多有探讨。就近代中国而言，企业集团尽管已基本形成，而且处在不断的扩张之中，但就绝对量来说，与发达国家相比，仍显得规模较小，因此荣氏企业的"规模不经济"问题尚不明显。参见：马俊亚. 关于集中的经济功能及其本义 [J]. 中国经济史研究，2004 (3)：153-157. 相反的观点参见：杨勇. 规模与效益 [J]. 中国经济史研究，2004 (3)：147-152.

面粉也是质量上乘，有很强的市场竞争能力。1935年，申新七厂之所以能成功抵御英国香港汇丰银行的野蛮拍卖行为及在此前后粉碎陈公博、宋子文等人阴谋将申新收归国营的企图，跟其在同行业中独占鳌头，登高一呼、群起响应的规模效应是分不开的。

荣氏集团在投资面粉行业后不久，又投资纺织行业，形成了粉纱配套生产、相互支持的格局，后期又扩展到机械制造、水泥、造纸、麻纺等领域，而且分布在沿海和内地的多个地方，因此在经营上有较大的回旋余地。具体表现为：在原料供给上，各厂联合采购，统一调度，确保用量和品种搭配；在产品销售上，各厂分工合作，联合开拓销路；各厂对员工特别是技术工人和技术管理人员，则相互调配，通盘支持新企业的开办和老企业的改造；在资金营运上，灵活调节，相互挹注，以赢补亏，集中投资。比如，1922—1924年，在洋纱倾销的压力下，国产纱厂市场疲软。申新系统连续两年亏损达130万元，在重负之下艰难前行，难以为继，但茂新、福新系统因购进大量廉价外麦而增加生产，所需粉袋布激增。荣氏兄弟决定用申新系统出产的棉纱自织粉袋布，供给面粉厂作包装用，从而部分解决了棉纱的出路问题。[1] 以申新一厂为例，1923年生产制袋用布达21.08万匹，相应的织布用纱由6 130件增加到9 630件，增长57.1%。连续3年用于生产面粉袋的纱、布分别占该厂总产量的32.9%和53.4%。[2] 在申新一厂的带动和外资企业的催逼下，其他华商纱厂也不得不提高生产效率以图生存和发展。1929年，华商纱厂平均每人有纱锭数15.33枚，每人年产纱8.86件，1935年则分别提高到19.19枚、15.07件；1933—1934年间，华商纱厂工人产纱率比1931—1932年提高11%，比1932—1933年提高8.1%。[3] 这些从一个侧面显示了企业集团的规模优势及其所产生的社会示范效应。从此以后，荣氏集团内部各厂之间更多地注意相互协调，在物资、资金、技术等方面酌盈剂虚，谋求集团的整体发展。

20世纪20—30年代，国内政局动荡不定，民族危机有增无减，国外商品像潮水般涌入，民族企业的经营环境十分不利，几乎所有的中小企业都难逃旋生旋灭

---

[1] 旧中国荣家资本的发展[G]//黄逸峰，姜铎.中国近代经济史论文集.南京：江苏人民出版社，1981：39-56.

[2] 王赓唐，汤可可，钱江，等.荣氏家族与经营文化[M].上海：上海世界图书出版公司，1999：118.占比最高的1918年，其棉纱产量中的67.3%供应市场，32.7%为本系统织布所用，而棉布产量只有7%供应市场，93%用于制成粉袋。

[3] 杜恂诚.民族资本主义与旧中国政府（1840—1937）[M].上海：上海社会科学院出版社，1991：209.

的厄运,唯有大企业能在抵御外国资本的险风恶浪中惨淡经营,凄苦求生,并充分利用任何一个有利时机不断发展壮大。

此外,大企业在与某些政治势力的抗衡方面也具备一定的底气和实力,并每每收到中小企业难以企望的成效。20世纪20年代后期,荣宗敬之所以敢于抵制蒋介石对工商企业诛求无已的贪欲,在一定程度上就是依仗自己在工商界登高一呼、应者云集的实力和地位。20世纪30年代前中期,荣氏企业之所以能屡屡粉碎国民政府实业部和中国银行的并吞之图,也正是靠了它的规模经营及由此带来的影响。正如荣氏企业原职员所指出的那样:由于申新企业规模大,上海的金融业为了面子,常在放款方面给予方便,有时放出的款收不回来,却还要再借钱给它发工资。申新企业搁浅时,法院贴了封条,企业内部却不当一回事。为什么法院也不敢把申新系统搞垮呢?因为申新系统厂多人多,若倒下来,会有许多工人失业。这不是荣家的问题,而是一个社会问题,也是关系到整个社会经济的问题。[1] 抗战胜利后,面对物价飞腾、经济日趋崩溃的形势,荣氏集团下属的福新和茂新面粉厂联合阜丰、华丰和裕通面粉厂等共8家面粉厂,于1947年7月成立了"五厂公记"联营组织,与国民党政府的经济统制政策抗争,最终获得了利用部分美援小麦代磨军用面粉等特权,从而得以顽强地生存下来,避免了和中小面粉企业一样倒闭的命运。

企业在有了一定规模后,在降低成本上也能显示出一定的优势。20世纪30年代中前期,上海的面粉厂在天津市场上有很强的竞争力,有时甚至能以低于外国面粉的价格进行销售,除了因为上海企业的面粉产品质量过硬外,还因为企业自身的规模效应。上海的面粉企业一方面能购买到大量廉价的外国小麦,另一方面能利用大企业产能大的优势,将产品集中运往各地市场,从而极大地降低运费。据当时调查,1933年上海阜丰面粉厂的制造费平均为0.151元每包,济南成丰面粉厂的为0.2元每包,新乡通丰面粉厂的高达0.6元每包。上海至天津的水脚、装卸费用为0.12元每包,而济南到天津的铁路运费为0.22元每包,新乡到北京、天津的运费则高达0.4元每包。国产面粉特别是上海面粉的强劲竞争力极大地阻遏了外国面粉在中国市场上的倾销。

---

[1] 上海大学、江南大学《乐农史料》整理研究小组. 荣德生与企业经营管理:上[M]. 上海:上海古籍出版社,2004:204. 按,法院的做法和态度也许存在不够坚决、合理的弊端,有被荣氏企业绑架的意味,但在旧中国实业不够发达、大企业尤属凤毛麟角的情况下,包括法院在内的权力机构确实不能不谨慎行事。

广告费用的支出上也能体现出规模经济的优越性。在荣氏企业中，茂新、福新、申新总公司的一幅广告便可囊括整个公司的发展历史、企业规模和产品产量。广告说："本公司创设面粉厂、纺织厂于上海、无锡、汉口、济南等处。于今三十四年，计面粉十二厂，每日夜出粉十万包；纺织九厂，有纱锭五十余万枚、布机五千台，每日夜出纱线一千三百件，布一万二千匹，各大商埠均设立分销处以资接洽、承转。各货品质优良，行销海外，如暹罗、南洋群岛等处，莫不赞许，物美价廉。"在该幅广告上，登载的面粉品牌有绿兵船、红蓝福星、绿宝星、红绿天竹、绿渔翁等13种；登载棉纱的品名有人钟、金双喜、好做、得利、欢喜等23种；登载棉布品名有人钟、五钟、飞童、草牛等29种。[1]

企业实行规模经营也可以在原料采购和储备方面体现出自己的优势。茂新面粉厂在小麦的收购和储备上，就充分发挥了这一优势。每当新麦登场的季节，茂新面粉厂就抢先购买大量新麦，而其他规模较小的粉厂只能随购随做。到了市场上买不到原料时，其他较小的粉厂只得停工，唯有茂新面粉厂因存储了大量小麦，可以长期地生产（即使停工，时间亦较短）。这样，茂新面粉厂在市场竞争上就处于优势地位。[2]阜丰集团也依靠规模经营的优势，在原料供给上立于有利地位。1921年，中国许多地方发生水灾，安徽、天津等地相继宣布禁止小麦出境，阜丰集团却能利用自己的规模优势，在小麦产地进行大量收购。当时其营业报告称"本年上海各粉厂无不旋停旋作，损失不赀。本公司幸于六、七月间放手收有巨数小麦，尚能源源接济，工作不辍"。[3]

企业规模经营还能利用自己的实力，在一定程度上影响或操纵原料或成品价格，以获取厚利。永纱集团在棉花收购上就常常选在有利于己的时间节点上开秤收棉。在"市价俏利，买户众多时，按兵不动，坐待时机；而在市场进冒已疲，卖方急于脱手时，乃趁低趸购，大量存储"[4]。没有相对雄厚的综合实力，要做到游刃有余、从容应对市场挑战是不可能的。

在产品销售和获利方面，大企业同样表现出明显的优势。1925年6月，刘鸿

---

[1] 马俊亚. 规模经济与区域发展：近代江南地区企业经营现代化研究[M]. 南京：南京大学出版社，2000：138-139.

[2] 上海社会科学院经济研究所. 荣家企业史料：上册 1896—1937年[Z]. 上海：上海人民出版社，1962：50.

[3] 马俊亚. 规模经济与区域发展：近代江南地区企业经营现代化研究[M]. 南京：南京大学出版社，2000：137-138.

[4] 马俊亚. 规模经济与区域发展：近代江南地区企业经营现代化研究[M]. 南京：南京大学出版社，2000：105-106.

生经营的华商上海水泥公司宣布与周学熙的启新洋灰公司结成同盟，划分各自的销售区域与比例，其中江苏省的苏、松、太、常、镇5府，浙江、福建、广东及香港为联营区域。在联营协议达成后的两个月内，启新洋灰公司和华商上海水泥公司就进行了两次提价，每桶增加5钱。1925年，全国每桶水泥售价为3.825元，上海每桶水泥售价为4.110元；联营后，全国每桶水泥平均价格为4.229元。1926年华商上海水泥公司销量为344 368桶，比1925年减少79 647桶，但盈利由1925年的12 710.38元增加到1926年的120 444.28元，是1925年的9.48倍。[1]

1931年7月，华商上海水泥公司和启新洋灰公司、中国水泥公司实现联营，再次提升水泥销价。1930年，华商上海水泥公司每桶水泥售价为4.525 6元，1931年涨为每桶5.534元，盈利亦因此大幅提升。1931年华商上海水泥公司盈利达483 125.78元，是1930年76 006.66元的6.36倍，但销量仅增加1.07倍。[2] 1936年2月，启新洋灰公司、中国水泥公司、江南水泥公司再次实行联营，每桶售价进一步增加到6.3元，企业获利也更为丰厚。

正是从联合经营中得到了好处，刘鸿生一直想实现火柴行业的联合。事实上，火柴行业的短暂联营同样也实现了意想不到的好处。大中华火柴公司成立前，火柴业连年竞争尤烈，企业之间互相倾轧，火柴售价愈抑愈低。几乎所有的火柴厂都在亏本经营。据统计，1929年1月30日至6月30日，荧昌火柴厂亏本93 053.42元，鸿生火柴厂亏本3 279.25元，中华火柴厂亏本17 450.61元。[3] 在刘鸿生的竭力撮合下，上述3家火柴厂于1930年宣布成立大中华火柴公司后，当即宣布提价。1930年8月，每箱火柴提价1.5元；11月，每箱火柴提价2.5元。1931年1月，每箱火柴提价10元；3月，每箱火柴继涨7.5元。由于价格得到提升，销量尽管没有明显上涨，但整个行业实现了扭亏为盈，1930年下半年大中华火柴公司盈利达239 318.51元。[4]

企业实行联营、规模经营的好处，时人已有清醒认识，可以归纳为7个方面："各地需货可得适当之支配，不但运费栈租减省不少，且免长途运输易于损坏之

---

[1] 上海社会科学院经济研究所. 刘鸿生企业史料：上册 1911—1931年[Z]. 上海：上海人民出版社，1981：196，200.

[2] 上海社会科学院经济研究所. 刘鸿生企业史料：上册 1911—1931年[Z]. 上海：上海人民出版社，1981：224.

[3] 上海社会科学院经济研究所. 刘鸿生企业史料：上册 1911—1931年[Z]. 上海：上海人民出版社，1981：153，109.

[4] 上海社会科学院经济研究所. 刘鸿生企业史料：上册 1911—1931年[Z]. 上海：上海人民出版社，1981：153-154.

虞";"全国营业概归一处管理,节省费用不少";"营业既归一处管理,贩卖人或买主,无从利用各公司竞销弱点,可除外界故意贬抑售价之巧计";"既无竞销弱点,便不至因贪图营业致增加呆帐损失,或误受承销人之舞弄";"利害共同之后,万一时势不佳,以致销路停滞,可借平售,以资调剂";"彼此毫无猜忌,各公司办事人可移其才智能力于改良制造之途,最合于人才经济之道";"各公司营业及分销人员,材能荟萃,便于调遣,尤为发展销路有益"。[1] 证诸联营后的实践,这样的理论总结大体是不差的。当然,对火柴等生活必需品实行联营以获取高额利润会加重消费者负担,并在客观上也有可能存在减少生产者提高产品质量、降低生产成本等的积极性。

企业做大做强后,还可以形成联动效应。以荣氏企业为例,它的强大依赖于其过硬的产品质量及由此带来的品牌效应;反过来,强大的企业实力又为产品质量的维持和提升提供了必要的物质基础,进一步巩固了它的品牌效应:如此形成良性循环。荣氏企业创办不久就以此进入了快速发展、规模迅速扩张的时期。荣德生曾回忆说,"兵船"牌立住脚跟后,"后来发展,皆用此牌,占利不少"[2]。另据曾任福新一厂厂长的浦松泉等回忆:"福新创办之后,因为与茂新是兄弟公司……所以出粉亦以绿兵船牌为商标。由于牌子硬,销路畅,货还在车间,没有制出来,便为客帮订购一空。"[3]

永安纺织公司也是如此。1923年起,因外国纺织品的大量进口,国内许多棉纺厂或全停工作,或停止夜工,而永安公司因资本充足,根茎深固,虽经此次风潮荡漾,稍受损失,但在制造方面迭经改良,出品日精。永安生产的平纹布、斜纹布、冲毕叽、冲直立、柳条纹、竹纱布等,均以"金城"牌为商标,销路甚广,受各界欢迎。[4]

实力雄厚的刘鸿生经营的华商上海水泥公司生产的"象"牌水泥,工部局经分期化验,于1923年10月发布报告,证明其拉力、压力均已超过合格程度,适合

---

[1] 上海社会科学院经济研究所.刘鸿生企业史料:上册 1911—1931年[Z].上海:上海人民出版社,1981:211.

[2] 荣德生文集[M].上海:上海古籍出版社,2002:66.

[3] 上海社会科学院经济研究所.荣家企业史料:上册 1896—1937年[Z].上海:上海人民出版社,1962:34.

[4] 马俊亚.规模经济与区域发展:近代江南地区企业经营现代化研究[M].南京:南京大学出版社,2000:136.

各项建筑之用。[1] 因此,"象"牌水泥在市场上经常供不应求。1928年,华商上海水泥公司产量为385 076桶,销量则达到414 375桶,是产量的107.61%;1930年产量为351 111桶,销量则为365 535桶,为产量的104.11%。[2]

荣氏福新系统部分面粉厂的面粉销量有时也会超过其产量,具体情况见表2-11。

表2-11　1913—1918年福新一、三厂的产销数量比较表

年份	产量		销量		销产比/%	
	面粉/千袋	麸皮/千包	面粉/千袋	麸皮/千包	面粉	麸皮
1913	245	30	250	30	102.04	100.00
1914	450	61	449	62	99.78	101.64
1915	443	53	447	54	100.90	101.89
1916	837	94	883	93	105.50	98.94
1917	1 537	173	1 529	184	99.48	106.36
1918	1 660	263	1 719		103.55	

资料来源:上海社会科学院经济研究所. 荣家企业史料:上册　1896—1937年[Z]. 上海:上海人民出版社,1962:42.

有些企业家虽然未能将主要精力放在发展实业上,但也常常在实业界有广泛投资。这些投资尽管未能达到控制所投资企业的程度,但一方面起到了支持实业发展的作用,另一方面也有利于降低集中投资可能产生的风险。叶鸿英在做海鲜生意发了大财后投身实业,不仅在靠近原料产地的大连创办升源机器油坊,而且在众多行业进行广泛投资,其中:工厂有申大面粉厂、立大面粉厂、永裕纺织厂、荣大织布厂、永茂轧花厂5家;银行有通和银行、正利银行、正大银行、正华银行、正义银行5家;钱庄有元大钱庄、福康钱庄、信康钱庄、泰康钱庄、源安钱庄、明德钱庄、怡丰钱庄、晋德钱庄、瑞元钱庄9家;花行有源裕花行、源丰花行、源盛花行、源泰花行、慎余花行5家。另外,他还在华商电气、华兴保险、华安保险、华成保险、国安信托等公司和企业有不菲的投资。[3] 这些投资均对民族

---

[1] 上海社会科学院经济研究所. 刘鸿生企业史料:上册　1911—1931年[Z]. 上海:上海人民出版社,1981:176.

[2] 马俊亚. 规模经济与区域发展:近代江南地区企业经营现代化研究[M]. 南京:南京大学出版社,2000:136-137.

[3] 宋紫云. 贸易企业家叶鸿英[G]//上海市政协文史资料委员会. 上海文史资料存稿汇编:7　工业商业. 上海:上海古籍出版社,2001:337.

工商业和金融业的发展起到了积极作用，同时也在一定程度上起到了分散风险的作用。

当然，企业的过快扩张，特别是在自有资本不足时过度依靠举债扩张的做法，也带来了一些问题，如因支付高额利息而致流动资金缺乏，资产负债率高，管理跟不上，有些决策存在一定程度的盲目性。但就整体而言，由于近代中国的民族企业仍处于规模扩大阶段，还没有大到运转失灵的程度，"规模不经济"问题尚不明显。[1] 有一定规模的企业，其抗风险的能力随之增强，而且企业做大做强了，能更好地回报社会，提供更多的就业机会，向国家缴纳更多的税金，同时也能积累更多的利润，从而为自身的进一步发展壮大创造有利条件。在荣氏企业能正常运转时，大量举债的潜在危险确实能被一时的表面繁荣掩盖。当全国性的经济危机到来时，特别是帝国主义国家纷纷将国内的经济危机向中国进行转嫁时，荣氏企业过度举债、急速扩张的发展模式的严重弊端便暴露无遗。

企业的过快扩张还有可能带来诸如因监管跟不上而产生的"规模不经济"等问题。荣氏集团在这方面就有过沉痛的教训。由于企业增速过快，且多数是举债扩张，申新系统的负债率居高不下。在宏观经济形势严重恶化的情况下，企业的经营风险陡然增大，且无法单纯通过自身的努力得以化解。申新系统曾于1933年一度被银团接管（表2-12）。

表 2-12　申新系统被银团接管情形

厂名	接管银团	银团对企业的控制方式
申新一、八厂	中国银行、上海银行、中央信托公司及钱庄	垫款营运
申新二、五厂	中国银行、上海银行	委托经营
申新六厂	集益银团和数家钱庄	垫款营运
申新七厂	集益银团	垫款营运
申新八厂	交通银行	垫款营运

资料来源：根据上海社会科学院经济研究所编《荣家企业史料》（上册）（上海人民出版社1962年版）第七、八两章资料整理。

---

[1] 规模经济或不经济的问题是相对而言的。就早期中国民族企业家而言，其都是从其他阶层转化而来的，因而普遍缺乏经营现代企业的基本经验。就此而言，当企业的扩张速度过快时，管理的不应期确会产生，但这只是问题的一个方面。问题的另一方面则在于，近代中国企业家普遍具有敢为人先、敢于创新、勇于拼搏的企业家精神，虽难以保证其所有决策都是正确的，但在企业的经营活动中均表现出了筚路蓝缕、不断进步的可贵品格和探索精神，因此规模不经济问题不明显。

当然即便是在银团接管期间,申新系统也有所发展,只是速度明显滞后了。具体情况见表2-13。

表2-13　1931年前后申新系统发展情况比较

项目	1922—1931年		1931—1936年	
	增长指数（1922年指数=100）	年平均增长率/%	增长指数（1931年指数=100）	年平均增长率/%
纱锭	341.0	14.6	123.9	4.4
布机	294.6	12.8	111.5	2.2
棉纱产量	275.3	11.9	144.5	7.6
棉布产量	676.5	23.7	118.6	3.5

资料来源：上海社会科学院经济研究所.荣家企业史料：上册 1896—1937年［Z］.上海：上海人民出版社,1962：265,266,529.

孙氏家族经营的阜丰集团后来也因受到其创办的中孚银行的拖累而发展缓慢。中孚银行创办时资本为100万元,1927年增至150万元,1930年进一步增至200万元,发展较为迅速。后因金融投资失利,中孚银行陷于亏损,常年靠阜丰面粉厂补贴,从而大大影响了阜丰面粉厂的扩张。曾任阜丰面粉厂会计主任的汪啸水回忆："阜丰对中孚银行的贴补款,可造三个阜丰面粉厂。"曾任该厂总经理的孙仲立则说"阜丰历年贴补中孚约500万元"。[1]

此外,在现代企业制度建立之前,传统家族企业过快扩张规模之后,也存在监管难以到位、只图扩张规模而未顾及企业内部的整顿和经营方法的改进与完善等问题。1934年"申新搁浅"事件发生后,据国民政府实业部的调查,申新系统在大发展之中就有着诸多自身难以克服的矛盾和问题：

> 然因组织不良,经营毫无系统,成本又无预算与决算,工务上关于经济最大之纺纱、织布品类之规定,以及原料和花之支配,事权既不归一,各厂又无标准,此其缺点一。各埠放庄收花,设号销货,无严密之组织与监督,不独买卖上之损失非轻,且常有巨款之舞弊发生,此其缺点二。总公司之主持者并无一定负责之人,花、纱、布买卖似依投机的习惯,随心理而行事,成本核算、市场预测、迎合买主心理等等工作,可谓绝无。原料买进,不顾

---

［1］上海市粮食局,上海市工商行政管理局,上海社会科学院经济研究所经济史研究室.中国近代面粉工业史［M］.北京：中华书局,1987：206.

工务方面之损益与纱、布之品质，尤其弊之最大者，此其缺点三。近年因经济周转困难，常藉签发远期本票与栈单以为助，遂致常常买进不应买之原料，图其有三十天至四十天之期票，而一面可向银行抵用现款也。进价与品质，缺严格评验之机会，此影响产品之成本最大者。常常卖出市上并不需要之纱、布，亦图其得到一笔现款，可以抵价当日到期之本票也。每件纱价照市减估二元至四元，布价照市价每匹减低一角至二角，几已成为定例，然此非当日市上需要之货也，买主辄向交易所套卖。最近十八个月以来，交易所标准价格，长期花、纱倒挂，此其亦一因也，此其缺点四。[1]

国民政府实业部的调查虽不可完全相信，但调查中所揭示出来的问题，在荣氏企业里大多是不同程度地存在着的。而在上海享有盛誉的立信会计事务所提出的改良意见竟达10条之多：①"成本计算急应试办"；②"损益计算书应行改善"；③"织布棉纱应另作价"；④"在制品应正确估计"；⑤"各项固定资产应正确计算折旧"；⑥"各项资产坏账应酌量提存准备"；⑦"押款内一部分担保品应依照事实转账"；⑧"股息不应作为开支计算"；⑨"付款单据应设法保存"；⑩"记账传票应加以改善"。[2]

不仅如此，由于企业过快扩张规模，利益分配不当和人事安排不妥等还容易引起管理层之间的矛盾。比如，在申新系统连年亏损并被银团接管、福新系统连年赢利的情况下，掌握福新系统实权的王禹卿担心福新系统会被申新系统拖垮，便想另立门户。1933年，荣宗敬被迫同意另立福新总公司，由王禹卿任总经理。王禹卿任总经理后，渐渐与申新系统拉开距离，并且发展到拒绝荣氏兄弟关于用福新总公司盈利偿还申新系统所欠债务的建议。为此，荣宗敬极为不满，他曾公开责问："近来数年，渐渐变为宗以门外汉，然组织在前（指无限公司组织），并无更改，权限无宗之分，毫无议商何也？"[3] 荣宗敬去世后，荣氏集团很快一分为三，在一定程度上也跟企业规模发展过快，企业所有者经营管理水平跟不上有一定关系。

过度扩张的弊端在张謇的实业生涯中也有明显体现，并产生了严重后果。受

---

[1] 上海大学、江南大学《乐农史料》整理研究小组. 荣德生与企业经营管理：上 [M]. 上海：上海古籍出版社，2004：426.

[2] 上海大学、江南大学《乐农史料》整理研究小组. 荣德生与企业经营管理：上 [M]. 上海：上海古籍出版社，2004：480-483.

[3] 许维雍，黄汉民. 荣家企业发展史 [M]. 上海：上海人民出版社，1985：125.

急于事功的救国心态和时不我待的急切心情的影响,张謇在经营活动中采取了"急进务广"的发展策略。尽管通过他的不懈努力,在短短的二三十年内南通地区的发展取得了显著成效,超过欧美国家和日本等国的某些现代化先导区,与同时代的中国其他地区相比,更是处于明显的领先水平,吸引了不少先进的中国人前来考察学习,并在当地进行模仿实践,但大生集团最终因摊子铺得太大而陷于力不能及的困境。对此,张謇本人是有清醒认识的:"南通实业,三五年来,因急进务广,而致牵阁。"[1] 在其去世后不久,由其历经艰辛创办并很快发展壮大起来的大生集团就为银团所接管。

尽管吴地企业家大多都力求尽快将自己的企业做大做强,但就认识层面而言,还是有不少有识之士已能辩证地认识到过速扩张会给企业带来风险,因而主张稳健经营。如张謇曾说道:"营业之道,先求稳固,能稳固即不至失败,即失败亦有边际,企业者不可不知也。大凡失败必在轰轰烈烈之时。"[2] 又说,"救之之道,功不必期其速,事不可遗其小。……惟事贵有恒,非一蹴可几。得寸积尺,得尺积丈,各本固有之地位,以谋发展之机会,必能有济。"[3] 认识不可谓不深刻。穆藕初对举借外债扩张企业的做法也持谨慎态度。他警告说:日本对华商纱厂的贷款是其企图垄断吾国棉织业之伏兵,实为吾国棉织业发展前途之暗礁。[4] 验之于荣氏企业等的遭遇,此话实非虚言。只不过,巨额利润的刺激、对自身价值的追求、敢闯敢拼的创业冲动等,决定了吴地企业家们在经营活动中无暇冷静思考可能出现的问题。事实上,就近代中国而言,规模不经济问题在绝大多数民族企业中还不很明显。

---

[1] 张謇. 为实业致吴季诚函[M]//张謇研究中心,南通市图书馆. 张謇全集:第三卷 实业. 南京:江苏古籍出版社,1994:837.

[2] 张謇. 告诫实业同人函[M]//张謇研究中心,南通市图书馆. 张謇全集:第三卷 实业. 南京:江苏古籍出版社,1994:806.

[3] 张謇. 苏社开幕宣言[M]//张謇研究中心,南通市图书馆. 张謇全集:第四卷 事业. 南京:江苏古籍出版社,1994:440.

[4] 杜恂诚. 民族资本主义与旧中国政府(1840—1937)[M]. 上海:上海社会科学出版社,1991:208.

第三章
近现代江南工商企业文化的内涵（下）

近代吴地民族企业家在经营活动中普遍重视调查研究，尽快了解不断变化的市场行情；面对困难，善于在夹缝中寻求生存和发展的机会；积极调处劳资矛盾，增强企业的凝聚力；具有强烈的爱国爱乡意识，重视工业善举，为企业的发展营造良好的外部环境。所有这些和他们的开拓创新精神、锐意进取意识及注重品牌和信誉、重视人才培养和团队建设等一起，共同构成了颇具地域与时代特点的近代吴地企业家精神。[1]

第一节　重视调查研究，熟悉市场行情

完全可以这样说，举凡吴地所有创办成功的企业，没有一个不重视调查研究的；反之，那些不成功的企业，虽然具体原因各不相同，但基本都跟调查研究不够、盲目投资致产品不能适应市场需要等有一定联系。

一、无锡企业家群体对调查研究的重视

荣氏兄弟最终选择纺织和面粉业作为创业的主攻方向不是偶然的心血来潮，而是在认真调查研究、反复比较后确定下来的。早在创办企业之前，荣宗敬在上海源豫钱庄习业时，经营的业务偏重农产品抵押及卖出，每天经手的业务量很大。

---

[1] 陈彦艳，王玉贵. 论近代吴地企业家［J］. 史林，2015（5）：156-161.

通过钱庄业务，荣宗敬对小麦和棉花等农产品的分布地区、品质特性及价格高低都了如指掌，为他日后创办以面粉、纺织为主的企业奠定了基础。同样，荣德生在广东磨刀口厘金局工作时，发现在补抽的204种商品税中，唯独面粉因洋人食用数量巨大而不要补税。经到上海等地进一步调查后得知，在百业萧条的景象下，唯面粉业独兴，由此他决定以面粉工业作为其创办实业的突破口，后来又陆续扩展到纺织等业。用他自己的话说就是"不外吃、着两门"：

> 市上闭门者十之六七，地价、物价大跌。惟小麦装北洋颇好，内地到申不少。汇款甚繁，日有五千以上，占利亦优，日有二百元。心中甚畅，想从此余利可向自营实业上注意。各业均平淡，惟面粉厂增裕、阜丰反好。如此看到小麦来源，粉厂去路，粉是无捐税之货，大可仿制。……如仿做，不外吃、着两门为最妥。[1]

1903年，荣德生在杭州参观面粉企业时，曾借宿在杭州通益公纱厂客房，对该厂进行了专门考察，并将其中要点一一记下来，从而为两年后筹办纱厂做了准备。

在创办企业的最初几年，荣氏兄弟十分重视调查研究，提升产品质量，形成品牌优势和特色。他们先后考察了湖州、杭州、泰州、蚌埠、济南、开封、郑州等地，了解小麦、棉花的生产和面粉、纱布的销售情况。每次外出，他们都约请几位工商界人士同行，一路讲谈探讨；每到一地，必遍访各界名流，了解当地物产、商务、交通、教育等方面的历史和现状，为其择地开设麦庄、花庄和产品批发销售处，乃至开办新厂做准备。为引进先进设备，荣宗敬还亲自前往日本进行过考察。

为了在济南创办茂新四厂，荣德生曾前后4次专程或顺道前往考察。了解到山东等地生产优质小麦和以面粉制品为主食，而且看到那里商埠初开，交通便利，宜于实业经营，方才最终确定下来。[2] 可见其对调查研究的重视。第一次是在1912年。荣德生利用到北京出席全国工商会议的机会，至济南进行初步考察，对济南产生了较好的印象。第二次是在1914年。荣德生为在济南等地设立办麦庄，专程到济南进行考察，了解到山东人喜食面点，因而对面粉需求量较大，而当地

---

[1] 荣德生文集 [M]. 上海：上海古籍出版社，2002：32.
[2] 李德征. 荣德生和茂新第四面粉厂 [C] //上海大学、江南大学《乐农史料》整理研究小组. 纪念荣德生诞辰一百三十周年国际学术研讨会论文集. 上海：上海古籍出版社，2005：488-509.

的机制面粉业并不发达，同时了解到已有人开始考虑要在济南创办规模较大的面粉企业，于是萌生了在济南开办机制面粉厂的想法。[1] 第三次是在1915年。此时，无锡老乡杨宗瀚的侄子杨味云已就任山东省财政厅厅长，不少无锡人也在济南任职。在济南创办企业有了天时、地利与人和等有利条件。同时荣德生了解到已有一家机制面粉企业创办投产了，便产生了一种时不我待的冲动。[2] 第四次是在1916年。荣德生再次专程到济南进行考察，并同开封、郑州等地进行比较，最后决定在济南开办面粉厂。申新四厂创办后，粉质甚佳，居荣氏各面粉厂之冠，畅销京、津、唐地区。

成名之后的荣氏兄弟仍保持了善于学习、重视调查研究的良好传统。荣德生多次说过，自从决心从事实业后，即"改看《事业》杂志、《美十大富豪传》，均看过。常到书店，选事业可观之书"[3]。"每至申，物色杂志样本，余暇时加涉览。"[4] 与荣氏兄弟长期合作共事、彼此相知甚深的薛明剑在《实业家荣丈昆仲创业史》中说，荣氏兄弟"公务之暇，发奋好学，日无间，继之以夜。其好学之心，实为同侪所不及"[5]。"每日虽百事纠纷，仍必日阅报纸数种，故能洞明世界大势。每有所得，必托人转陈当道，先后不下数十次。"[6] 没有调查研究和善于学习的良好习惯，要做到这一步是不可能的。

荣氏兄弟有终身学习的良好习惯，而且涉猎的范围极广，与企业活动有关的经营管理、人才培养、商业组织、法律法规等方面几乎无不触及。这在很大程度上弥补了其早年因家贫无法系统接受教育的缺憾，再加上荣德生一贯较为稳健的办事风格，做事依法而行，使荣氏企业屡屡能渡过发展过程中的惊涛骇浪和急流险滩。荣德生曾说过："余数十年经营，未尝触犯刑章，二十余岁读刑、民法，三十岁后始有商会，遂习商法，凡事依法而行，至违法取巧之事，万不可违也。"[7]

为了保证和提高产品质量，荣氏企业还有一条不成文的规定，那就是企业的主要管理人员早上必须到厂里的食堂用餐，吃用本企业生产的面粉做成的面条，以便发现问题并及时整改。坚持这一做法的还有无锡唐蔡集团经营的久丰面粉厂。

---

[1] 荣德生文集[M].上海：上海古籍出版社，2002：64，69.
[2] 荣德生文集[M].上海：上海古籍出版社，2002：74.
[3] 荣德生文集[M].上海：上海古籍出版社，2002：31.
[4] 荣德生文集[M].上海：上海古籍出版社，2002：55.
[5] 无锡市史志办公室.薛明剑文集：下[M].北京：当代中国出版社，2005：805.
[6] 无锡市史志办公室.薛明剑文集：下[M].北京：当代中国出版社，2005：808.
[7] 荣德生文集[M].上海：上海古籍出版社，2002：170.

管理人员不仅经常走访面馆、点心店，征询用户意见，而且规定批发处的工作人员必须集中用早餐，食用自己厂里生产的面粉制品，以掌握第一手材料，及时发现问题，迅速调整配麦比例，稳定产品质量。每当新麦登场时，唐蔡集团的采购人员必深入产地调查研究，并对各地小麦品质进行反复比较。他们发现，尽管徐州、开封、郑州等地的小麦品质上佳，但原麦中经常会混入小石子，选捡起来十分麻烦，便放弃而在苏北黄桥、泰兴等地采办小麦。为改善面粉的面色和拉力，他们经过反复尝试，将白麦和紫麦按一定比例搭配磨粉，效果很好。

二、穆藕初对调查研究的重视

穆藕初在企业经营活动中，同样对调查研究十分重视。他在办纺织厂前，曾考虑办肥皂厂，但经过调查研究发现，上海的制皂业所需碱类原料全部被英商卜内门洋行垄断，且肥皂质量难与进口肥皂相较量，于是把注意力转向棉纺织业。此情形，他在自述中曾详细交代："初以肥皂厂成本较轻，而全厂规划亦早筹定，故从事调查，拟从轻而易举之肥皂厂为入世津梁。殊不知制造肥皂重要原料之碱类，早被某某洋碱公司所操纵，而舶来品之肥皂，亦不易与之竞争。遂转换方针，调查纺织事业。于是始知我国纺织业前途，大有发展之希望，遂决计向纺织业中开辟争存之壁垒。"[1] 根据他的调查，棉纺织品为当时中国所需的大宗物品，且仰给外洋者每年均占进口商品总额的1/3，其中又以从日本进口的数量为最大。他指出："长此以往，不图补救，全部仰给之数姑不备论，即此进口棉货一项，已足竭我膏血，绝我命脉。是以振兴棉业不但于平民生计上有密切关系，而于全国经济上亦生莫大影响。故振兴棉业，即所以救贫，亦所以救国，非虚语也。凡我爱国志士，安可不急起而力图之乎？"[2] 可见创办棉业之前，穆藕初是经过大量调查研究的。这既与其在美国的求学经历、对棉纺织业十分熟悉有密切关系，又有挽回利权、堵塞漏卮的现实考虑。

在《藕初五十自述》中，穆藕初更是一再强调调查研究的重要性。他指出："在未曾组织此事业之前，必须精确调查一邑多邑、一国多国，乃至全世界人众需要之所在，然后进行之，庶几成功多而失败少矣"。但"我国人向来径情直往，事

---

[1] 穆藕初. 藕初五十自述[M]//赵靖. 穆藕初文集. 北京：北京大学出版社，1995：36.
[2] 穆藕初. 振兴棉业刍议[M]//赵靖. 穆藕初文集. 北京：北京大学出版社，1995：90-91.

前不知调查与考虑，贸然从事，昧于商业之需求，徒自热心而虚掷金钱，损失个人之富力，即所以损失国家之富力"。他希望"邦人君子，今后一致注意及此"。[1]

1930年11月，穆藕初在《全国工商会议之回顾及其希望》一文中，再次指出：

> 遍查各议案，大半在议论上之发挥，缺少一种数字上之指示。所谓数字上之指示者，即国内工商各业一种精密之统计也。此种精密的统计，应由全国各业自动的调查……吾国工商各业向无此种工作，即有人提议此事，各业方且秘而不宣，虽有智者，无能为力也。抑知此时工商各业，不独对内贸易随处宜加注意，并须深明各国工商业之趋势，以为本国左右迎拒之地。苟无精密的统计，则政府无从尽指导与保护之责。[2]

穆藕初认为，从事调查研究工作的最好是本业中的经验丰富者，调查的重点当集中在外国情形和竞争状况两个方面。他以火柴业为例，详细阐述了调查研究所应注意的具体内容："又如火柴工业，一切原料，如磷、如木、如制造盒子及印刷纸张；其原料本国有无生产；如有相当产额，各产地之价格几何；运费捐税几何；品质较舶来品优劣如何；成本较舶来品高低如何；各地生产额若干；各地制造厂若干；各地销数若干；均须有精确之表示，以为研究发达之根据。"[3]

穆藕初将全国的所有工业分为丝业组、棉业组、米业组、木材业组、油类业组、银钱业组、交易所业组、铁工业组、茶业组、毛织业组、针织业组、麻业组、纸业组、卷烟业组、火柴业组、磁业组、煤业组、砖瓦石灰业组、糖业组、皮革业组、电气业组、印刷业组、造车业组，分别在本业中选举一两人，专司调查事业。他认为：可扩大各行业同业公会，集合全国的同业组织，组织各本业联合会，聘任专家，切实调查；只有各业先调查清楚了本行业的基本情况，政府才有在此基础上制定各项政策的切实基础。"其有妨于本业者，政府可设法消弭之；其有利于本业者，政府复尽力发展之。对内对外各有依据，则处此商战世界，方得占一席地。"[4]

---

[1] 穆藕初. 藕初五十自述[M]//赵靖. 穆藕初文集. 北京：北京大学出版社，1995：31.
[2] 穆藕初. 全国工商会议之回顾及其希望[M]//赵靖. 穆藕初文集. 北京：北京大学出版社，1995：343.
[3] 穆藕初. 全国工商会议之回顾及其希望[M]//赵靖. 穆藕初文集. 北京：北京大学出版社，1995：343.
[4] 穆藕初. 全国工商会议之回顾及其希望[M]//赵靖. 穆藕初文集. 北京：北京大学出版社，1995：343-344.

穆藕初多次以棉纺织业为例，具体阐述了调查研究所要关注的内容：

（一）种植地点及数量；（二）品质高下；（三）收买方法；（四）运输情形；（五）集中地点；（六）各项捐税；（七）输出口岸；（八）积弊及铲除办法；（九）外国情形；（十）竞争状况；（十一）发展本业方法。[1]

穆藕初还说："如原料之产区、出数之多寡、物质之改进、输运之利病、全世界产出额与消费数之比较、以及欧美各纺织厂之优点、内国各纺织厂之弱点，凡此种种，皆实地考求，至了然于胸中，确有把握而后已。"[2]

在创办棉纺织业的经营活动中，穆藕初进一步认识到了调查研究的重要性，指出："凡百事业之最大缺点，在乎无调查。无调查，则此盈彼绌，不相调剂。商业中人大都昧乎供求之比例，暗中摸索，类无把握，事业之盈亏，付之天命，良可慨也。"并以棉业为例，说道，"欲振兴之……自应详细调查，刊布报告，并研究其出路，及各地种植、贸易、关税、交通等种种情形，俾制造家得按图索骥，而入于商竞轨道中"。[3]

为了提高棉纺织品质量，穆藕初对当时在中国市场上颇受欢迎的日本棉纺织品逐项进行了深入的分析研究，然后在生产上加以应用和改进。在采取了一系列措施及其他工序改进后，开办不久的德大纱厂所产棉纱就在市场上获得了很高的美誉度。1916年6月，在北京商品陈列所举办的产品质量比赛上，德大纱厂的"宝塔"牌棉纱一举获得特等奖。

继成功创办德大、厚生纱厂后，穆藕初又于1918年12月赴郑州选址兴办豫丰纱厂。选择在郑州创办纱厂，他也是经过一番认真调查研究的。在他看来，"郑州地当中枢，陕西、山西两省所产棉花之由彼东下者，为数甚巨；且其地介于京汉、陇海两路线之间，东西南北四路畅运，交通便利，销场甚广；煤斤、劳力、色色较廉，苟于此设厂制造，不但能就近供给，诸多便益，且申、郑二厂联为一气，原料金融互相调剂，利赖孔多。"[4]

为了尽快振兴国内实业，有感于国内金融业落后而对实业支持乏力的状况，穆藕初出面创办中华劝工银行。他规定中华劝工银行除了经营一般银行的所有业

---

[1] 穆藕初. 全国工商会议之回顾及其希望 [M] //赵靖. 穆藕初文集. 北京：北京大学出版社，1995：343.

[2] 穆藕初. 今日青年之任务 [M] //赵靖. 穆藕初文集. 北京：北京大学出版社，1995：127.

[3] 穆藕初. 振兴棉业刍议 [M] //赵靖. 穆藕初文集. 北京：北京大学出版社，1995：93.

[4] 穆藕初. 藕初五十自述 [M] //赵靖. 穆藕初文集. 北京：北京大学出版社，1995：48.

务外，还要担任6项特别任务，其中有5项都是调查研究方面的，即：调查毕业于中外各学堂之工科毕业学生和实业中有经验之人，记录其专业知识和阅历，遇机会即介绍或聘用之，使专门人才不致学非所用，长期埋没；请各地热心人士调查当地工业原料，以备推广工业之用，使地无弃材，达到利用厚生之目的；调查海关进口货物，以唤起民众堵塞漏卮、挽回利权之心；调查已有之工业及其产品和质量，以便对照进口工业品之多者，发展进口替代品工业；编辑出版《劝工月报》，刊登各种调查资料和全国工业进行状况，以便沟通工业界信息，供各业各厂营业参考。[1]

三、其他企业家对调查研究的重视

举凡事业上取得成功的吴地企业没有一个是不重视调查研究的。为了解市场行情，唐蔡集团在上海北京路444号设立了申庄，在无锡北塘财神弄口设立了批发处，集中全厂的供销和财政大权。工厂每天要将用料、产量、出粉率等填报后交给批发处。每天上午唐保谦、蔡缄三二人会到批发处听取从上海方面发来的"号信"，从而对上海的行情了如指掌，若遇价格起落较大，便用长途电话随时沟通，以便采取紧急措施。

刘鸿生在创办水泥厂时，经过调查研究，认为应在对水泥需求量很大的城市设厂，这样可以在销售产品时节省大量运费。因此，当他于1920年决定创办水泥公司时，便将厂址设在上海龙华。实践证明，刘鸿生的这一决定是相当有远见的。首先，上海是当时中国最大的新兴工业城市，各项建筑事业发展很快，对水泥的需求量很大，而水泥分量重，长途搬运费时费力，运费高昂，且长途运输极易致水泥受潮，甚至报废。其次，生产水泥所需的煤炭和石灰石、黏土，在上海也比较容易获取。刘鸿生在上海办的销售煤炭的商号每年都要产生数量可观的煤屑。江南地区的黏土和石灰石更无取用之虑。再次，上海附近尚无水泥厂，办厂后没有同行竞争，便于产品销售。[2] 实践证明，刘鸿生的这一决定是十分正确的。

为了让美亚绸厂的产品在南洋一带与日本产品进行竞争，负责企业生产的蔡声白于1928年5月底亲自率领由专跑港、穗和南洋一带的营业员组成的"南洋考

---

[1] 穆藕初. 劝工银行与各小工业之关系[M]//赵靖. 穆藕初文集. 北京：北京大学出版社，1995：160-161.

[2] 张圻福，韦恒. 火柴大王刘鸿生[M]. 郑州：河南人民出版社，1990：55-56.

察团"到安南、暹罗、马来亚、新加坡等地进行巡回考察,前后历时2个多月。每到一地,除了要拜访、宴请批发、销售商人,在报纸上刊登广告,在电影院投放短片等外,还要到各绸缎门市店听取顾客对产品的意见。他们还详细了解了南洋各地的税制及日本产品的竞销情况,以此作为美亚绸厂调整营销策略的参考。详细了解了南洋丝绸消费特点后,美亚绸厂很快研制出新一代纯丝织品爱华葛。爱华葛既轻薄柔软,又美观新颖,手感爽滑,很适合南洋一带炎热的气候,因此,运到南洋一带时,立即被抢购一空,前后共销出四万匹。这与国内其他绸厂出口量急速下降的情形形成鲜明对比。[1]

上海正和染厂为使所染花色令顾客满意,要求承接客户的工作人员经常去参观时装公司和绸缎、呢绒号的样品柜,并留心马路上的衣着颜色,据此随时向顾客介绍流行色泽。[2] 该厂很快就获得了用户的认可,业务得到快速发展。

上海华美药房因实力雄厚、经营品种齐全、批发零售价格均较同行低,是众多小药房的进货来源地。每天来此联系业务的跑街、掮客多达百余人,而华美老板徐翔荪无不热情接待。这些跑街、掮客都掌握着一定的商业情报,华美药房则在无形中成为同业的信息交流中心。1936年年初,徐翔荪了解到销售溴化钾的国外厂商之间发生贸易纠纷,导致齐价合同遭破坏,各厂之间竞相杀价,于是决定向英商天祥洋行一次性进口30吨,要求在9个月内分3批运达,进价比此前下降30%,而当时全国一年也只进口20吨,不少同业者颇为不解。未几,外国洋行因竞相降价而损失惨重,遂重新议价,售价恢复到降价前的水平。徐氏因此发了笔大财。[3]

邓仲和负责的安乐系统也很重视调查研究。在生产"英雄"牌绒线前,邓仲和不仅对畅销于中国的英国博德运公司生产的"蜜蜂"牌绒线进行了认真研究,找出其中的优点和不足,然后有针对性地做了改进和提高,还亲自带领有关人员遍访各大绒线商店,了解顾客的要求,并规定每逢星期天中午都要按时与各主要绒线店老板在新雅等高档饭店举行聚餐,以了解商品的销售行情,[4] 并将了解到

---

[1] 马炳荣. 勇于对外开拓的美亚织绸厂 [M]. 本书编委会. 中国近代国货运动. 北京:中国文史出版社,1995:72-73.

[2] 黄龙初. 老正和染厂史料 [G] //上海市政协文史资料委员会. 上海文史资料存稿汇编:7 工业商业. 上海:上海古籍出版社,2001:14-15.

[3] 周昌敬. 上海华美药房起家史 [G] //上海市政协文史资料委员. 上海文史资料存稿汇编:7 工业商业. 上海:上海古籍出版社,2001:84.

[4] 马炳荣. 记爱国实业家邓仲和 [G] //上海市政协文史资料委员会. 上海文史资料存稿汇编:7 工业商业. 上海:上海古籍出版社,2001:325-326.

的顾客要求和市场行情及时贯彻到生产活动中。由此可知,安乐系统能取得成功,不是没有缘由的。

第二节 善于在夹缝和困境中求生存和发展

企业的发展如人的成长和进步一样,既会有顺利的时候,也会遭遇挫折和逆境。近代中国国家主权不完整,民族灾难深重。要想在这样的国情下创办实业,并做大做强,就不可避免地要遇到诸多不易处理好的复杂问题。在这种情况下从事企业的经营活动,要求企业家必须具备在夹缝中求生存和发展的能力。

一、企业家对国际形势变化的应对策略

半殖民地半封建社会的近代中国,对外难以捍卫国家主权,对内解决不了民生问题。近代江南企业家的经营活动明显地受到了中国基本国情的影响。在近代江南地区企业家群体中,敢于开拓、勇于创新的大有人在。他们身上充分地体现了锐意进取的企业家精神,但半殖民地半封建社会的这一近代中国基本国情决定了他们必须冷静面对国际形势的变化,并采取应对措施。在这过程中,他们中有的在有限的范围内打开了一片属于自己的创业天空,但也有不少人最终难逃失败的结局。

1914年,由于第一次世界大战爆发,帝国主义国家暂时放松了对中国的经济侵略。中国民族资本主义自产生以来的第一个发展高潮由此形成了。

孙多森于1900年创办的阜丰面粉厂是面粉行业中最早的民族资本企业,初创时经营惨淡。第一次世界大战爆发后,企业发展驶入快车道,规模快速扩大。1916年,孙多森在济宁创办济丰面粉厂,1919年在河南新乡收购通丰面粉厂。孙多森还于1915年创办通惠实业公司,1916年在中孚银行注资,成立通孚丰财团。

大生集团在第一次世界大战期间同样获得了厚利。大生一厂的资本额由1917年的200万两增至1921年的250万两,连同二厂的资本额则增至369万多两。两厂纯利总额高达16 620 173两,其中2/3以上是在第一次世界大战期间获得的。1919年大生一、二两厂的纯利分别占到资本总额的106.08%和113.02%。[1] 在实

---

[1] 章开沅. 开拓者的足迹:张謇传稿[M]. 北京:中华书局,1986:304-305.

业经营中能获得如此厚利实在少见，用暴利来形容亦不为过。

在经营棉纺织业获得厚利的同时，张謇开始大规模投资其他行业。1918年开始筹办淮海银行。同时筹建大达轮船公司、大储栈等企业。另外，还创办或协助创办大昌纸厂、通燧火柴厂及斐馆、桃之花、南通俱乐部等服务性企业，遂生堂、延生堂等药店，沁生冰房、南通绣织局、天生港大包结绳厂、大达公碾米厂、通城纸厂、玻璃制品工厂等。垦牧系统也有了很大发展。从1913年到1920年，张謇成立了大有晋、大豫、大赉、中孚、遂济、通遂、大丰、大祐、通兴、大纲、阜余、合德、华成、新南、新通等分公司，形成了南到长江口附近的吕四港，北到海州以南的陈家港，包括南通、如皋、东台、盐城、阜宁、涟水等县在内的连片垦牧区，基本解决了大生纱厂所需的原料供给问题。

荣氏企业也是如此，曾利用日俄战争期间北方粉业无法正常生产的有利时机，实现了第一次发展高潮。在欧战期间，荣氏企业更是获得了快速发展，面粉厂一口气由3家扩大到8家，新增加的5家为福新四厂（1915年）、茂新二厂（1918年）、福新五厂（1918年）、福新六厂（1919年）、茂新三厂（1919年）。1920、1921年福新七、八两厂又相继创办。纺织厂到1921年发展到4家，具体为：1915年荣家投资30万元在上海创办申新一厂。1919年3月花40万元买下原由日商经营的日信纱厂（后由祝大椿等人合资买下改为恒昌源纱厂），改为申新二厂。同年，荣家集资150万元创办申新三厂（1920年建成厂房，1922年2月正式投产）。1921年，荣家还在汉口创建了申新四厂，前后花去158万元。

在第一次世界大战期间及战后初期，荣氏企业的产品供不应求，面粉还远销欧洲和东南亚市场。多数纱厂投产后当年就能盈利。

荣氏企业不仅数量多，发展迅速，而且盈利情况可观。以福新一、三厂与申新一厂为例，截至1922年，其盈利情况见表3-1。

表3-1 福新一、三厂（1913—1922年）与申新一厂（1916—1922）盈利情况

年份	福新一、三厂		申新一厂	
	资本额/千元	盈利额/千元	资本额/千元	盈利额/千元
1913	40.0	33.0		
1914	40.0	48.0		
1915	40.0	75.5		

续表

年份	福新一、三厂		申新一厂	
	资本额/千元	盈利额/千元	资本额/千元	盈利额/千元
1916	40.0	47.7	217.5	20.7
1917	150.0	283.1	300.0	118.1
1918	300.0	438.5	300.0	222.5
1919	500.0	483.4	800.0	1 048.1
1920	500.0	511.0	1 500.0	1 275.9
1921	500.0	171.1	3 400.0	728.1
1922	500.0	-14.4	3 000.0	418.7

资料来源：上海社会科学院经济研究所经济史组. 荣家企业史料：上册 1896—1937年[Z]. 上海：上海人民出版社，1962：43，58，76，84，623，630-632.

从表3-1中可见，在第一次世界大战期间及战后初期，表中所列荣氏企业的盈利额是相当惊人的。正是在这一时期，荣氏企业积累了雄厚的实力，打下了厚实的基础，走上了快速扩张的道路。

1925年五卅惨案发生后，全国很快掀起了声势浩大的反帝爱国运动，抵制外国商品、倡用国货的口号响彻云霄，英、日纱厂的工人纷纷举行大罢工，在一个时期内阻止了外国特别是日本商品的输入和销售。荣氏企业借机公开号召国民多使用国货。无锡申新三厂在《锡报》上刊登推销国货的广告，表示愿为客商"定织，并代理漂染，限日交货不误"。同年，国产棉花喜获丰收，花价下跌。申新各厂一举扭转了延续数年的亏损局面。申新一厂1925、1926年分别赢利19.2万元、12.8万元，申新三厂由1924年的亏损23.4万元转为赢利11.2万元。

1928年日本驻军在济南制造"五三惨案"后，再次激起全国人民的强烈义愤。拒用日货运动一直持续到1929年6月。其间，上海日商的棉纱库存量逐月增加，华商的库存量则明显减少，并出现了少于日商库存量的喜人情形。申新产品再次出现供不应求的繁荣局面，盈利额也由此大增。如申新一、三两厂，1928、1929年的盈余分别为105.1万多元、168.5万多元。

二十世纪二三十年代，阜丰面粉厂也利用不断掀起的民族主义浪潮和抵制外货的有利时机继续有所发展。1921—1929年获纯益163万多元，1929、1932年先后增设40英寸钢磨26部、39部，日产能力增至2.6万包。1930—1936年阜丰面粉厂获纯益194万多元。1936年创建圆筒自动麦仓,改进传动设备。同年资本增至300万元。经营规模更趋扩大。阜丰面粉厂先后租办了上海长风面粉厂(1923年)、无锡泰隆面粉厂(1924年)、上海裕通面粉厂(1926年)、上海祥新面粉厂(1935年)、上海信大面粉厂(1936年),日产能力增至5.15万包(为全国民族资本面粉企业日生产能力的11.4%)。[1]

不过,也有企业曾因投资决策出现失误而不堪重负。20世纪30年代初,帝国主义国家为转嫁经济危机,纷纷向中国倾销廉价商品。企业为减低生产成本,纷纷采购廉价外麦,如上海福新各厂1929—1931年间分别采购342万、193万、885万多关担(分别占其所用小麦总量的42.6%、31.3%、91.6%)。由于1931年国外小麦价格连连下跌,荣氏企业所购期货小麦到交货时价格继续大幅下跌,荣氏企业为此赔累甚巨。1931年,福新各厂的面粉产量虽比1929年有大幅增加,但亏损197万多元。这说明在半殖民地半封建社会的中国,影响企业家决策和企业经营效益的不确定因素是很多的,有些风险是很难规避的。

1931年后,荣氏企业中的面粉企业利用美国进口小麦,小有盈利。1931—1933年,美国政府为救济中国水灾,先后向中国提供用于购买60万吨小麦的贷款。国民政府将其中的2/3小麦分配给了荣氏企业代为加工。荣氏企业采取多报折扣、掺杂国产小麦等办法,从中获得了巨额利润,1932年赢利173万元,1933年赢利90多万元。1934年,由于国际麦、粉价格上扬,茂新、福新各厂(除茂新四厂)赢利120万元,1935年赢利141万多元,1936年赢利148万多元,但其产量逐年下降,1936年仅产1 000万余袋,不及1931年2 137万袋的一半。

"九一八"事变特别是"一·二八"淞沪抗战后,日本侵略者的野蛮行径激起了越来越多的中国实业家的义愤。中国实业家们纷纷行动起来,急谋应对日本侵略的有效策略。中国化学工业社的方液仙联合美亚绸厂、五和织造厂、鸿新布厂、华生电器厂、中华珐琅厂等,集资10万元,在一向为先施、永安、惠罗、丽华等外国大公司所控制的上海南京路上设立了一家大型国货公司,即九厂国货临时联合商场。商场于1932年"九一八"纪念日开业时,方液仙联合9家著名民族企业,选出18种有代表性的商品,于每天上午9:18准时开门,获得了很大成功,

---

[1] 上海市粮食局,上海市工商行政管理局,上海社会科学院经济研究所经济史研究室.中国近代面粉工业史[M].北京:中华书局,1987:196-205.

迫使一些原先只经销舶来品的永安、先施等公司也设立了国货柜台，以招徕顾客。[1]

但我们应该看到，靠突发事件带动起来的民族企业的不正常发展终究是靠不住的，而且是不能长久的。事实也是如此，在每次爱国运动过后不久，外国商品往往像潮水般再次涌来。每次抵货运动来临时，有些不能自主生产的行业就要受到冲击，蒙受损失。如20世纪初，中国尚不能生产制造洋袜和衬衫的棉纱。一旦抵货运动出现，一些工厂的生产就会出现困难。[2]

面对抵货运动，外资企业和列强也不会坐以待毙。"九一八"事变后，随着东北的陷落，华商的棉制品就丧失了那里的庞大市场，华北市场也受到严重影响。日商还向湖南、江西、安徽、四川等地倾销。日商产品的竞相销售，致棉制品价格一路走低。1932年，纱价下降7.3%，布价下降13%；1933年，纱价下降14.3%，布价下降11.8%；1934年，纱价下降7%，布价下降7.7%。华商棉制品的成本和销价出现倒挂现象。1933年4月，申新系统20支"人钟"牌纱每件成本为218.33元，而售价仅为204元，每销售一件就亏损14.33元，而且纱常常无人问津。其他成本也很沉重。申新系统20支纱每件的工缴费（尚不包括原料成本和统税）达41.43元，而日商的仅为25.2元；申新系统承担的利息为16.25元，日商的仅为3.42元。1932—1933年，申新各厂每年支付的利息都在500万元以上。捐税也在逐年增加。申新一厂1929年交税2.5万元，1933年交税75.7万元，1934年交税79.8万元，税额分别占当年企业总收入的0.32%、4.03%、4.89%。申新各厂负担的统税在1933年达269.9万元。[3] 而外国企业因有不平等条约的保护，税率远低于中国的民族企业，即便是1928年国民政府宣布实行关税自主，情况也依然没有好转。

日本发动全面侵华战争后，荣氏企业所在地先后沦陷。除申新四厂、福新五厂大部分设备在李国伟的主持下先后成功内迁至重庆和宝鸡外，设在上海、无锡、济南的企业绝大多数都受到战火的波及，损失惨重。后来由于受到日本侵略者的"军管理"影响，荣氏企业中唯设在租界内的申新二、九厂及福新二、七、八厂，

---

[1] 林汝康. 中国化学工业社与方液仙[G]//上海市政协文史资料委员会. 上海文史资料存稿汇编：7 工业商业. 上海：上海古籍出版社，2001：290-291.

[2] 杜恂诚. 民族资本主义与旧中国政府（1840—1937）[M]. 上海：上海社会科学院出版社，1991：158.

[3] 许维雍，黄汉民. 荣家企业发展史[M]. 上海：上海人民出版社，1985：93.

利用战时工业品供不应求及游资充塞的特殊机遇，开足马力，加班生产，形成了所谓"孤岛繁荣"。申新二、九厂的纱布产量逐年大幅上涨：1939年的棉纱线产量达133 277件，比1937年增长了47.7%；1939年的棉布产量达2 153.52万米，比1937年增长了64.8%。福新二、七、八厂1939年的面粉产量达855万袋，比1937年增长了43.6%。其间，荣家还在上海创办了合丰公司，先后开办了纱厂、布厂、铁工厂和丝厂等4家工厂，有纱锭4 602枚、布机161台、工作母机40多台、缫丝机192台。

在"孤岛繁荣"期间，荣氏各厂赢利颇丰，申新九厂一个厂1939年就获利1 000多万元。1938—1941年间，申新二、九两厂的账面余额达5 666万多元，福新二、七、八厂的账面余额为800多万元。各厂划出巨额盈利的一部分用于偿还总公司所欠债务，到1942年5月已偿还了6 000多万元，尚欠2 000多万元。此时，汪伪政府宣布进行币制改革，用中储券取代法币，并按1:2的比例进行兑换，荣家便以1 000万中储券偿还了所欠各项债务，从而结束了自1933年开始的由银团接管申新各厂的历史，将申新各厂收回自办。[1]

抗战后期，荣氏企业还利用物价飞涨、物资短缺的时机，从事囤积投机活动，并从中大获其利。据申新二厂1942年下半年的财务报告，该厂账面赢利707万元，其中属于商业买卖的利润高达569万元。由于战争形势的不确定性，荣氏企业改变了过去一直坚持的少分盈利用于扩大企业规模的传统做法，而是随赚随分。申新二厂在1942—1945年间，多次分发股息和红利，仅1945年3—9月就分发了10次。申新三厂在1944—1945年间几乎按月分发股息和红利。

刘鸿生企业也曾利用全面抗战爆发后的特殊机遇，实现企业的大发展。1942年6月，币制改革使刘鸿生控制的刘鸿记账房债务缩减了一半。战前，刘氏企业欠浙江兴业银行274.6万多元，此时以141.37万多元清偿。1943、1944年，章华厂浦西分厂分别获利中储券1 740多万、2 718多万元。刘鸿生所控制的中国企业银行在做证券投机中，1942年上半年获利16.08万元，1943年获利315万多元，1945年上半年获利407.78万多元。刘鸿生还通过成立宏业房地产公司，从事房地产活动。到抗战结束时，短短3年多时间，宏业房地产公司就发展为拥有4 859万多元及1 272万元股票、部分黄金及美钞的大型企业。[2]

---

[1] 许维雍，黄汉民. 荣家企业发展史[M]. 上海：上海人民出版社，1985：153-154.
[2] 张圻福，韦恒. 火柴大王刘鸿生[M]. 郑州：河南人民出版社，1990：169-175.

对有些以外销为主的行业来说，国际市场的收缩常常也会引起连锁反应，比如：一战中，生丝的出口量就明显下降；罐头厂因马口铁无法进口而无法生产；战时地毯运费昂贵，致"外洋销路顿遭停滞"，湖南的锌矿石也因此而大量囤积在矿内。[1] 这对民族工业的发展是很不利的，尤其是在世界性的经济危机发生后，脆弱的民族工业更难以抵御国外廉价商品的倾销，纷纷陷于苦苦挣扎乃至破产、倒闭的境地。

吴地企业家在夹缝中求生存时，有很多教训值得记取。荣氏集团在对待企业内迁问题上，就存在许多可以总结的教训。

众所周知，为保存抗战力量，免遭日本侵略军的破坏和劫掠，国民政府曾一再要求东中部地区的中国企业尽快迁往内地。但荣氏兄弟认为，以当时日本侵略者的气势，内迁并不一定能保全企业，反而要平添一笔很大的拆迁费用，并且要耽误很长一段时间。他们或许还认为，自己是纯粹的商人，与当时的中国政府并没有什么紧密的联系，日本侵略者纵使打进来了，也不一定会影响企业生产，而按兵不动，可利用当时的混乱之机获取大利。正是抱着这种复杂、矛盾的心情，在众多民族企业纷纷内迁之时，荣氏企业却采取了百动不如一静的消极应对策略。事后证明，荣氏企业为此付出了惨重代价。不仅众多企业在战争中遭到日本侵略者的有意毁坏，留在租界内的企业也因租界的最终沦陷，被日军长期实行"军管理"。有些企业表面上虽然被"发还"了，但不仅遭到日军的人为劫掠，而且实际上仍然被侵略者控制。即便是到抗战胜利后，原属荣家的企业也始终未能恢复元气。

当然，有些资本家也会尽可能地利用外国供应商之间的矛盾来达到利益最大化。华美药房因实力雄厚，每年的经销数量相当大。洋行为鼓励销售，对进货量大的客户给予较高的折扣，华美药房的收入也就随之增加。华美药房因进货量大，跟洋行讨价还价的能力也比同业者强。一次，华美药房决定进口数吨海克撒（一种橡胶催化剂）。洋行听说后，均有意笼络华美药房老板徐翔荪，希望能与之合作，达成交易。徐翔荪则表示哪家能让价5%就从哪家进货。外商原本相互间订有协议，对华销售时统一价格，但德商美最时洋行为厚利所吸引，表示可降价5%销售。于是，双方在订立合同后，徐翔荪就先从美最时洋行进了1吨，然后有意放出

---

[1] 杜恂诚. 民族资本主义与旧中国政府（1840—1937）[M]. 上海：上海社会科学院出版社，1991：118，141.

风声说美最时已降价销售。拜耳药厂听说后表示，如果徐翔荪能让其拍下销售合同照片，不论进多少货，均一律降价20%。徐翔荪立即允其拍照。此举一下子就使外商的齐价协定宣告解体，华美药房也因此获益匪浅。[1]

二、企业家对国内政局演变的应对策略

近代中国，战争频仍，内乱不止，给民族经济的发展造成了很大的困难。与北方相比，江南地区的战事虽不算多，但仍然对区域经济的发展产生了明显的消极影响。

国民政府在北伐成功后开始对棉花及其产品征收特税。产品纳税后照理可以行销全国各地，但各地巧立名目，苛捐杂税层出不穷，企业不堪负担。如申新纱厂生产的棉纱运销至江西境内需缴纳进口特种消费税和九江市特捐，运往安庆要另征落地税，运往两广也要重复征税。在采购原料时，民族资本纱厂既要缴纳出口或进口税，转运时又要被征收产销税，而外商产品缴纳进口税后就可在国内畅通无阻。1931年2月，国民政府又颁布棉纱统税条例，改"特税"为"统税"。税率分为两级：23支以下的粗纱为第一级，每件征税8.58元；23支以上的为细纱，每件征11.625元。支数高因而售价也就高，但税率相同，意味着税负轻。日本纱厂出产的棉纱大多在32支以上，华商纱厂的产品则多在16支以下，两者相比较，日本纱厂明显更有优势。据荣德生测算，荣氏企业每年负担的捐税在500万元以上。

由于国外商品享有协定关税的特权，外商往往依靠自己较为雄厚的实力和不平等条约的保护，在中国大肆倾销质优价廉的产品，挤压民族企业的生存空间。外商自甲午战争之后还直接在中国开设工厂，利用中国的廉价劳动力和原材料，赚取高额利润，侵夺中国利权。日本更是在中国遍设工厂，大肆掠夺。到1931年，在华日商纱厂的纱锭由1919年的332 922枚增加到1 715 792枚，增长了415.4%；布机由1 486台增加到15 983台，增长了975.6%。而同期华商的纱锭仅由658 748增加到2 453 304枚，增长了272.4%；布机由2 650台增长到17 629台，增长了565.2%。[2] 据中国银行统计，1930年在上海的华商纱厂产纱56万包，出布14.7

---

[1] 周昌敬. 上海华美药房起家史 [G] //上海市政协文史资料委员会. 上海文史资料存稿汇编：7 工业商业. 上海：上海古籍出版社，2001：82-83.

[2] 严中平. 中国棉纺织史稿 [M]. 北京：商务印书馆，2011：221，235.

万匹；同期日商纱厂出纱69.7万包，产布21.6万匹。华商纱厂产品分别占日商的80.3%和68.1%。[1]

20世纪30年代，荣氏企业因债台高筑而遇到严重困难，曾不得已向国民政府求救，差点葬送了整个申新系统。于是，他们找到国民党元老吴稚晖相帮，才使汪精卫系吞并申新的图谋未能实现。

抗日战争全面爆发后，由于荣氏集团中的绝大多数企业都集中于战事活动的中心地带，主要负责人对战争形势的估计出现明显失误，没有按照国民政府的要求将企业内迁，加上日本对中国民族工业的故意破坏，因此荣氏企业损失惨重。大规模战争行动基本结束后，日本侵略者为达到以战养战的目的，对中国民族企业多实行军事管制，并要求将企业卖给日本人。后来在中国民族资本家的一再要求下，日本侵略者打出"中日亲善"的旗号，将一些民族企业"发还"给原来的经营者，但强令将这些企业出租给日本在华的企业来经营。日本侵略者所有非分要求均遭到荣氏企业负责人的坚决抵制。眼看亲手创建的企业一个个在战火中被毁灭或被日本侵略者劫掠，荣氏企业家虽痛心疾首、义愤填膺，但在民族大义面前，仍表现出了应有的气节。

办在租界里的荣氏企业则主动将工厂"过户"给英美商人，寻求庇护。1938年4月，申新二厂与美国企业签订了租赁合同，但同时声明：申新二厂之法律地位，仍须维持；纱厂股份或所有财产，未经公司同意，不得出卖或抵押。美国企业则表示愿尽力保护厂产。承租公司授权业务经理荣尔仁处理厂中一切事务，纱厂则付给美国公司顾问费国币3 000元，及经营管理费每月1 500元。申新九厂则与英商签订了"出售合同"，规定：将申新纱厂无限公司以500万元价格卖给中英商业银公司及通和有限公司所属的"申新九厂有限公司"，并在香港注册，改变了申新九厂的国籍。同时，通和有限公司又与荣德生、荣鸿元等订立声明书，内容为："兹经台端等之请求，并得敝公司之同意，今特声明在英商组织期间，所有申新纺织第九厂有限公司属于中英商业银公司及通和有限公司户名之全部股票，实非该两公司之财产权，系受台端等之委托而代为出面者。该项英商组织得因台端等之请求而随时解散之。"[2]福新七厂仿照申新九厂办法，也过户给了通和洋行，并在英国办了注册。这实际上是在半殖民地半封建的不利时代下，充分利用日本

---

[1] 许维雍,黄汉民.荣家企业发展史[M].上海：上海人民出版社,1985：70.
[2] 李占才,张凝.著名实业家荣氏兄弟[M].郑州：河南人民出版社,1993：155-156.

与英美之间的矛盾,争取到一个有利于自身发展的微观小环境。

其他企业也纷纷采取类似做法。为免于日本侵略者的劫掠,刘鸿生在"八一三"事变后,也通过关系将华商上海水泥公司、章华毛绒纺织公司、中华码头公司等托庇于与日本结成轴心国联盟的德、意等国商人名下。其中华商上海水泥公司与德国禅臣洋行订立了财产移交保管合同,将价值251.4万元的土地、房屋、机器设备、原料、成品等财产交予禅臣洋行保管。章华毛绒纺织公司浦东周家渡厂与德国礼和洋行签订了"财产转让"合同,将厂房、机器、货料、生财等"转让"给了礼和洋行。中华码头公司于1938年4月与意大利商人嘉禄·希来利"合组"公司,意商实际分文未出。刘鸿生还将华东煤矿公司也置于礼和洋行的保护之下。此外,浦东沦陷前,刘鸿生将章华毛绒纺织公司的部分机器、原料运到浦西租界内,分设华信织造厂(即章华二厂)、华信染整厂(即章华三厂),均以礼和洋行名义经营。[1]因刘鸿生的纺织企业中有1/3均在租界内,相对来说,在太平洋战争爆发前,损失要少一些。

由于近代中国的特殊国情,假托洋人的旗号创办企业或聘洋人为经理在吴地社会似乎成了一个传统。1893年,马建忠等在上海信昌丝厂聘洋人麦登斯为经理。随后不久,华商沈志云等创办乾康丝厂,却挂了法商拔维晏洋行的牌子。[2]一些轮船公司则"悬挂洋旗为护符,相率效尤,遂有专设挂旗行一业,是谓行旗"[3]。1925年江浙战争期间,交战双方对地方企业百般摧残勒索,不少有门路者纷纷"寻求与洋商合作或经理……因有外资关系,或可少受军人之妨害"[4]。

一些迁到国统区的荣氏企业也想尽办法在国民党的经济统制夹缝中顽强地寻觅生存和发展的机会。内迁到重庆、宝鸡的申新四厂和福新五厂,在荣德生女婿李国伟等人的精心管理下,采取了一切可能想到的办法对付国民党的经济统制。为解决营运资金的困难,他们通过各种渠道和关系,甚至以库存物资做抵押,积

---

[1] 张圻福,韦恒. 火柴大王刘鸿生[M]. 郑州:河南人民出版社,1990:138-139,140-141.
[2] 杜恂诚. 民族资本主义与旧中国政府(1840—1937)[M]. 上海:上海社会科学院出版社,1991:57-58. 按,聘洋人为经理或挂洋行牌子,有的是因为洋人有从事企业生产经营和国际贸易的技术与经验,或人际关系,有的是凭此获得特权,如缴税,或免于地方势力的骚扰。比如,刘鸿生在创办码头公司时,就请洋人参与,目的是免受地方黑恶势力的骚扰。如果找不到合适的洋人,就尽量寻求官府的庇佑。再如,荣氏兄弟创办企业时,就寻求致仕官员朱仲甫的支持。事实上,早期创办企业者,一般都是与洋人有往来的买办,或有功名在身的官员,如杨宗濂、杨宗瀚兄弟,张謇,陆润庠等。
[3] 杜恂诚. 民族资本主义与旧中国政府(1840—1937)[M]. 上海:上海社会科学院出版社,1991:68.
[4] 杜恂诚. 民族资本主义与旧中国政府(1840—1937)[M]. 上海:上海社会科学院出版社,1991:106.

极向银行寻求贷款，同时采取荣氏企业的一贯做法，大力吸收企业内部管理人员和普通工人的存款。为逃避"管制"，他们充分钻政策的"空子"，比如成都不实行棉花、棉纱、棉布管制政策，对小纱厂也不实行管制，他们就在成都开设了一个有 1 000 枚纱锭的小厂。他们还联络同行，共同抵制国民党的统制政策。他们拉拢国民党军政官员，以图经营便利。为对付国民党政府的高额税收，他们设立暗账，隐瞒企业盈余，同时大幅度降低工人工资和延长工人的工作时间，提高工作强度。多管齐下，终于使内迁企业渡过了难关，避免了许多同类企业纷纷破产倒闭或关门歇业的结局。

荣氏企业在抗日战争中损失很大，本应在战后从日本在华企业或日本当局处获得赔偿，但因国民政府采取"以德报怨"政策，只能寄希望于从日本在华企业处获得赔偿。然而，日本在华企业被国民政府有关部门没收后，一律不予赔偿，或者要求被劫企业说明被劫机器在日本何地存放，并提供拆迁机关或部队的条据等。有些民族企业还长期被国民政府各机关占用，如汉口申新四厂被国民政府军事后勤部占作汽车修理厂。待荣家想尽各种办法、使尽各种手段、花费巨额款项收回，并修缮、装好机器时，已是 1948 年 7 月了。

有些被国民政府先行接收的企业等到交给荣家时，设备上的各种机件和五金物料几乎荡然无存。荣家只好花费巨资加以修复，致复工时间一再后延，流动资金严重不足。福新一、三、六厂 1946 年的产量仅及 1936 年的 6.2%。申新各厂（除申新四厂及战时被毁者外）运转的纱锭只有 436 204 枚，为战前的 76.5%；运转的布机有 2 513 台，为战前的 47.4%；棉纱产量为 191 890 件，为战前的 60%；棉布产量为 471 300 匹，为战前的 16.3%。茂新、福新各厂 1946 年年底的面粉日生产能力为 65 500 袋，为战前的 67.9%；实际年产量只有 811 万袋，为战前的 47.9%。

尽管如此，但荣氏集团仍然是赢利的，而且获得了厚利。仅在上海的申新各厂 1946 年的账面盈利就达 161 亿元，折合黄金 8 万多两，如果加上提存外汇准备、机器房屋重置准备、酬劳金和特别费等及各种暗账，实际盈利当为账面盈余的 10 倍。申新一、二、五、六、七厂的平均利润率高达 82.7%，比 1919 年申新一厂的 53.2% 和 1938 年申新二厂的 52.6% 都要高许多。之所以能获得这么高的利润，一是因为战后初期百业凋敝，百废待举，物资奇缺，物价腾贵；二是因为荣氏企业抓住机遇，率先抢购了大量廉价的美国棉花，仅第一次就购得 1 万吨（4.2 万包）；三是荣氏企业利用良好的信誉，大肆集中抛售货物栈单，提前取现。

但随着大规模内战的迅速爆发，国民政府加强了对国民经济的统制力度。不仅所有纱布要由政府相关机构统一收购，棉花等原料产品也要由政府相关机构统一收购，然后再按厂配给。在国民政府的强力统制下，企业失去了自由经营的条件，自然也就失去了获取厚利的机会，且很快陷入了不堪赔累的困境。1947年4月，20支"双马"牌棉纱每件的市价为700万元，而纺管会（全称为纺织事业管理委员会，后改为纺织事业调节委员会，再后来又改为花纱布管理委员会）的收购价格仅为370万元，远低于成本622万元。[1] 1948年，花纱布管理委员会宣布所有民营纺织厂只能进行代纺代织。

在如此困境之下，荣氏企业家为了生存，可谓想尽办法，动足脑筋，使出了浑身解数。一方面，他们积极争取得到政府贷款，利用贷款与还款的时间差，赚取利润。1947年，四联总处开始对棉纺业发放贷款。申新二、三、五、九厂获得了700万元的贷款，此外还从中央、中国银行争取到了数目不小的贷款，另从棉业基金保管委员会和发展纺织工业基金委员会处获得了多次贷款。由于战后通货膨胀严重，在一贷一还之间，资本家就可获得厚利。如1947年10月，申新七厂两次向棉业基金保管委员会贷款8亿元，购得上海地产棉花（俗称"火机棉"）300担，能生产20支"双马"牌棉纱40件，但到1948年9月，8亿元连一件棉纱都不值了。再如，1947年11月，申新二、五两厂向发展纺织工业基金委员会贷款90亿元，购得火机棉3 600担，能生产20支"双马"牌棉纱400多件，但一年后还款已不值2件棉纱。另一方面，他们利用企业规模大的优势，尽量多争配额，并从中获利。1947年，申新系统加上荣鸿元新设的纱厂的纱锭共有625 000多枚，占全国民营纱厂纱锭的22.9%，因此申新系统获得的棉花配额在民营厂中所占的比例也就最大。1947年，每件棉纱最高可换760磅棉花，最低也可换712.5磅，而每件实际用棉不到400磅，因此配额越多，获利也就越多。此外，荣氏企业还设法将棉纱运往价格较高的天津或华南等地销售，并改变产品结构，增加细纱比例。在多种办法的共同作用下，1947年仅申新二、五两厂仍能获得4.2万多两黄金的高额利润。

面粉企业也是举步维艰。1947年上海大小47个面粉厂，全年仅开工80多天。福新系统虽然好于其他企业，但1946年的实际产量只有615万多袋，仅为产能的

---

[1] 陈真. 中国近代工业史资料：第三辑　清政府、北洋政府和国民党官僚资本创办和垄断的工业[Z]. 北京：生活·读书·新知三联书店，1961：1069.

46.6%；1947年实际产量进一步下降为29.8%，仅生产393万袋。

实际生产能力的大幅下降源于原料问题无法解决。由于大规模内战的爆发导致交通运输受阻，1946年上海福新各厂仅购得国产小麦47万多担，只能满足全年生产能力的6%，而从外国进口的小麦全由政府部门控制。已经生产出来的面粉，有关部门因担心流入解放区，又强制规定不准自由流通。1947年梅雨季节，上海福新各厂有30万袋面粉发生霉变。同时，为控制物价过速上涨，国民政府于1946年8月强令茂新、福新、阜丰、华丰、裕通五大面粉厂以每袋13 900元的价格抛售50万袋，每袋比市价低2 800元；此后五家面粉厂又在9月到次年4月间抛售了近百万袋，每袋损失在1万至2万元之间。1947年6月，国民政府又令上述各厂紧急运送10万袋面粉到北京和天津。当时每袋成本为13.5万元，运费每袋要2万多元，但国民政府规定每袋只能按14.5万元核算，且货款又迟延支付，因此各厂损失颇巨。

为求生存，面粉厂只能靠给政府代磨苟延残喘，并在代磨中通过贿赂办事人员作弊牟利。1947年7月，茂新、福新、阜丰、华丰、裕通五大面粉厂奉命组成"五厂公记"联营组织，代政府采办和加工面粉。荣氏企业获得了60%的采办和加工配额，勉强维持生存。

总的来说，战后荣氏企业除在1946年出现过短暂的"众枯独荣"，并获得过丰厚利润外，在其他时间都在挣扎中苟延生存，而其企业规模在总体上均未达到全面抗战前的水平。

从1943年起，反法西斯联盟国家逐渐掌握了战争的主动权。在这种情况下，荣氏企业家开始未雨绸缪，构思战后的企业前途和发展规划。他们意识到必须加强与迁到大西南的国民政府的联络，以免战后企业被当作敌产处置，即便是受到质疑而遭冻结审查也是难以承受的。于是，荣德生提出要到国民政府去办理企业的法人登记手续，借此还可以加强对整个企业集团的控制和管理。自掌门人荣宗敬于1938年年初去世后，荣氏企业实际上处于四分五裂、各自为政的局面。荣德生能够直接控制的只有设在无锡的、由日本侵略者"发还"，但已遭到严重破坏的部分企业。荣氏企业要想实现战后的复兴，恢复以前的繁盛局面，就必须进行整合，加强统一管理。

经过反复协商和周密安排，荣氏集团于1943年10月派荣尔仁到重庆进行活动。经过紧张活动，荣尔仁终于在1946年1月领到茂福申新面粉纺织股份有限公司核准登记执照，取得企业的法人资格。同时，荣尔仁还登记了天元实业有限公司（该公司后来为荣毅仁内侄杨同德所控制），资本总额为5 000万元，荣德生父子占90%的股份，女婿等近亲占10%。

1941年，寓居上海的荣德生就已开始为战后的企业发展和振兴认真构思和积极谋划了。这就是"大天元实业计划"。其经营项目涉及水、火、木、金、土及纺织、食品等方面，其中，属于"土"的方面有煤、石灰、水泥、砖瓦等类；属于"金""木"方面的有采矿、冶金、铸造、铁工、化学、塑胶、机器制造等类；属于"食品"方面的有面粉、饼干、点心之类；属于纺织方面的有棉、麻、毛、丝、人造纤维的纺织、印染、整理、裁缝等类；还有自来水、电器等。[1] 这充分体现了荣氏老一辈企业家未雨绸缪、大展宏图的雄心壮志。荣德生还提出了以下原则：禁止虚业投机；厂址选择在接近原料产地的地方，交通运输也要方便；工厂管理采取工人自治的办法，实行分工合作；培养人才，注重技术训练；扩充发展，量力而行，万勿猛进。[2] 这些原则的提出，充分反映了荣德生不同于其他民族资本家的过人之处。荣德生历来反对投机以牟取暴利，而把主要精力放在发展实业、扩大生产规模进而占有更多的市场份额上，认为：只有这样才能脚踏实地，即便遇到一时的困难，但只要厂房、机器和人才还在，企业就不愁没有再创辉煌的机会；而一味投机操纵市场，虽能获暴利于一时，但因缺乏支撑基础，终难免覆灭的结局。同时，一向行事稳健、精于算计的荣德生也认真吸取了荣宗敬时期企业过快扩张、负债经营、被债主堵门、企业被迫停转乃至经营权被银团接管的教训，强调要量力而行，稳扎稳打。

在重庆的荣尔仁还起草了"申新各厂战后整理及建设计划"以及"茂新、福新面粉公司战后复兴计划"，即"大申新计划"。根据这一计划，战后10年内荣氏集团要在纺织业方面发展到有20个工厂，纱机和线机达200万锭，布机有2万台，染整机有17套；除在上海、无锡、汉口、重庆、成都、宝鸡6个城市布厂以外，还要在老河口、咸阳、郑州、衡阳、襄阳、樊城、阳曲、大同、西安、济南、沈阳等地设厂；要兴建4个麻、毛、废丝纺织厂。在面粉业方面，荣氏集团在10年内要发展到16个厂，日产面粉达22万袋。除原先的上海、无锡、汉口、重庆、天水、宝鸡、济南几个城市以外，工厂还要在蚌埠、德州、天津、郑州、徐州、广元、乐山、万县、泸州等城市发展。此外，荣尔仁还计划向水泥业和机器制造业

---

[1] 荣德生文集[M].上海：上海古籍出版社，2002：152.
[2] 上海大学、江南大学《乐农史料》整理研究小组.荣德生与企业经营管理：上[M].上海：上海古籍出版社，2004：90-91.

等方面发展。这一计划遭到大房荣鸿元系统及姐夫李国伟系统等各方面的反对，其父荣德生及在美国的五弟荣研仁也不赞成，因此无法实施。

战后的荣氏企业虽然在表面上还维持了集团的局面，但实际是按照大房系统、李国伟系统和荣德生父子系统各自发展的。战争结束后不久，随着经济恢复和重建工作的展开，几乎所有的商品都处于供不应求的状态，纺织和面粉行业也是如此。原料价格和劳动力成本却相对较低。在最有利的情况下，棉纱的利润几乎是对本对利的。在通货膨胀恶性发展的情况下，纱布还成了投机工具，纱布栈单则成为投机市场上的抢手货。纱厂甚至可以抛空栈单，提前用别人的钱，做自己的生意，免去了向银行和钱庄借贷的麻烦和利息，获利甚丰。

荣氏企业充分利用实力雄厚的有利条件，向国民政府行政院善后救济总署承购棉纺织业方面的所谓"剩余物资"。利用与宋子文的特殊关系，获得官僚资本的巨额贷款8亿元（月息3分6厘），解决了企业发展所急需的流动资金。

荣氏企业还利用战后初期国民政府关于进口外棉不受限制的规定，在中央银行或国民政府指定的银行用低价外汇加以结算。结算价格按善后救济总署在美国购进时的原价加实际运费、保险费和中国海关关税计算，付款则按收货日上海美钞晨晚平均市价折合法币结算，由购方自收货日起三个月内付清，并按月息1分计息。条件只是善后救济总署有权收购制成品的1/3，其价格应按收货日市价7折计算，如遇市价变动，则价格不低于购方成本。由于战后法币严重贬值，物价飞涨，三个月内付清价款的规定最后变成半买半送。

此外，荣氏企业还利用自己的雄厚实力，垄断产品的销售价格和原料的采购价格，压低原料价格，抬高产品价格，并将产品运到价格最高的地方进行销售，以获取暴利。战后华南地区的纱布缺乏，东南亚各国的纱布更是供不应求。中国政府禁止纱布出口，但商人可通过多种途径将纱布走私到东南亚销售。于是，香港、广州纱布价格远高于上海的价格，黄金、外汇价格却低于上海的价格。荣氏企业派专人在广州推销棉纱，获取暴利。仅申新二、五厂，1946年1—8月就购进美金近144万美元，而申新一厂到1946年年底从账面看积存302.75两黄金，39万多美元，9 000多英镑，57万多卢比，近19万港币，5万法郎。[1] 实际数量当远不止此。1946年，申新各厂账面盈利达161.4多亿元法币。申新二、五厂最高月

---

[1] 上海社会科学院经济研究所. 荣家企业史料：下册 1937—1949年 [Z]. 上海：上海人民出版社，1980：451-452, 456.

份盈利达到销货成本的86%，全年盈利占销货成本的34%，其中账面盈利达8亿多元，隐蔽利润达84亿多元。申新四厂账面盈利达9亿多元，实际盈利则达153亿多元。全年申新一、二、五、六、七厂的平均利润率高达82.7%，创造了中外工业发展史上的奇迹。

战后，面粉业因外国面粉的大量输入及国民政府禁止转口销售，出现严重困难。荣氏企业利用为善后救济总署代磨美麦的机会，将出粉率往低定，并以麸皮折作加工费，工缴费也较高，因此获利较大。后来荣氏企业又为国民党军队代磨面粉，采取降低出粉等级、以部分国产麦偷换美麦磨粉等办法捞取好处。通过这些办法，荣氏面粉企业不仅免于同类企业纷纷亏损、歇业的结局，反而还能有所发展。1946年，福新七厂全年股东分红4.5亿元，其中3亿元用于增资，仅荣德生名下就增资8 800万元。

到解放战争后期，国统区的经济形势更趋紧张，物价飞涨。1948年8月，国民政府不得不宣布实行限价。在为时70天的限价期内，民营资本家普遍受到程度极为严重的血洗。申新各厂在限价期间共售出棉纱3万件，当时20支"双马"牌棉纱每件市价为1 436.67元，而限价仅为707元，因限价售出的3万件棉纱共损失2 180多万元。每匹12磅龙头细布的市价为48.83元，限价为29元，限价期间售出的20多万匹，共损失400多万元。两者合计损失2 580多万元，按10月份的市价计算，损失棉纱达18 000多件。

面粉业也同样如此。在限价期间，上海福新各厂共售出面粉827 000多袋，每袋售价为7.62元，而实际市价为每袋10.08元，因限价损失200多万元，折合面粉达20多万袋。

不仅如此，由于战事的发展及国民政府的经济统制，民营厂用掉厂中的积存原料后，无法补充新的原料。而根据国民政府不准进行货物囤积的命令，各厂只能在没有原料补充的情况下进行生产，结果无异于走向死亡。

随着解放战争的快速推进，吴地企业家纷纷将企业和资金转移到海外，荣氏企业家也不例外，唯有设在无锡的属于荣德生名下的企业基本保持完整。

由此，我们应认识到，近代吴地工商企业在传统中国近乎板结的小农经济土壤中，顽强地植入了全新的、外来的经济物种，并且不断生根发芽，艰难成长，有些企业还能在一定程度上克服帝国主义的经济侵略和本国封建主义的重重阻挠，长成参天大树，推动了吴地经济社会的近代转型。就近代吴地工商企业的发展历程来看，没有外来势力对大一统专制王朝的强力冲击，这种新的经济形态似乎很

难出现，但从进一步发展来说，无休止的野蛮侵略和虽遭冲击但仍阴魂不散的封建势力，又成为阻碍近代吴地工商企业顺利发展的沉重桎梏。

连荣氏集团都经常受国内外形势变化影响而出现明显的生产波动，一些中小企业则往往会因此而遭遇灭顶之灾。上海老正和染厂在鲁庭建接手后，一度获得了快速发展。鼎盛时职工达到280人，仅门市的年接单量就高达26.3万号，这在同行中规模算是相当大的了。企业的快速发展激发了鲁庭建的雄心壮志。他不仅在南市和租界西区开设了分号，而且在南市普育东路、徽宁路、瞿真人路和杭州凤山门外校月巷等处一共购置了10多亩土地，准备大干一场。然而一场不期而来的日本全面侵华战争随即爆发。1937年老正和染厂的接单量骤降至16万多号。尽管这数量仍然不算低，但由于此前大量投资，此时又面临收益显著下降，鲁庭建经此打击，竟一病不起。[1]

近代吴地工商企业家的曲折经历和经验教训充分说明了这样一个简单的道理：国家主权的完整、民生问题的解决和社会局面的基本稳定是发展经济、振兴实业的基本前提和必备条件。

第三节　积极调处劳资矛盾，增强企业的凝聚力

研究证实，吸引员工，使自身具有更强的凝聚力和向心力，是企业生存与发展的关键。发现劳动市场价格差、进行有效的人力资本配置、激发人力资本价值等活动，在某种意义上，都是企业家的创新活动。近代江南地区企业家普遍重视劳资关系的调处，目的就是最大限度地调动员工的生产积极性，激发人力资本价值。

一、关心职工生活

近代江南地区企业家十分注重调动员工的积极性，化解劳资矛盾，为企业的发展营造良好的微观环境。以荣氏企业为例，荣德生曾说过："夫欲劳其形者，必安其心；欲乐其业者，必一其志；欲用其力者，必健其身；欲改其恶者，必修其德。故实

---

[1]　黄龙初. 老正和染厂史料［G］//上海市政协文史资料委员会. 上海文史资料存稿汇编：7　工业商业. 上海：上海古籍出版社，2001：27.

业家欲直接谋技术之精良,工作之改造,则间接必先筹劳工之福利……"[1]

为缓和劳资关系,调动职工的生产积极性,荣氏企业采取了多种措施。

一是试行工人自治。1930年,荣德生吸取日本工厂的管理经验,在申新三厂设立了劳工自治区,开办了职工医院、机工和女工养成所、职工子弟学校、单身女工宿舍、工人晨校和夜校、食堂、茶室、浴室、图书馆、剧场、电影院、储蓄部、自治法庭等机构和场所,以增进劳资关系,缓和内部矛盾。以职工医院为例,在1932年刚开办时,职工医院就备有当时罕见的X光镜,治疗室、诊察室、手术室、化验室等一应俱全。病房分男女调养室、传染病室、普通病室、外症室等。医治科目有内科、外科、咽喉科、口腔及齿科、眼科、耳科、鼻科等。厂内职工看病全免费,家属药费则减半收取。

二是成立消费合作社。消费合作社经营范围几乎覆盖到衣着、食品、日常用品和生活服务等所有方面。比如,衣着方面有成衣、鞋帽等合作社;食品方面有膳食、点心、老虎灶等合作社;日常用品方面有杂货、广货、南货及柴、米、油、盐等合作社;生活服务方面有洗衣、理发、照相等合作社。[2] 荣氏企业还组织职工饲养家畜,种植蔬菜、花果,从事副业生产,改善职工生活。

由于劳工自治的实行和消费合作社的建立,荣氏企业的软硬件环境大为改观。时人记述到,当你跨出有隆隆机器声的工厂厂门,突然到了别有洞天的自治区时,你很难相信这样的事实:那秀丽的环境、整洁的树木、清洁的道路、姣丽的花草和完备的设施,绝不像是中国劳动者的住宅区。你简直是走进了一个达官巨富的庭院和一个组织完善的学府。

三是恩威并用,赏罚分明。荣德生明言:"余素主实际,不尚空谈,尽力做去,以事实对付竞争。三厂对职员,主教以实习;对工人,主恩威并用,兼顾其自治及子女教养。"[3] 所谓恩,就是对认真工作、完成任务好的员工进行奖励。为提高出勤率,申新四厂规定:工人一年请假不超过10天者,年赏7天,得红利38天。停工不超过15天者,年赏7天,得红利34天。停工不超过20天者,年赏6天,得红利30天。工人节省原料的,也能获得奖励。申新四厂还有一些临时奖

---

[1] 上海大学、江南大学《乐农史料》整理研究小组.荣德生与企业经营管理:下[M].上海:上海古籍出版社,2004:740.

[2] 上海大学、江南大学《乐农史料》整理研究小组.荣德生与企业经营管理:下[M].上海:上海古籍出版社,2004:859.

[3] 荣德生文集[M].上海:上海古籍出版社,2002:103.

励措施,如规定:在大暑期间一工不停者,可得现洋两元到十元的奖励。申新三厂还曾于1931年8、11月举行过两次技术竞赛会,规定优胜者获得银盾、锦标及日用品等奖励。设有功德祠、尊贤堂等,规定:凡因公受伤或殒命,或服务10年以上而有功绩于厂方者,可以入祠奉祀,全厂公祭。后来进一步采取了如下"惠工"措施:发给生活补贴,上班时间职工在厂里免费就餐;工厂垫资统一制作服装、被褥,费用逐渐从工资中扣除;每人每月放假3天;在放假期间,工厂安排放电影、演戏,丰富工人的业余文化生活,禁止赌博、逛妓院等不良习气;工厂中设有医院,除花柳病外,在全面抗战爆发前一直实行免费医疗;若工人因公死亡,工厂发给亲属抚恤费、安葬费50元,而对于一般死亡的工人,工厂给亲属发丧葬费6元。

在罚的方面,荣氏企业也毫不含糊。申新五厂的"工人公约"规定:工人上班应早到一刻钟;入厂后,除放工外,不准擅出大门,有事要外出者,须持有门票;不准任意停工;上班后,轮流吃饭,以一小时为度;放工时间未到,不准擅离车部,先行洗面梳头;如犯跳厂、偷窃等情形,所留工资悉数充公,并究办之;有意犯规,轻则酌罚,重则开除究办。其具体的处罚条款有:迟到五分钟,罚两分;迟到十分钟,罚五分;迟到十五分钟,罚一角;连日迟到十分钟,罚一角;花纱垫在脚底,罚五分;辱骂司事,开除。其他各厂也都有相似的规定。

荣宗敬、荣德生经常下车间检查工作,并且要求其子女也必须经常到车间和工人师傅一起工作,熟悉工序流程,了解生产情况,为日后走上管理岗位积累经验。

由于赏罚分明、恩威并用、管理有方,荣氏企业中的劳资对立情况远比其他企业少得多,企业的生产效率也明显高于其他企业。以最早开展劳工自治和科学管理的申新三厂为例,"劳资间的隔膜当然不曾发生,一切大小纠纷也就没有了。罢工停产的事件,就更不要说了"[1]。个人的生产积极性明显提高,劳动生产力也随之得到改进。"在纱厂方面,与一九三三年初办时相比,每一纱锭的生产量逐年增加,由每锭产0.8磅增加到1.1磅;至在开支方面,反逐年减省了十一万元至三十万元有零。""在一九三三年前,每万锭需雇用工人四百五十余人,一九三四年初减至二百九十七人,继又减至二百七十人,一九三七年抗战爆发前且已减至二百五十人。在布厂方面,从前每人管织机二台,后来改为四台,一九三七年,更增管至六台和八台。"[2] 协助薛明剑管理劳工自治区的姚惠泉也指出:在荣氏

---

[1] 无锡市史志办公室.薛明剑文集:上[M].北京:当代中国出版社,2005:524.

[2] 无锡市史志办公室.薛明剑文集:上[M].北京:当代中国出版社,2005:532.

企业特别是申新三厂中,"工人身心大见不同,和他或她谈话,终是笑嘻嘻的,大多数人的脸上,表现着健康之征。在技术方面,纱锭管理,每万枚由五百人而进步到二百五十人;布机管理,由每人二台而进步到每人四台,新购的自动布机,还三四倍于此数。技术的进步,成本即随之而减轻。申新三厂在此市面不景气时期中,居然还有盈余,大部分就靠了劳工自治区的力量"[1]。

申新三厂的劳工自治经验,后被逐渐推广到荣氏家族的所有企业中,并为吴地其他企业所借鉴,不仅缓解了企业中的劳资矛盾,而且引起了国际劳工总局的注意。国际劳工总局派来的伊士曼在考察结束后也赞美不已。

美亚绸厂在关心职工生活方面也采取了不少有效措施。美亚绸厂专门设立了惠工处。惠工处负责管理职工生活方面的各项设施。除食堂、宿舍外,卫生、夜校、娱乐等方面也均有专人负责。膳食由厂代办,职员每月交费6元,工人每月交费4元,不敷部分由厂补贴。宿舍有70幢房屋,分职员、男工、女工三处,均有浴室等设备。除管理人员外,还配有门房、清洁等勤杂人员。住宿者,每铺租金为0.5元,不满8天的临时住宿人员则不付租金。卫生部设主任医生及事务职员,负责卫生宣传、疾病防治,管理生育津贴、伤残抚恤等事宜,每年举行一次卫生大宣传和全厂大扫除,并进行评比、奖励。厂里还设有夜校。夜校按文化程度的高低,分高、初两级,开设语文、习字、常识、算术、珠算、唱歌等课程,每晚授课一个小时,不允许迟到、早退。俱乐部由职工组织越剧、婺剧、新剧等团体。每逢厂休或节假日,各剧团轮流演出,其舞台布景、服装道具等均由美亚绸厂资助。此外,美亚绸厂还设有图书室、棋牌室、乒乓室等,组建有篮球队,经常举行比赛;还举行演讲会,聘请社会人士来厂演讲,以丰富职工的业余文化生活。为鼓励职工养成勤俭节约的生活习惯,同时也为了将职工手中的闲散资金集中起来用于生产,美亚绸厂设立了储蓄部。这些措施的采取,有效地增强了美亚绸厂的凝聚力,提高了职工对美亚绸厂的认同度。

二、调处劳资矛盾

近代江南地区企业家还通过不断提高工人的工资待遇来缓解劳资矛盾,调动

---

[1] 上海大学、江南大学《乐农史料》整理研究小组. 荣德生与企业经营管理:下[M]. 上海:上海古籍出版社,2004:775.

工人的生产积极性。以荣氏企业为例，其工人工资的绝对数虽不算很高，但在同行中应该说还是不低的。1922年福新七厂打包工人的月平均工资为11.24元，内场搬运工人的月平均工资为12.32元。工人的实际全部收入中还包括各种奖励和物质补贴。荣氏企业的奖励有月赏和年赏，补贴则有米贴、面粉贴、布贴和膳贴等。全面抗战爆发前，申新四厂每个工人有1~2个月的年赏和红利。1946年，福新等厂每个工人有15~30天不等的年奖和3袋面粉。1939年下半年，申新二厂全厂工人由厂方供应午餐，申新九厂每人每日有米贴7分。1941—1942年间，福新二、八厂工人每人每月由厂方供应廉价米3斗，后改为供应廉价面粉1袋。1942年7—12月，福新二、八厂工人平均每月所得的米贴占其收入的73.3%。1944年，申新四厂宝鸡厂工人每月有米贴2~3.5斗，布贴3~7尺。抗战结束后，在通货膨胀严重的情况下，各种补贴的存在对维持个人的日常生活起到了非常重要的作用。1945年6月，申新九厂普通女工每日的膳贴占其全天实际收入的83.7%。1948年1月，申新九厂全厂工人的膳贴占其应付费用的28.6%。不住厂内而只用午餐的工人，每月代办廉价大米4斗，由厂方补贴米款的35.8%。这一时期申新九厂工人每月的各种津贴占其基本工资的24.9%。[1] 在物价不断飞涨的1946—1948年，由于各种津贴和实物补贴，申新九厂的工人月收入分别能买米4.35、4.26、1.54石。1945年12月到1948年，福新二厂的工人月收入能买米2.69、4.37、3.48、3.21石。[2] 这些收入足够维持5口之家日常的简单生活了。

福新、申新工人工资变化情况见表3-2。

表3-2 福新、申新工人工资变化情况

年份	福新厂			申新厂		
	月均工资（含津贴）/元	折合粳米数/石	按米价计算的实际工资指数（1936年指数=100）	月均工资（含津贴）/元	折合粳米数/石	按米价计算的实际工资指数（1936年指数=100）
1919	12.78	1.86	105.1			
1922	13.83	1.30	73.4			
1924				9.44	0.97	78.9
1925				11.42	1.12	91.1

---

[1] 许维雍，黄汉民. 荣家企业发展史[M]. 北京：人民出版社，1985：276-278.
[2] 许维雍，黄汉民. 荣家企业发展史[M]. 北京：人民出版社，1985：286.

续表

年份	福新厂			申新厂		
	月均工资（含津贴）/元	折合粳米数/石	按米价计算的实际工资指数（1936年指数=100）	月均工资（含津贴）/元	折合粳米数/石	按米价计算的实际工资指数（1936年指数=100）
1927	18.15	1.30	73.4	11.89	0.85	69.1
1932	18.28	1.57	88.7	13.99	1.20	97.6
1933	18.22	2.17	122.6	13.98	1.66	135.0
1934	18.34	1.79	101.1	12.25	1.19	96.7
1935	19.05	1.56	88.1	12.04	0.99	80.5
1936	18.32	1.77	100.0	12.82（10.73）	1.23（1.03）	100.0（100.0）
1937	18.45	1.51	85.3	11.09	0.91	88.3
1938	18.12	1.32	74.6	13.56	0.99	96.1
1939	20.44	0.86	48.6	17.51	0.74	71.8
1940	23.38	0.37	20.9	28.08	0.44	42.7

资料来源：许维雍，黄汉民. 荣家企业发展史［M］. 北京：人民出版社，1985：279.

但必须指出的是，荣氏企业的工人工资在表面上虽呈现出不断上涨的趋势，但由于物价波动不居，其实际工资也表现出很不稳定的状况。20世纪30年代以前，维持一个工人日常简单生活的最低月费用大致在5元左右。

荣氏企业的工人工资虽然相对较高，但并不影响资本家的利润。资本家通过适当提高工人的工资水平，进一步激发工人的工作热情，扩大利润总量。据统计，全面抗战时期申新四厂宝鸡厂纺纱部的工人工资在棉纱产值中的比重，从1939年的2%下降到1945年的0.3%。与资本家的纯收益相比，工人工资占比一般在1%~7%之间。[1] 1932年，荣宗敬一人的收入相当于14 000多名纱厂工人一年的收入总和。由此可见劳资双方间收入的差距之大。

刘国钧在经营企业中，也很重视劳工福利的改善。他还大打感情牌，每次开大会时都要唱厂歌，大意是鼓励职工纺好纱、织好布，为厂争荣誉，降低成本，多创财富等。他还在厂内印发《格言联璧》，并经常在职工大会上说："工厂工厂，

---

［1］上海社会科学院经济研究所. 荣家企业史料：下册 1937—1949年［Z］. 上海：上海人民出版社，1980：380.

乃工人的厂，只有大家努力，才能办好工厂。你们的子女中学毕业，即可进厂当练习生，小学毕业可来厂做工，若干年后全厂都是你们的子女，你们可以享福了。"[1] 以此激发职工的自豪感和认同感。为激发职工的积极性，大成厂成立了起咨询作用的"研究会"，每隔一两个月就要召开一次会议，要求到会者发表有关改进企业经营管理和生产技术的意见，以使每个职工都能真正关心企业的发展。对于每年获得的巨额盈余，一般职员都有分红，数量还常常超过全年薪金的一两倍，高级职员则另有额外的"暗补"。分红中的一部分为股票，以增强职工对企业的认同感和归属感。每逢春节，刘国钧都要宴请全厂的职员、机工和宕管（即工头）等人，同时还要发表即席讲话，挨桌敬酒。对普通职工，他经常说："我们厂就是个社会，进了厂就要安心工作，要食于斯，居于斯，生活于斯，老于斯，葬于斯"。[2] 为此，他在厂里建了食堂和宿舍，办了小学、保健站、小商店，还建了一座功德堂。有贡献的职工去世后可立碑入堂，职工年老去世后可安葬到大成公墓。大成还举办过职工的集体婚礼，目的既是移风易俗，倡导新的社会风尚，同时也是让职工感受到来自厂方的关爱和温暖。为了降低细纱车间的温度，刘国钧还花了1万元由日商承包装配了一套空调设备，用深井水循环降温。这在20世纪30年代初期，是很少见的。由于这些措施，大成厂内的劳资矛盾总体来说比较平缓。

在提高职工福利方面，上海金星金笔厂的待遇显得特别优厚。金星本是一家朝鲜人在法租界开设的小手工作坊，开始时并无拥有自主知识产权的产品，只是购进不同的原材料进行加工、装配而已，销量和利润均有限。因经营困难，于1933年年底转让给中国人经营。从此，金星的规模迅速由原先的十几个人扩大到三百五六十人，并在竞争十分激烈的上海［不仅有外国知名品牌派克（Parker）、华脱门（Waterman）、卡特（Carter）、爱弗释（Evsrsharp）、犀飞利（Sheaffer）、康克令（Conklin）等，还有国产的关勒铭、华孚等知名品牌］逐步成长为行业中的龙头老大。从事金笔生产的都是技术较为精湛的工人，因此其工资也就特别的高。此举使工人不愿或无法跳槽，或者另立门户单干。技术工人中的零件工每天

---

［1］中国民主建国会常州市委员会，常州市工商业联合会. 刘国钧经营大成纺织染公司的经验［Z］∥中国人民政治协商会议全国委员会文史资料研究委员会. 工商经济史料丛刊：第三辑. 北京：文史资料出版社，1984：160.

［2］中国民主建国会常州市委员会，常州市工商业联合会. 刘国钧经营大成纺织染公司的经验［Z］∥中国人民政治协商会议全国委员会文史资料研究委员会. 工商经济史料丛刊：第三辑. 北京：文史资料出版社，1984：161.

薪资为2.5元，制杆工每天薪资为4元，制笔尖工人每天薪资为5.5元。按每月26天计算，技工每月工资在65~143元，加上星期天上班的升工和年终奖金，少数高级技工月薪可高达250元左右。普通工人每天的工资也不低，最低是2元左右。学徒进厂后，每天工资为8分钱，工作每满半年提升一级，工资加倍。三年期满后，视能力和水平，学徒会被聘为普通工人或技工。练习生刚进厂时没有工资，以后工资每半年加一级。三年期满后，工资能达到40元。老职员的月薪一般在100元左右，个别高级职员的月薪则高达320元，而专职的总经理、经理们的月收入也不过四五百元，兼职的竟只有30元。在当时一般纺织厂普通女工月薪只有5~8元的情况下，金星金笔厂员工的收入实在是太高了。不仅如此，金星金笔厂还有很多带有鼓励性的奖励和福利。职工星期天加班有升工可得，全年不请假的可得相当于30天工资的奖金，如生产超额、加工质量稳定、节约原材料、提供可行性建议等，经考核认定后，均可获得每天一到三角不等的奖励。在职工福利方面，厂里建有单人宿舍、球场、食堂和浴室等场所，单身者可免费住宿；每位职工每年可按出厂价购买一支金笔；每人每月扣工资的10%，另由厂里补贴10%，作为职工储蓄，十年后工厂还本付息；职工婚丧嫁娶，工厂均给予津贴；职工生孩子，工厂给予30元作为贺礼；工厂每年还按劳绩给予工人数量不等的股票；工厂每年给工人发工装一件，给职员发呢质中山服一套，给每人发麻纱袜两双，每月发毛巾一条、肥皂两块；每到夏季，工厂另发浴巾及人丹、花露水等防护用品；厂里还备有急救药物。逢年过节，厂内资方会和职工聚集一堂，提供杏花楼、乔家栅等名店的菜肴，还分发食糖、月饼、粽子等物品。因为有如此优厚的待遇，金星金笔厂很少发生劳资冲突，而且凝聚力很强，很少有职工跳槽和离厂单干，产品质量一直保持稳定，且不断提高，产品始终畅销不衰，企业的实力也因此得以较快增强。到1954年公私合营时，金星金笔厂净资产达100万元。[1]

当然，也有些企业主仍沿用传统的管理员工的粗暴方式。如鲁庭建接手上海老正和染厂后，动辄开口骂人，动手殴打学徒，在他的办公室里置有藤条，以对职工起警示作用。即便如此，由于该企业效益好，员工待遇较为丰厚（年薪最低也要有1.2万钱，每人每月的司酒钱即跑街钱也即佣金就达10元左右），即便在淡季（一般为阴历十二月半到来年二月半、五月到七月上旬）员工请假回乡探亲期

---

[1] 周浚. 上海金星金笔厂简史[Z]//中国人民政治协商会议全国委员会文史资料研究委员会. 工商经济史料丛刊：第三辑. 北京：文史资料出版社，1984：189-191.

间，工资仍照支，因此，想进入该厂的人也很多。至亲好友即便谈妥，也要挂名登记，等候机会。[1] 吴地不少企业中还盛行包身工制度，职工几乎没有什么权利可言，管理人员可随意进行身体搜查。尽管如此，但想进入企业工作的人员仍是源源不断。这是由近代中国城乡差异过大、人口总量过多、农民生活日益困顿等国情所决定的，也是历史发展的必然。

三、劳资关系和谐的绩效

劳资关系的相对和谐有利于企业生产的正常进行，能促进生产率的提高。薛明剑曾在《工厂注重劳工事业与本身之关系》一文中叙述过有关申新三厂劳工自治区设立的相关成效：消灭劳资间的纠纷、促进劳资合作、减少暗损、增加出数、不受外界的影响和诱惑。劳工自治区设立之后申新三厂生产方面的情况可以通过表 3-3、表 3-4、表 3-5 的数据进行分析。

表 3-3　申新三厂历年产额（1931—1936 年）

年份	每万锭每日所出16 支纱的件数/件	每锭每日所出磅数/磅	锭扯指数（1931 年指数＝100）
1931	22.154	0.930 5	100.0
1932	24.582	1.032 4	110.9
1933	23.796	0.999 4	107.4
1934	25.175	1.057 4	113.6
1935	26.272	1.103 4	118.6
1936	27.715	1.164 0	125.1

资料来源：上海社会科学院经济研究所组. 荣家企业史料：上册　1896—1937 年 [Z]. 上海：上海人民出版社，1962：581.

表 3-4　申新三厂历年每件纱的开支（1933—1936 年）　　单位：元

项目	1933 年	1934 年	1935 年	1936 年
物料	4.224 3	2.819 1	2.230 5	2.244 3
电力	4.584 9	4.485 9	4.252 6	2.506 1

---

[1] 黄龙初. 老正和染厂史料 [G] //上海市政协文史资料委员会. 上海文史资料存稿汇编：7　工业商业. 上海：上海古籍出版社，2001：16，21-22.

续表

项目	1933年	1934年	1935年	1936年
工资	8.914 4	7.500 4	6.914 0	6.199 0
杂项	3.434 5	3.030 7	2.494 4	2.884 0
共洋	21.158 1	17.836 1	15.891 5	13.833 4

资料来源：上海社会科学院经济研究所组．荣家企业史料：上册 1896—1937年［Z］．上海：上海人民出版社，1962：581.

表3-5　申新三厂历年每匹布的开支（1933—1936年）　　　　单位：元

项目	1933年	1934年	1935年	1936年
物料	0.385 24	0.307 84	0.243 82	0.281 19
电力	0.183 80	0.166 34	0.173 60	0.114 20
工资	0.398 37	0.379 87	0.322 11	0.299 66
杂项	0.043 15	0.028 17	0.018 40	0.043 98
共洋	1.010 56	0.882 22	0.757 93	0.739 03

资料来源：上海社会科学院经济研究所．荣家企业史料：上册 1896—1937年［Z］．上海：上海人民出版社，1962：582.

从以上三表可以看出，劳工自治区的设立，在缓和劳资关系的同时，也大大提高了申新三厂的工作效率，降低了产品的成本。当时在申新其他各厂都亏损的情况下，申新三厂有一定的盈余可以说与其劳工自治事业有很大的关系。

劳工自治区的创办，不仅扭转了荣家企业连年亏损的局面，而且取得了意想不到的社会效益。申新三厂的劳工自治事业的成功还吸引了许多同行前来观摩学习。此后，这种模式也被推行至荣家的其他各厂。

第四节　强烈的爱国意识和浓厚的乡土情结

韦伯曾写道：为人们提供众多的就业机会，为家乡经济进步贡献一份力量，即增加家乡人口和贸易量（资本主义与此密切相联），对现代工商业人物来说，都是欢欣与自豪的事。这一切显然是他们生活中一部分特有的、无疑是理想主义的满足。[1] 近现代吴地众多企业家与韦伯笔下具有资本主义精神的现代企业家几乎别无二致。

一、强烈的爱国意识

在爱国方面，就连早期极具官僚与买办色彩的企业家也不例外。杨宗瀚在受命接办官督商办的上海机器织布局时，就明确拒绝原料采办者多购价廉质优的美棉的建议，主张宁可出价高一些，给中国棉农一些优惠，认为只有这样才能使棉农们有种植棉花的积极性，才能避免利权外流。他在与外国人打交道时，也从无畏惧之心，处处为捍卫国家利益而进行抗争。

张謇决定投身实业，一个很重要的原因就是受到了甲午战争及《马关条约》的刺激。在得知《马关条约》签订后，张謇在日记中完整地抄录了其主要内容，并写道："几罄中国之膏血，国体之得失无论矣。"[2] 30年后，他在自定年谱中再次抄录了条约的主要内容，可见《马关条约》给他带来的刺激有多大。其中最使他感到忧虑的是条约允许列强在内地设厂。他认为这一规定"更以我剥肤之痛，益彼富强之资；逐渐吞噬，计日可待"[3]。受此刺激，他决定远离政治权力争斗的中心，实现状元办厂的华丽转身，而且转得相当决绝和成功。

一介儒生，贵为状元，要从事实业，该从何处下手呢？这确实颇费思量。经过长期调查研究和反复思考，张謇认为："我国实业，当从至柔至刚之两物质，为应共同注意发挥之事。"[4] 这就是他后来所概括提出并始终奉行的"棉铁主义"。张謇率先创办的是棉纺织业。这是因为，棉纺织业所需资金相对较少，且原料较易供给，也便于尽快投产以挽回利权、堵塞漏卮。对此，张謇曾明确说道："通州之设纱厂，为通州民生计，亦即为中国利源计。通产之棉，力韧丝长，冠绝亚洲，为日厂之所必需；花往纱来，日盛一日，捐我之产以资人，人即用资于我之货以

---

[1] 韦伯. 新教伦理与资本主义精神 [M]. 彭强，黄晓京，译. 西安：陕西师范大学出版社，2002：50.

[2] 张謇. 光绪二十一年（1895）[M]//张謇研究中心，南通市图书馆. 张謇全集：第六卷 日记. 南京：江苏古籍出版社，1994：371.

[3] 张謇. 代鄂督奏陈立国自强疏 [M]//张謇研究中心，南通市图书馆. 张謇全集：第一卷 政治. 南京：江苏古籍出版社，1994：30.

[4] 张謇. 海关进出口货价比较表序 [M]//张謇研究中心，南通市图书馆. 张謇全集：第三卷 实业. 南京：江苏古籍出版社，1994：784.

售我,无异沥血肥虎,而袒肉以继之。利之不保,我民日贫,国于何赖?"[1]

张謇的实业活动正式开始于1895年。这一年,张謇开始筹办大生纱厂。厂名"大生"寓意为"通海惠工,江海之大;长财饬力,土地所生"。张謇以此表明实业救国的远大志向和美好愿望。

穆藕初在投身实业之前就积极参加爱国活动。1901—1902年间,时在上海海关工作的他,和数十名同道每周都要上街发表演讲,宣传爱国爱民思想。1903年,他被调到镇江海关,随身带了百余种书报,举办阅书报社。一时间"同志云集"。阅书报社被当局怀疑搞革命活动而受到监视,被迫解散。1904年,回到上海的穆藕初和马相伯、黄炎培、李叔同等组织了"沪学会",定期集会演讲,同时开办体育会、演文明戏,宣传富国富民道理,激发民众的爱国热情。1905年,他积极响应上海商务总会抗议美国政府虐待华工的斗争,倡议抵制美货,遭到美籍副税务司的忌恨,乃毅然辞去职务。后由张謇推荐,任江苏铁路公司苏路警务长。1907年夏,他到北方调查警务,一路看到北方地区地广人稀,人民生活困苦,交通不畅,便产生了实业救国的强烈愿望。

为实现这一愿望,穆藕初决定前往美国留学。夫人为了支持他的爱国行动,卖去了自己的金银首饰来筹集学费。经过严格的考试,他获得江苏省官费待遇,进入美国威斯康星大学学习农科。之所以选择农学专业,是因为在他看来:"在诸般实业中,占中心势力者莫如农。我国以农立国,必须首先改良农作,跻国家于富庶地位,然后可以图强;国力充实,而后可以图存,可以御侮,可以雪耻。"[2]可见,他是出于高尚的爱国愿望才选择农科的。1913年毕业后,他赴美国南部就读于德克萨斯农工专修学校,继续学习植棉、纺织及科学管理法。1年后获农学硕士学位。在学习期间,穆藕初对美国的农业生产和农场管理进行了实地考察。他每天到农场工作7个小时,挤牛奶、摘水果、耕田地、喂牲口等,样样都干。他还考察了农户之间的经济合作情况,到纺织厂参加各种机械的维修,了解各种机器的性能。这为他日后从事纺织事业和棉种的改良打下了必要的知识基础。

回国后的穆藕初,先是和人合译了首倡科学管理的美国企业管理专家泰勒的《科学管理原理》一书。这是近代中国第一部关于科学管理的译著,也是当时许多民族企业家学习西方企业管理的入门书。

---

[1] 张謇. 厂约[M]//张謇研究中心,南通市图书馆. 张謇全集:第三卷 实业. 南京:江苏古籍出版社,1994:17.

[2] 穆藕初. 藕初五十自述[M]//赵靖. 穆藕初文集. 北京:北京大学出版社,1995:17.

1932年"一·二八"抗战时，穆藕初率先赴前线慰问十九路军，接着又发起组织上海市民地方维持会，积极筹备军粮、征集汽车支援十九路军。"八一三"抗战时，他任上海市救济委员会给养部主任，四处奔走，救济难民。上海沦陷后，他力主将设在郑州的豫丰纱厂迁到重庆，为祖国的抗战事业保存实力。

穆藕初在经营企业活动中，积极支持各地的抵制日货运动。他指出："抵制日货虽属消极，然釜底抽薪，大可摧折强权，愈持久而效力愈显。持久之道，即此万众一心、全国一致之精神，予日本工商业界经济上巨大之痛苦，促彼政府之反省，舍此无他道也。"[1]

他充分认识到维护国家主权在堵塞漏卮上的重要性。针对"九一八"事变后日本侵略者提出的"中日经济提携"阴谋，他写成《中日经济提携之商榷》一文，提醒国人要保持头脑清醒，谨慎对待。他认为，日本当局提出"中日经济提携"与近年来日货在国际市场上受到欧美等国的排挤有关，而中国实业不发达，正可以为日本扩大经济侵略提供有利条件。不过，在他看来，实力极为悬殊的中日之间也不是绝对不可以进行经济方面的合作，但要遵循两个前提和五个原则。两个前提："第一：须双方在经济关系以外之其他方面，处于不侵胁不畏忌的关系之下。第二：须双方俱有对于两国经济发展关系的真正认识，并须双方俱有共同使经济调整发展之诚意。"五个原则："（一）消极的不得以经济'提携'或调整之美名，暗行以强大御弱小的统制经济之实际；同时积极的应以平等互惠的报偿主义为原则。（二）消极的不得利用经济调整之名，而行对中国的政治运动，或中国以外之国家的政治运动之手段；同时积极的应发挥经济的互利性，及经营技术乃至生产技术的互助性。（三）消极的不得包含任何现金形式之借款及信用设定，并上述输出入货价差额借款；同时积极的应在中日经济调整上所发生之新合议或合办的经济或金融组织中，中日双方能完全权利平等，机会平等。（四）消极的不得以所谓'排日'或'排日货'（其实是国货运动）之绝灭与中日经济调整联关并论；同时积极的应由日方尊重中方之国货奖励运动。（五）消极的不得宣传中国今日经济界之萧条，系由于排斥日货；同时应认中日经济调整，只系中日双方救济各自的国难之一种方法。"[2]

荣氏企业家的爱国爱乡意识更是十分鲜明。早在1919年荣德生出席第一次全

---

[1] 穆藕初. 永久抵制劣货之方法[M]//赵靖. 穆藕初文集. 北京：北京大学出版社，1995：114.
[2] 穆藕初. 中日经济提携之商榷[M]//赵靖. 穆藕初文集. 北京：北京大学出版社，1995：425，431-432.

国工商会议时，提交的三个议案中就包含着明确的通过创办实业来实现富民强国、抵御外侮的思想。在《推广纺织业案》中，他说："本国所出纱布之数，尚不足供国人之要求，遂相率而购用外国货，费额每年以一万万计，此近年漏卮之大，以纱布为最，实为吾国贫困之一大原因也。……欲弥此种漏卮，欲图工商发达，舍推广纺织无他术；欲棉产早日发达，亦舍推广纺织无他术。"[1] 因此他在会上呼吁，要赶紧发展纺织业。认为国家要为此提供必要的支持，在企业家财力不足时，要"由公家设法，以资助之。务使全国一体，毋相倾轧，以专心于对外贸易"[2]。

另据学者研究，荣氏兄弟在20世纪20年代决定在无锡、上海之外的济南、武汉创办面粉和纺织企业，除了考虑到这两个地方得天独厚的自然和市场条件外，恐还与荣氏祖上发源于山东并长期迁居武汉有密切关系。[3] 目的在于回报乡里。

荣氏企业家频繁收购同类企业，也有明显的抵御外商侵夺中国利权的考虑。比如1929年荣宗敬在收购英商东方纱厂时就说过："我们不买，别的华商也不会买，让日本人买去，对我们太不利。爱国不能徒托空言，实业家多办工厂，上可增强国力，下可改善民生，这是最大的爱国，从来只有外国人并吞中国工厂，很少遇见中国人购买外商工厂。"[4] 而且将企业尽快做大做强，也就有了抵御列强对中国侵略的基础和底气。正是出于这一考虑，有远见的吴地企业家无一不抓住一切机遇，尽力扩张企业规模。

1938年6月，荣德生从武汉经香港辗转来到上海。精明的他觉得虽与昔日同人相见"倍行客气"，但实质上"事权全非，远异吾兄在日"[5]。于是便逐渐淡出总公司的具体经营活动，基本过着"寓公"的生活，只在大事上出出主意，当当参谋。平时将绝大部分时间用于收购文物古玩、名人字画等工作上。荣德生曾明白说过此时他热衷于此举的原因："余之购此，非欲附庸风雅，实鉴于战祸一起，中国古代文物必遭兵燹散佚，若不能收集保存，日后存者愈少。"[6] 其爱国之心明白无误。

---

[1] 上海大学、江南大学《乐农史料》整理研究小组. 荣德生与企业经营管理：上[M]. 上海：上海古籍出版社，2004：2.

[2] 上海大学、江南大学《乐农史料》整理研究小组. 荣德生与企业经营管理：上[M]. 上海：上海古籍出版社，2004：3.

[3] 李德征. 荣德生和茂新第四面粉厂[C]//上海大学、江南大学《乐农史料》整理研究小组. 纪念荣德生诞辰一百三十周年国际学术研讨会论文集. 上海：上海古籍出版社，2005：494.

[4] 荣敬本，荣勉韧. 梁溪荣氏家族史[M]. 北京：中央编译出版社，1995：175.

[5] 荣德生文集[M]. 上海：上海古籍出版社，2002：141.

[6] 荣德生文集[M]. 上海：上海古籍出版社，2002：139.

荣德生的爱国之心还表现在，他曾留下遗嘱，表示要将其创办的图书馆及其所藏图书（含私人藏书）全部捐给国家，计有116 280册，其中被列为国家古籍善本的有885种、18 889册，孤本有18种，国内仅存的明刻本和元刻本有3种，作为《四库全书存目丛书》影印底本的有9种，被《中国地方志联合目录》著录为孤本的有1种。[1]

吴地实业家的爱国爱乡情怀还表现在：几乎所有的著名吴地企业家在抗日战争时期，都明确表示坚决不与日本侵略者合作，而且尽可能地运用各种手段支援、投身祖国的抗战事业。吴地实业家不仅积极投身抗战事业，他们的爱国爱乡情怀也体现在平时的一言一行之中。事实上，他们创办实业本身就是一种爱国举动。在这方面，尤以民族企业中的翘楚荣氏企业为典型。

近代吴地企业在发展过程中，在捍卫国家利权、推动区域经济进步等方面起到了积极作用。在一浪高过一浪的爱国运动特别是提倡国货运动中，申新系统总是站在运动的前列，积极参与，大力支持。五卅惨案发生后，荣宗敬发表国货宣言，希望大家一起用实际行动来支持国货，抵制外货，以维护民族工业的生存和发展。荣氏兄弟积极参加这类活动，固然有借此为发展本国民族企业提供有利条件的考虑，但在客观上确实有利于挽回国家利权，增强全民族的经济实力。据日本商务省贸易局的统计，日本输华货物在1931年8月到1932年2月间的半年内，除去输入至东三省和蒙古的货物外，同比下降了65%，纺织业的扩张速度也明显低于中国民族企业。更为重要的还在于，荣氏企业的负责人并没有一味地把希望完全放在抵制洋货、提倡国货的运动上，而是在同时大力改进企业的经营管理方法，积极引进国外先进技术设备，聘请外国专家前来企业进行指导，努力提高产品质量，降低企业成本，增强企业的竞争力。在20世纪30年代前中期，尽管荣氏企业遇到了前所未有的艰难险阻，但荣氏企业家们没有退缩，而是迎难而上，充分表现出了近代企业家的过人智慧和胆识，顽强地抵制了日本纱厂对中国利权的侵夺。

1932年，荣宗敬与沈钧儒、黄炎培、史量才、刘鸿生等一起发出"歌电"和"蒸电"，反对国民政府限制国人的救亡运动，表示"痛愤日本非法之暴力侵略"，力主抵御外侮。荣氏兄弟还以企业家力所能及的实际行动表明自己的爱国心迹，

---

[1] 上海大学、江南大学《乐农史料》整理研究小组. 荣德生与社会公益事业[M]. 上海：上海古籍出版社，2004：出版说明.

一方面为爱国救亡运动积极捐钱捐物，另一方面大量招收因抗议日本侵华而遭到解雇或主动退职的日商纱厂的中国工人。1929年，荣氏企业到青岛招募日商纺织厂因罢工而失业的女工到申新系统工作。1931年，仅申新六厂一厂就吸纳了从日商同兴纺织株式会社第二厂自动退职的2 128名华工，申新三厂则提前解雇日籍技师。

荣氏企业由于规模庞大，产品极具竞争力，是日本纱厂主要的竞争对手，因而被日本纱厂视为眼中钉。全面抗战爆发后，由于荣氏企业家对局势的发展做出了错误判断，设在上海和无锡的荣氏企业大都没有响应国民政府的号召，及时迁往内地。日本侵略军在进攻上海时，炮弹好像长了眼睛，专门对准荣氏企业，致使战区的荣氏企业无一完好。更有甚者，在战争间歇，日本侵略者还将荣氏企业未被战火焚毁的设备悉数捣毁。被损毁的设备和物品计有纱锭14万多枚、布机1 200多台、原棉12万多担、棉纱6 000多件、棉布6万多匹，其余机物料不胜枚举。其中尤以装备先进、产品质量上乘、可以在市场上与日本企业形成激烈竞争的申新八厂、申新一厂遭到的破坏最为严重，被损毁的计有厂房4 063平米、纱锭81 728枚、布机750台、马达339只、原棉24 138担、棉纱783件、棉布9 240匹、面粉袋202 500只，物料损失达230万美金。[1] 无锡沦陷后，日本侵略者将申新三厂存留在仓库里的48 000多担棉花、4 400多担棉籽、64 000多匹棉布、34 000多件棉纱全部烧毁，还在车间通道和机器上铺上棉花，浇上柴油，再放上硫磺炸药，然后点火。申新三厂就此全部报废。有了此次教训，荣氏企业家更加认定日本侵略者是与其不共戴天的死敌。原先还想在上海组织"市民协会"以保护商民利益的荣宗敬，于1938年年初在英国朋友的帮助下，悄然出走至香港，以自己的实际行动表明与敌人相决绝，保持了民族气节。战争活动停止后，日本侵略者宣布对中国企业实行"军管理"，后来又欲谋吞并。留在内地的荣德生等人坚决抵制日本人吞并中国企业的图谋。

1942年5月，日本侵略者打着"中日亲善"的幌子，宣布解除对华商企业的"军管理"，实行"发还"，其实是因为在"军管理"期间，由于日本侵略者大势进行掠夺式经营，同时进行强盗式抢掠，经常把值钱的新装备或明或暗地搬到日商经营的同类企业中，华商企业早已奄奄一息，而且所有企业都由日本人直接经营，日本人也有些力不从心。但在"发还"的同时，日本侵略者又提出华商企业

---

[1] 荣毅仁. 抑止不了心底的愤怒[N]. 新民晚报，1951-03-04.

要与日本商人"合作"或"出租"给日本商人。荣德生等人宁愿企业不保,也坚决拒绝与日本商人合作。

全面抗战爆发后,为使企业免遭日本侵略军的破坏,并为抗战提供物力支撑,荣德生的女婿李国伟顶住各种压力,不仅力主工厂内迁,而且亲自主持他所负责的申新四厂和福新五厂的内迁工作,历经各种艰难险阻,终于成功地将这两家厂的10 000枚纱锭、80台布机及日产500袋面粉的制粉设备内迁至重庆,并将20 000枚纱锭、400台布机、日产3 000袋面粉的设备内迁至宝鸡,使得这两家厂的大部分生产设备保留了下来。在内迁至宝鸡后,学习铁路工程的李国伟根据当地的地理条件和抗战时期特殊的时代条件,组织工人开山挖洞,创造性地建立了一批"窑洞车间",多次躲避敌机的轰炸,使生产得以不间断地进行。窑洞内空气流通不畅,粉尘污染严重,工人的薪酬待遇也很低,但在抗战条件下,李国伟常用"我们为抗战而生,为打倒日本而工作"等话语来号召和鼓励工人克服困难,坚持生产。

中华人民共和国成立前后,李国伟一度避至香港,后经新政府派人做工作,毅然返回内地。1951年,他率先提出将自己主持的企业系统进行公私合营。1956年全部完成合营后,他表示,他把一生经营的工厂都还之于人民,这实在是最令人愉快的一件大事。[1]后来,他又将购买的26万元公债盖上"支援建设,放弃兑现"8个大字,全部贡献给国家,并将30万元存款捐赠给民建和工商联作为活动经费。

荣氏企业的爱国意识还表现在:能够自己生产的设备,企业绝不向外国购买;企业买回设备后,必加以认真研究,大量仿制,而不是一味崇洋媚外;企业对外国技师也不是一味顶礼膜拜。同时,只要听说有国人欲出售企业,就尽量将该企业购入旗下,以免该企业为外国人所购,致中国利权进一步丧失。

为了提高面粉质量,1905年荣氏兄弟决定采购钢磨,以代替石磨。他们找到怡和洋行买办祝大椿代为采购。祝大椿得知他们准备只购买主机,自己制造附属设备后,不以为然地说道:自造靠不住,要上当;如果能自造,外国人要回外国去了。祝大椿本是铁行学徒出身,也曾创办或投资过多家民族企业,却如此缺乏民族自信心。荣氏兄弟决定用事实说话。结果证明,他们自造的辅助设备与主机一起安装后,性能良好,完全不亚于从外国进口的原装设备。此举大大鼓舞了荣

---

[1] 冯丽蓉,林本梓.吴地实业家[M].北京:中央编译出版社,1996:132.

氏兄弟。日后，他们在引进外国设备时，一律只买主机，辅助设备则完全自造。他们有时还只买回样机，由技术人员加以仿造或改进。这样做的结果，一是省下了大量资金，二是增强了民族自信心，在外国人面前争得了面子。对此，荣德生曾指出："欲求此业万全之策，必筹备自制物料。如滑机之油，拖机之皮带，种种应用之品，均须设厂自制，应有尽有……成一物即可代替一外货，令各厂试用之。千炬一灯，风声所树，则人人效之。总以国产为主体，不再存来路货之想，一洗从前专恃外货之心理。此事虽小，可以喻大。既免厂家意外之虞，又为国家挽回利权，其为益岂浅鲜哉！"[1]荣德生的这些设想，充分体现了一位爱国实业家的报国情怀。

1933年，荣氏兄弟利用原公益工商中学小工厂的厂房及机器设备，加以改造、扩充，创办了公益铁工厂，安排荣德生三子荣伊仁具体负责。公益铁工厂"专揽翻砂生意，微有薄利，兴致甚好。局内面粉厂、纱厂，铁工不假他处，快而妥当，天天有人来接生意，一换前人面目。小小出品甚多，抽水机、轧面机、打包机、小引擎、车水机、丝厂用品、布厂用品、摇纱机等，凡东西来路出品，均能仿之自造"[2]。荣氏兄弟初步实现了大部分生产设备自造的目的，并计划自1937年起，用5年时间制造布机2 000台、纱锭10 000枚，此后再用5年时间将产量增加1倍，达到不从外国进口机器设备的目的。随后，由于日本帝国主义的大举侵华，荣氏兄弟未能实现这一目的。

自造设备还培养了大量人才，这在半殖民地半封建的中国具有重要的意义。在抗日战争时期，就民族企业来说，中外商品和技术交流几乎完全停止。以荣氏企业为代表的苏南民族企业在内迁至西北和西南地区后，普遍因陋就简，自造机械设备。

1931年"九一八"事变后，全国抵制日货的浪潮风起云涌。常州协源布厂厂主蒋盘发带头倡议拒用日商纱厂的棉纱，但当时常州所用的20支经纱对长度、强度有较高要求。限于原料和设备条件，华商纺织厂都难以达到要求，多年来一直购用日商的棉纱。为抵制日货，蒋盘发协同常州同业业主专程前往上海向"棉纱大王"荣宗敬求援。荣宗敬当即一口答应下来。双方签订了代纺3万件20支经纱的合同，并指定由设备较好的申新五厂承纺。但经反复试纺，棉纱仍难以达到要

---

[1] 荣德生文集[M]. 上海：上海古籍出版社，2002：289.
[2] 荣德生文集[M]. 上海：上海古籍出版社，2002：115.

求,于是,申新总公司决定将合同转给申新三厂,由荣德生亲自挂帅来完成任务。申新三厂调集各方面力量,经2个多月协同攻关,终于试纺成功,棉纱拉力达到70磅以上,与日商的棉纱不相上下,长度则超过日商的棉纱。由此申新三厂所产棉纱改写了国产20支纱不能作为经纱的历史,且价格合理,质量稳定,受到常州布厂的一致欢迎。开始时每天订货量为30件,后来增加到50件,棉纱还常常供不应求。

但当时常州布厂多为只有几十台到上百台织机的小布厂,且多数布厂没有前置设施,缺乏经纱车和浆缸机。为此,蒋盘发提出,供给常州的棉纱最好不要打成件头,而直接做成盘头,装运至常州。对于申新三厂来说,这样可以省去摇纱、打包两道工序,相应地减轻成本;而对常州布厂来说,则减少了拆包、做经纱盘头的工序,不仅省工省时,而且避免了中间的损耗。但申新三厂必须调整车间布局,添置设备,且各厂需纱量又不尽相同,势必增加许多麻烦。荣德生对此的态度是:纱厂、布厂要做一家人;申新三厂宁可自己繁难,也要做好这件事。经过多次调试、改进,申新三厂终于克服所有困难,满足了常州方面的全部要求,不仅将经纱改用盘头,也不再将纬纱打包成件,而是做成宝塔型筒件。布厂进纱后,只要上一下浆便能上机织布,十分方便。

常州布厂为荣德生的诚意和合作态度所感动,向申新三厂联合进货,使申新三厂一次开纱竟达千件以上。由于棉纱有了稳定的销路,荣德生进一步给予优惠,在结账付款上规定约期交货,不付定洋,交货时布厂只需支付有效期为5天的支票。效率高的布厂,当天收到盘头纱和筒子纱,至傍晚便可织成布,以快件发运至上海。快件第二天即可达到。等沪汇到达常州时,还不到支付原料款的时候,各布厂进一步减轻了资金周转的压力。由于原料上和资金周转上的优惠条件,常州布厂每匹布的生产费用从原来的1.2~1.3元降到0.86元。常州布厂不但成功抵制了日纱,还将所产的布远销至华南各地,夺回了被日商抢占的市场。此后,常州布厂迅猛发展,到抗战前,织机由3 000多台增至6 000多台。申新三厂每年向常州销纱达1.5万件,获利可观。[1] 实业家们通过自己的努力,不仅在客观上增强了国家的经济实力,而且推动了民族经济的发展和区域社会的进步。

生产新式照明灯具的丁熊照早年曾在民族工业大东电池厂从事产品推销工作。

---

[1] 章百熙.常州布厂业与申新纱厂紧密合作的历史[Z]//常州市地方志编纂委员会办公室,常州市档案局.常州地方史料选编:第一辑.1982;174-178.

丁熊照工作十分努力，非常注意调查研究，并将用户意见及时反馈给工厂的生产部门，产品质量因此不断提高。但在第一次世界大战之后，北洋政府无力保护民族工业，大东电池厂最后只得关门歇业。丁熊照内心十分难过，拒绝外国在华企业的邀请，决心利用自己在多年推销新式照明工具中所积累的实践经验及在这一过程中所掌握的关于产品原料和生产过程的基本知识，自创企业，挽回利权。1925年，他将多年积蓄的1 000元钱作为资本，创办了汇明电池厂，生产"大无畏"牌电池。创办之初，企业规模很小，总共只有8个工人，条件简陋，但全厂上下团结一心，凭借顽强的精神努力克服了一个个经济和技术方面的困难，努力提高产品质量，经过几年打拼，终于使产品质量在国内外同类企业中处于上乘，销路渐入佳境，产品也因此成为誉满全国的名牌产品。随着企业生产经营的不断发展，资本的迅速增加，汇明电池厂的实力大增。丁熊照在上海中华路小南门另设永明电筒厂，专门生产"虎头"牌和"大无畏"牌电筒，形成与电池厂的配套生产。随着生产规模的不断扩大，他又在南市购买土地35亩，建造电筒、电池厂，添置新设备，并在徽宁路开设和明炭精厂，生产各种规格的炭精。其企业的产品因质优价廉，不仅很快将国外同类产品挤出市场，而且远销到东南亚各地。

全面抗战爆发后，丁熊照与上海工商界爱国人士一起捐钱献物，支援抗战。南市沦陷后，他到英租界马白路购地新建厂房，继续生产"大无畏"电筒、电池供给市场，并通过各种渠道，运往抗日根据地和大后方。他不仅明确拒绝日商"协作"的建议，而且拒绝悬挂英、美国旗，表现出了很高的民族气节。[1] 他还在余姚路开设了保久电器厂，生产小灯泡，不仅供汇明厂电筒装配之用，还供给市场和经营出口业务。小灯泡在东南亚和英国市场上颇受欢迎，月销量从30万只猛增到100万只。英国伦敦维泰利公司称从未见到过中国工业能有如此精良之出品。[2] 丁熊照的企业在市场上与日、美企业相媲美，相互竞争，为提倡国货、挽回利权做出了很大贡献。

1941年，太平洋战争爆发后，日军占领上海租界。丁熊照一面设法维持生产，一面积极寻机向内地转移资金、设备和物资。计划运往重庆的机器设备和原料，因遭日机轰炸，损失惨重。后来他到福建闽江流域创办木材公司。日军威胁丁熊照，要其和日商合作生产电筒、电池，但丁熊照严词拒绝，招致日本人的忌恨。

———————————
[1] 廉建中. 丁熊照与"大无畏"电池[G]//上海市政协文史资料委员会. 上海文史资料存稿汇编：7 工业商业. 上海：上海古籍出版社，2001：314.
[2] 冯丽蓉，林本梓. 吴地实业家[M]. 北京：中央编译出版社，1996：135.

1944年夏,日军以所谓"制造日本战败谣言"的罪名逮捕了丁熊照。在残暴的敌人面前,丁熊照充分表现了一个爱国企业家的民族气节。直到日本无条件投降后,丁熊照才以胜利者的身份走出监狱。

抗战胜利后,丁熊照很快恢复了"大无畏"牌电筒、电池的生产,但不久,国共内战就发生了,致生产无法正常进行。丁熊照本人虽然携眷避至香港,但将90%的资金留在了内地,表示这是尽他做人之职责。

邓仲和鉴于我国的人造丝市场均为外商所垄断,决定创办国产人造丝厂。他于1937年1月赴英、法、德、意、奥、匈、捷、荷等国进行考察,最后决定从法国里昂人造丝厂购置全套生产设备。但因日本发动了全面侵华战争,人造丝厂迟迟未能创建起来。日本商人闻听消息后,便主动找上门来希望能和邓仲和"合作"办厂,表示邓仲和可以机器和厂房入股,日方负责原料和产品的销售,产品仍用天桥商标,所获利润各得一半。邓仲和深知合作是假,吞并是真,便一口回绝。[1]

火柴大王刘鸿生早年在从事原煤生意时,因看不惯日本煤商和英国控制的开滦煤矿通过限制市场供应数量而提高煤价以获取高额利润的霸道做法,情愿蒙受巨大损失,毅然放弃与开滦煤矿达成的30年专营权,表现了民族企业家的爱国情愫。全面抗战爆发后,他多次拒绝日本侵略者要其合作的威逼利诱,抛弃了在上海1 000多万元的资产和舒适的生活环境,抱着"多保存一份事业,即为国家多留一份元气"的宗旨,在香港与中国国货银行合组大中国火柴股份有限公司,并决定在内地设厂。1939年,他到重庆后委派其子冒着生命危险,将章华毛绒纺织公司的500吨机器设备转道缅甸仰光运到大后方,创建中国毛纺厂,生产呢绒,并将10万套军服赠送给抗日将士。他还以最快速度建起火柴原料厂、西北洗毛厂、贵州水泥厂、西北毛纺厂和广西化工厂等一系列企业。中华人民共和国成立后,暂避香港的刘鸿生,经周恩来总理和其家属反复做工作,决定回到内地。他对新中国成立后生产稳定、人民安居乐业的一派积极向上的喜人气息感到十分高兴。当他看到印着"中华人民共和国制造"字样的章华毛绒纺织公司呢绒产品进入国际市场时,为之兴奋异常;当他看到黄浦江码头上五星红旗迎风飘扬时,他感到骄傲,爱国之情溢于言表。1956年,他所属的价值2 000万元的整个企业完全实现了

---

[1] 马炳荣. 记爱国实业家邓仲和[G]//上海市政协文史资料委员会. 上海文史资料存稿汇编:7 工业商业. 上海:上海古籍出版社,2001:322.

公私合营。在弥留之际，他一再叮嘱子女要少拿定息，并将自己所余的全部定息献给了国家。

无锡沦陷后，日本侵略者看中了唐程集团的丽新和协新两家全能厂。1938年年初，日本纺织公司董事长通过占领军司令部找到唐君远，企图合作经营，甚至扬言如唐君远不合作，就把工厂炸掉。在董事会上，唐君远坚决拒绝与日商合作。日本侵略者极为恼怒，将唐君远抓了起来。出狱后，唐君远等辗转来到上海，将原先准备安装在无锡的1 600枚英制纺锭和10多台毛织机安装到西康路的工厂中。后又在江宁路租地4亩自建厂房（是为上海协新毛纺织染厂），安装法制纱锭1 600枚和毛织机及整染设备，运用多种手段打破日本侵略者的经济和技术封锁。

晚年的唐君远对其子唐翔千说："你要带头回国投资，办点实业，引进点先进设备，为国家做点事情。如果蚀了本，就算孝敬我的好了。"在他的一再鼓励下，唐翔千在深圳从事补偿贸易，后又相继在新疆建了天山毛纺织厂，在上海办起了上海联合毛纺织有限公司，用自己的实际行动，支持了祖国的改革开放事业。

在抗战期间，唐蔡集团后期的负责人唐星海坚决拒绝了日本人要求合作和劝降的图谋，在无锡沦陷前，主动将6 120枚纱锭转移到上海租界内继续生产，后又将4 000余枚纱锭化整为零，迁往常熟支塘、太仓沙溪等农村，开设小型工厂。

二、回馈乡梓和社会，注重公益善举

企业的首要职能当然是赚取利润，但成功的企业绝不会把挣钱作为自己的唯一目的。事实上，只有那些能承担起一定社会责任的企业才会有更长远的发展前途。追求利润和合理地承担社会责任不是矛盾的，而是相互促进的。企业的社会责任有直接与间接之分。直接的社会责任表现为对慈善公益事业的投入和参与。间接的社会责任表现为：吸收当地的富余劳动力，缓解就业压力，进而化解社会矛盾，提高民众的生活水平；向国家缴纳税金，增强国家的经济实力，进而提升国家的国际地位；等等。荣德生的"大小烟囱"理论说的就是这一道理。近代吴地工商企业家普遍重视公益慈善事业的开展。公益慈善事业的开展有利于树立良好的企业形象，而良好的企业形象反过来又有利于企业的进一步发展。

富了不忘回报家乡和社会，几乎是吴地企业家的共同做法。以张謇、荣氏兄弟等为代表的吴地工商企业家在公益事业方面更是不遗余力。他们通过自己的实际行动，树立了与人们传统印象中关于商人"无商不奸"、资本家"唯利是图"的认识完全不一样的社会公众形象，并深深地影响和带动了一大批吴地实业家投身当地的社会公益事业，明显地改善了当地的经济、社会面貌，提升了当地的整体社会福利水平。如张謇以"父实业而母教育""实业为教育之母"思想为指导，在创办实业有所成就的基础上，乐善好施，积极从事社会公益事业，如造桥、修路、办学校、建公园、办图书馆和博物馆、从事戏剧改良等，几乎无所不为，快速推进了南通地区的现代化进程。

（一）张謇的公益善举活动

在举办社会公益事业上，张謇可谓不遗余力，但他同时认为，只有在兴办实业并取得成功、获得必要的资金后，才有可能大规模兴办教育事业，"不（工）苟不兴，国终无不贫之期，民永无不困之望，可以断言矣。苟欲兴工，必先兴学"[1]。又说，"非人民有知识，必不足以自强。知识之本，基于教育，然非先兴实业，则教育无所资以措手"[2]。认为必须"以实业辅助教育，以教育改良实业。实业之所至，即教育之所至"[3]。同时他也认识到，教育有教育自身所必须遵循的客观规律及其所发挥的社会功能。他指出，"教育者，一切政治法律实业文学之母"[4]。

在历经艰辛创办大生集团并最终取得成功后，张謇开始投巨资兴办教育等社会公益事业。他对发展教育事业有一套整体认识和通盘考虑，说："师范启其塞，小学导其源，中学正其流，专门别其派，大学会其归。"[5] 因此，他特别重视师范教育。在他看来，师范学校培养出来的人才，是教育事业的"母才"，可以进一步促进和带动教育事业的大发展。1902年，他拿出2万元，创办通州师范学校。学校正式开学时，他亲自提着灯笼带领工人为学生寝室钉名牌。他不惜重金聘请王国维等一批顶级学者前来授课，又聘了日籍教师到校教学。他还亲自带领学生到南通附近的山上去植树。通州师范学校是我国近代第一所师范学校。到1922年，通州师范学校共培养了700多人。他们主要在通海地区14个县市的教育部门工作，

---

[1] 张謇. 请设工科大学公呈[M]//张謇研究中心，南通市图书馆. 张謇全集：第四卷 事业. 南京：江苏古籍出版社，1994：52.

[2] 张謇. 垦牧公司第一次股东会演说公司成立之历史[M]//张謇研究中心，南通市图书馆. 张謇全集：第三卷 实业. 南京：江苏古籍出版社，1994：384.

[3] 张謇. 暑期讲习会演说[M]//张謇研究中心，南通市图书馆. 张謇全集：第四卷 事业. 南京：江苏古籍出版社，1994：214.

[4] 张謇. 论新教育致黄任之函[M]//张謇研究中心，南通市图书馆. 张謇全集：第四卷 事业. 南京：江苏古籍出版社，1994：192.

[5] 张謇. 正告南通自立非自立学校学生及教职员[M]//张謇研究中心，南通市图书馆. 张謇全集：第四卷 事业. 南京：江苏古籍出版社，1994：211.

为该地区教育事业的发展做出了重要贡献。

张謇的教育事业越办越广,从小学到大学,从师范到实业,无不涉及,且都办得有声有色。本着"文化必先教育,教育必先实业"的认识,在1898年创办大生纱厂后,张謇即开始系统创办学校和其他公益事业,而且一发不可收:光绪二十八年(1902年),"创立师范学校,以为普及教育之基础。纺织须棉,须增产棉地,乃创设通海垦牧公司,有棉产地,须讲求改良棉种及种法,又创设农业学校。此校亦在省立农校之前。纺纱须纺织专门人才,又设立纺织学校,此校为全国所仅有。又设商业学校。南通实业逐年发达,各省旅学于南通各校者,亦逐年加多。乃注重卫生,设立医校及医院。更进而有图书馆,有博物苑,有气象台"[1]。

从1902年起到1920年止,张謇创办的学校计有初等小学300多所、中学若干所、师范学校2所、职业学校10多所、高校3所,在南通地区形成了以师范教育为主,包括高等学校、普通中学、小学、专门技艺学校、职工学校及幼稚园、教育馆等在内的系统教育体系。为此,张謇兄弟不仅将他们从经营实业中获得的257万多元薪俸多用于教育、慈善和公益事业,还从大生集团的盈利中提取了更多的款项。[2]

在普通教育方面,除通州师范学校外,1905年张謇设立城厢初等小学校,1906年创设南通五属中学,1911年创办垦牧小学和农业学校(1915年改为专科学校),1912年创办纺织学校(1915年改为专科学校)、医学校(1918年改为专科学校)和盲哑学校,1913年设立幼稚园和幼稚园传习所,1919年设立伶工学社。除在南通本地办学外,他还于1904年设立了海门长乐镇初等学堂,1905年倡设吴淞商船学校,扬州两淮两等小学、高等中学及普通师范和吴县铁路学校,1906年参与创立吴淞中国公学。他还在南通创办了中国第一家私人博物馆,并创设了植物园和动物园及图书馆。

在实业教育方面,师范学校创办后,张謇就在校内附设测绘、蚕桑、农、工等科,随后又在通州中学内附设国文专修科,以提高各新兴企业、事业单位的管理水准;为推动商业活动的现代化,专门创办了商业学校;为防治疾病,创办了医校和医院;为培养运输人才,先后创办了吴淞商船学校、铁路学校。到1926年,

---

[1] 张謇. 致美国政府请求以退还庚子赔款酌拨补助南通文化教育事业基金意见书[M]//张謇研究中心,南通市图书馆. 张謇全集:第四卷 事业. 南京:江苏古籍出版社,1994:205-206.
[2] 周新国. 中国近代化先驱:状元实业家张謇[M]. 北京:社会科学文献出版社,2004:179.

张謇先后在南通创办了30多所职业学校（包括职业培训班）。[1]

在公益善举上，张謇十分严谨，事无巨细，事必躬亲。张孝若回忆说：通海垦牧公司创办的第二年秋天，"几回的风潮，拿新堤打得零零碎碎破坏不堪，在最紧要的当儿，我父在天地昏黑的夜间，带了江君等到海边，露立在破堤上，督工拼命将堤岸加高赶筑……有时离开公司到别处去，夜间一听见风声，就想到潮水必大，不要冲坏了我的堤岸，通宵就不能合眼"[2]。创办通州师范学校时，一些琐细的事，都是由张謇亲自办理的。"在开学的前一个晚上，我父还和庶务宋先生在学生寝室外边，宋拿起蜡烛照着，我父拿了锤子，在房门上边敲着挂名匾的钉，直到下半夜才弄好。并且还亲自布置厨房和厕所，他说：'办学堂，要注意这两处的清洁。看学堂，先要看这两处是不是清洁。'"张謇亲自写了三副对联分别挂在礼堂、教务室和会议厅里。[3] 博物苑创办后，他在一封写给主事者孙越等人的信中说：

送去藤本及草树共十余种，专船送校，初六一日种完免根久露更伤，切切。

应觅各树皆赶觅赶种，正月及二月望前均须种完。

苑外南北路若在棚下，则石柱门颇虑逼近苑门之狮转不便人行，故另作一图移路于棚外，惟紫藤棚是横势，与他藤棚纵势，作丁字形，则路须穿紫藤棚下而过，此臆度之说，仍望就地形便否酌之。

石栏外用横木栏（如堤栏）、栏柱（短石片）不足用贡院石桌脚（整两眼贯木）改，原有二根，一根已坏勿用，用石桌脚四五根足矣，亦度地广狭为之。[4]

张謇一生勤俭质朴，但在公益事业上决不吝啬。他几乎把自己从经营实业中所得的薪酬全用到了公益慈善事业中，有时竟要靠卖字以解燃眉之急；他把自己的家藏和友人赠送的古董器物全部赠给博物苑加以陈列，把自己的大部分藏书也捐给了图书馆。他把60、70岁两次生日的贺礼拿去办了两所养老院，除了自己出资办了300多所学校外，他还以两位夫人的名义各办了1所小学和1所幼儿园，

---

[1] 张兰馨. 张謇教育思想研究[M]. 沈阳：辽宁教育出版社，1995：134.
[2] 张孝若. 最艰难的创业者：状元实业家张謇传[M]. 北京：新世界出版社，2016：81.
[3] 张孝若. 最艰难的创业者：状元实业家张謇传[M]. 北京：新世界出版社，2016：93-94.
[4] 张謇. 教育手牒[M]//张謇研究中心，南通市图书馆. 张謇全集：第四卷 事业. 南京：江苏古籍出版社，1994：229.

并让侄媳妇也办了1所小学。张謇六十三岁时,曾对自己从事的公益慈善事业做过初步总结:

教育除地方各村镇公立私立之初高等小学校二百四十余所外,凡专门之校六:曰男初级师范学校;曰女初级师范学校,女工传习所附焉;曰甲乙种农业学校;曰甲乙种商业学校;曰纺织学校;曰医学校。其缀属之事三:曰博物苑,曰图书馆,曰气象台。慈善除旧有恤嫠、施棺、栖流诸事外,凡特设之事六:曰新育婴堂,曰养老院,曰医院,曰贫民工场,曰残废院,曰盲哑学校。总凡十有六所。[1]

(二) 荣氏兄弟的公益善举活动

荣氏家族作为中国近代史上一个十分著名、规模相当大、实力相对雄厚的实业家族,一贯十分热心于教育等社会公益事业。荣德生曾把自己一生的事业和责任概括为两个方面:一是创办企业,发展民族工业,谋求国家富强;二是致力公益事业,改善社会环境,谋求民众福利。

在举办教育事业方面,荣氏兄弟曾投入过巨资和精力。他们先后办过十多所中小学、一所专科院校(中国纺织染工业专科学校,1940年创办,抗战胜利后,改为中国纺织染工程学院)和一所大学——私立江南大学。

1904年,年届而立之年的荣德生曾明确提出:实业家须对社会、地方稍尽公益义务之责。举办教育事业就是尽这一义务的具体体现。一年后,荣氏兄弟联合族中其他5位知名人士共同发起创办第一所公益小学,意为"为公众谋利益也"。1908年,两兄弟又在荣巷以西的杨丝桥购地建造校舍,成立公益学校高小部。在其母亲的建议下,两兄弟还在荣巷家宅以西创办竞化女子小学。到1915年止,两兄弟建立了公益小学4所、竞化小学4所。

1919年,荣氏兄弟在荣巷杨丝桥创办公益工商中学,分工、商两科。工科设有小工厂,商科设有小商店和小银行,让学生在"三小"里进行实习,做到理论联系实际。1927年后,因时局关系,公益工商中学停办,前后共培养学生200多名。虽然该校存在时间不长,但其培养的学生在中国工商界的影响很大,尤其为申新、福新企业在战时大后方的建设和发展中做出了重要贡献,被称为"工商派"。1927年,荣德生在梅园创办了豁然洞读书处,采取中西结合的方法给荣家宗

---

[1] 张謇. 拟领荒荡地为自治基本产请分期缴价呈[M]//张謇研究中心,南通市图书馆. 张謇全集:第四卷 事业. 南京:江苏古籍出版社,1994:406-407.

族的子弟授课。全面抗战爆发后豁然洞读书处停止招生。后来荣德生又在公益工商中学的旧址创办了公益中学,以解决小学生的毕业升学问题。到全面抗战爆发前,公益中学共收学生440多名,其中已毕业的有131名。

1938年6月,荣德生辗转来到上海后,支持子侄以申新纺织公司名义,筹办了中国纺织染工业补习学校。该校招收申新各厂的管理和技术人员,兼收少量其他纺织企业的在职人员,学制为2年半,前后共招收7届毕业生,约400名。1940年,荣德生支持子侄以申新九厂的名义,创办了中国纺织染工业专科学校(抗战胜利后于1946年改为中国纺织染工程学院),荣德生为校董会主席。该校招收高中毕业生,学制为4年,设有纺织、染化和机电等系科。20世纪50年代初,该校和有关学校合并成立华东纺织工学院(现为东华大学)。

1947年,荣德生出资创建了私立江南大学,并于10月27日在荣巷借公益中学校舍正式开学。这是一所应用性很强的私立高等院校,创办时设有文学院[下设经济系(后改为工业管理系)、中文系、外文系、史地系]、理工学院(下设数理系、机电系、化工系)、农学院(农艺系、农产品制造系),1948年增设面粉专修科。这所学校的管理和教师队伍集中了一批当时国内各个领域的顶尖级人才。第一任校长为著名教育家章渊若,文学院院长为著名国学家钱穆,理工学院院长为机电工程元老顾惟精,农学院院长为农学家韩雁门,教务长为哲学家唐君毅,总务长为无锡教育界元老陆仁寿,古典文学教师有朱东润、朱祖耿、李吉行、郑学弢,历史教师有王庸,英语教师有张云谷、程修龄,哲学教师有牟宗三,物理学教师有朱正元、周同庆、吴大榕、周惠久、徐璋本,数学教师有金圣一,化学教师有张泽尧、倪则埙、穆光照、汪巩,农学教师有杨晟、郭守纯,小麦教师有金善宝,酿造和食品工业教师有朱宝镛、陈陶心、孙时中,工业管理教师有夏宗辉,经济史教师有夏炎德,经济学教师有朱伯康、周恩久、胡钟京等专家:真是人才云集,蔚为大观。荣德生为此花了200多亿元。其舍得在教育上投资的胆识和魄力实在非同寻常,而且其投资于教育的经费,多属于个人所有,很少挪用工厂里用于发展的资金,更可见其对于教育事业的重视。

需要探讨的是,在一所培养实用人才的高等学校中,荣德生为何十分重视文科院系的设置?这与荣德生设想中的江南大学应承担的历史使命有关。与荣德生理念相同的章渊若受聘担任校长后,明确指出,江南大学的使命有二:一是文艺复兴,二是生产革命。荣德生认为,国学是民生之根本、做学问之基础。他说:"丁卯以后,世风丕变,私人窃议,欲求生活,必先具生活之知能,故常识不可不充足，文字不可不通顺，以达意志，以记事物，则国学实为民生之宝筏。有国学为之基，而后更研科学，本所有之常识，藉文字以发挥，其思想自有条理，其宗旨于以纯正，不论何种科学，均易集事而程功。是吾国文学之教课，允为当务之急已。"[1] 他还认为，国学是改造社会之途径，做人之基础。"吾国文艺，西人尚知宝重，不乏优美之作，为外人移译以去，而我国人反不知阅读。总之，无论科学技术，一切皆须有国学为之根底。国文如能通畅，自然能说、能写、能著作，以教后人。否则，纵有大本领，尚是皮毛。"[2]

荣德生自称自己对唐、宋以下诸史及清史先正事略均曾涉猎，40岁后，仍然坚持每晚看书至十时后。[3] 常年的坚持不懈，使得从小并未受过系统基础教育的荣德生能对中国的传统典籍有较为精深的了解，并在企业的经营活动中自如地运用易学中的"剥复"思想，辩证地看待企业发展中的兴衰得失，而且在所从事的教育事业中十分重视对学生进行国学基本知识的系统教育。这一点和张謇是完全一致的。张謇在从事教育活动时，一再强调学生要多读书，如此方能明事识理。

荣氏兄弟还十分重视社会教育。创建图书馆是他们重视社会教育的重要标志和具体体现。荣德生曾说："人才之兴，良师、益友、书籍，三者不可或缺。余有鉴于斯，缘吾乡僻处农村，贫寒子弟纵有天才，无良师授业，所以兴办学校；无图籍参考，故建立图书馆。"[4] 1916年，荣德生在荣巷设立了大公图书馆，最多时藏书近20万册。取名"大公"，是为了强调创办它的目的是服务大众。为了丰富图书藏量，保存民族文化瑰宝，他不惜出巨资广为收求古籍善本，到1921年，已收藏了元、明、清三代古籍和民国初年出版的书刊3万多册、11.7万多卷，并请人编印了《大公图书馆藏书目录》4册12卷，开我国"乡村之有图书馆，且有书目"的先河。到全面抗战爆发前，大公图书馆已收藏古籍18万卷。其数量之多、品位之高，在无锡地区无出其右，即在江南地区亦属少有。

为了更好地服务社会，方便读者，大公图书馆开放后，荣德生延请著名学者朱梦华先生将馆藏图书的有关序文编成《序文汇编》72卷、约200万字，并于1936年公开出版。有了这样的一册图书在手，读者就能很方便地知道馆藏图书的基本情况，免去查阅的诸多麻烦。

---

[1] 荣德生.荣德生自述[M].合肥：安徽文艺出版社，2014：205.
[2] 荣德生文集[M].上海：上海古籍出版社，2002：220-221.
[3] 荣德生文集[M].上海：上海古籍出版社，2002：71.
[4] 荣德生文集[M].上海：上海古籍出版社，2002：178.

日本侵略军占领无锡后，对大公图书馆曾进行过肆意破坏和劫掠，导致古籍善本损毁严重。1945年荣德生返回无锡后，看到图书馆的破败情形，极为气愤，说侵略者的强盗行径"可恨可痛！由余观之，毁去有用之书，等于摧毁人才，即置之重典，亦不为过。此种文化上之损失，实较企业上之损失更严重也"[1]。

荣德生晚年还曾考虑设立博物馆，惜因时局影响而未能如愿。

荣氏兄弟通过办教育，不仅改变了受教育者的命运，而且为国家和企业培养了众多人才，产生了广泛的社会影响，获得了很高的社会评价。1915年北洋政府教育部曾给荣德生颁发一等金质奖章。1921年8月，教育家陶行知陪同美国教育专家孟禄博士到荣氏兄弟创办的学校参观。一同前来的康有为挥毫赋诗："安得如君千万辈，全华儿女作干城"，给予荣氏兄弟极高的评价和期待。

在公益活动方面，还需要提到的是，荣德生兄弟在家乡投巨资，造桥修路，整修园林，在很大程度上改善了无锡的整体人文、自然环境。

荣德生取号"乐农"，体现出了他忧世悯民的民本情怀。江南水多，给陆上出行带来了诸多不便。荣氏兄弟在经营有起色后，便热心于修桥筑路等社会公益事业。1929年他们领头发起成立了千桥建筑会（简称"千桥会"，也称"百桥公司"），前后总共组织建造了102座桥梁，其中有名称的共有88座。仅在无锡一地他们就组织建造了大公桥、宝善桥、宝界桥、蠡桥、虹桥等大小桥梁57座，另在常州组织建造了27座，在丹阳组织建造了2座。最有名的当数连接五里湖南北两岸的宝界桥。1934年，荣德生六十岁寿辰时，不少亲友前来祝贺。荣德生共收到礼金6万多元，决定用这笔钱修建设想了多年的宝界桥。经过前后半年左右的紧张施工，这座全长375米、宽5.6米、中间有60个桥孔、当时无锡地区最长的大桥终于建成了，极大地方便了两岸群众和外地来客的往来通行。

荣氏兄弟还出资在无锡老家修筑了40多公里的道路，与人合资开办了开原公共汽车公司，开辟了无锡历史上的第一条公交线路；捐资疏浚了梁溪河，兴修太湖水利工程；建造了梅园等景区，并向公众开放。

荣德生不仅为家乡的社会公益事业投入了巨资，而且为无锡的发展献智献策，先后发表《无锡之将来》和《今后之无锡》两篇文章，专门探讨无锡的城市发展问题。在《无锡之将来》中，荣德生提出了如下构想：拆城墙，筑内环路，通电车，路旁建工厂、新市场，由工程局统一规划；建大电厂，全市统一供电；在惠

---

[1] 荣德生文集[M]．上海：上海古籍出版社，2002：178-179．

山附近建大商场,并筑外环路贯通;在锡山建住宅群、公园和商业服务设施;开发太湖风景区,营建别墅、山庄,建馆举办博览会,使无锡卓然著名于世界。[1]目的是使无锡突破原来的小圈子,向西南方向的太湖边拓展,将锡山、惠山纳于城中,形成湖滨城市,以改变老无锡工厂林立、街市局促,难以满足不断发展要求的被动局面。1912年,他决定修建梅园,扩办小学,筑开原路,筹建大公图书馆。[2]

1936年,荣氏企业逐渐走出困境,荣德生再次热心于无锡的城市发展:

初尝发愿建筑太湖风景区,拟在湖边山水之间,建无量殿、水属池、博物馆、大会堂,屋顶均盖各色琉璃瓦,点缀环湖景色,筑路植树,并将其它园林联络一气,藉以吸引游客,为地方增加财富。余并拟在民国二十八年从业五十周年时,开一盛大纪念会,将余兄弟所营工厂企业,与所办学校及自治慈善事业,各项经过历史与各种纪念实物,一一陈列,请人参观指教。于是陆续购地,准备设计建造,路基已在动工,树已栽植秧苗,一面增加企业生产,一面努力社会事业。……使吾邑不仅成为工业之中心,并为各地市政建设之模范。湖滨风景优美,更可供国内外人士业余游憩之所。[3]

1946年,荣德生原本以为可以抓住抗战胜利的有利时机,尽快恢复生产,但形势的发展远出乎他的意料,国共矛盾迅速激化,其愿望一时难以实现。然而,他壮心不已,写了《今后之无锡》,表达了对无锡未来的美好企盼。尽管现在难以看到这篇文章的全部内容,但据当时无锡《人报》记者对他的采访内容可知,荣德生提出了将苏、锡、常打成一片,建成雄踞京沪线、人口数百万之大都市的设想。[4]

在善举方面,荣氏兄弟发迹后,不仅惠顾本族,而且恩泽乡邻。经荣氏兄弟提议,荣巷本族7代之内,皆为一家,实行"均平消费"。每家生了孩子,不论男女,一律缴纳20元钱到"公账房"注册入股,然后按月由"公账房"支付生活费。全族男女老少一律平等,女孩领取到出嫁为止,男的则一直领取到死,媳妇从嫁到荣家开始领取。婚丧嫁娶、生老病残所需费用,按一定惯例由"公账房"支付部分。所有儿童、少年的教育,由"公账房"统筹安排,一切教育费用皆由

---

[1] 荣德生文集[M].上海:上海古籍出版社,2002:226-229.
[2] 荣德生文集[M].上海:上海古籍出版社,2002:65-66.
[3] 荣德生文集[M].上海:上海古籍出版社,2002:126-127.
[4] 荣德生文集[M].上海:上海古籍出版社,2002:495.

"公账房"支付。荣族青年,根据其自身素质和受教育程度,有能力者进荣家企业当管理、技术人员,能力差者进厂当工人。人人不仅都可以受到教育,而且都不会失业。工作后的工资收入,一律上缴"公账房"。"公账房"将发放荣族人员生活费后结余部分投资到企业中"生息",个人收入结余部分投资入股所得红利和股息归个人。荣家本族700多人,自成一个小社会,各尽所能,各司其职。这一平均消费办法,一直延续了很长时间。生活贫寒的族人,对荣氏兄弟的这一义举,十分感激。

同张謇一样,荣氏兄弟在创办企业过程中事必躬亲。荣德生曾说过:"国人皆以'大实业家'目之。然余谦隐如前,毫不自夸,勤俭不改,事事亲手为之,稍熟者有推崇之意。"[1] 在获得面粉业界的"大王"称号后说,"自维愧悚,不足当此盛名,仍思力谋扩充,造福人群。……一切待遇,与同事工人共甘苦,所以无不敬服。"[2] 在管理申新三厂时,荣德生经常到车间检查督促生产,喜欢跟工人聊天,了解工人家庭的生活状况,发现有特别困难者,就立即派人送去1斗或2斗米。一次,他串门到一陆姓人家,见家徒四壁,老人瘫痪在床上,床前挤着5个衣衫褴褛的半大孩子,无米下锅,主妇怀中还抱着幼儿。经询问得知,家里新近死了丈夫,欠了大量的债,公婆卧床不起。7个孩子中,大的叫小妹,只有16岁,刚进申新三厂工作,还没得"关饷",因家里无米下锅,每到吃饭时就带着几个大孩子到附近去乞讨,省几口带回来给老的和小的吃。荣德生没想到天下竟有如此穷困的人家,而且这是他厂中工人的家庭,当场难过得直掉眼泪,下意识地摸了摸口袋,但发现身无分文(荣德生平时出门一般不随身带钱),便急忙赶回家中,立即派人给陆家送去2斗米和20元钱,并再三叮嘱不要透露是谁送的。事过几天,荣德生到厂中视察,到车间时,发现陆小妹因饥饿昏了过去,正倒在一个老年工人的怀里,另一个工人在给她喝米汤。这件事给荣德生的触动很大,女工挣点钱或者得到一点贴济,往往都用到家人的身上,自己却舍不得吃和穿。贫穷的女工那么多,难以全部周济。怎么办呢?荣德生当即决定,今后由工厂免费为当班工人提供工作餐。

荣氏兄弟还在无锡开办过平民习艺所、孤儿院、残废院、妇女救济院等慈善场所,倡议募捐以救济灾区,呼吁治理黄河等。

---

[1] 荣德生文集[M].上海:上海古籍出版社,2002:77.
[2] 荣德生文集[M].上海:上海古籍出版社,2002:86.

钱穆曾与荣德生有过一次关于公益善举方面的推心置腹的谈话。钱穆问荣德生:"君毕生获如此硕果,意复如何?"荣德生答道:"人生必有死,即两手空空而去。钱财有何意义,传之子孙,亦未闻有可以历世不败者。""我一生惟一事或可留作身后纪念,即自蠡湖直通鼋头渚跨水建一长桥。"又说,"他年我无锡乡人,犹知有一荣德生,惟赖此桥。我之所以报乡里者,亦惟有此桥耳。"对此,钱穆发表了这样的评论:"由此可知中国社会之文化传统及其心理积习,重名犹过于利。换言之,即是重公尤过于重私。凡属无锡人,在上海设厂,经营获利,必在其本乡设立一私立学校,以助地方教育之发展。"[1] 在一个行善积德的传统地域文化氛围中,荣氏兄弟自然深受影响,并在力所能及的范围内将传统文化发扬光大。

表3-6　1946年至1947年12月上海申新各厂捐款情况

捐款对象	付款日期	金额/百万元（法币）	折合黄金/两（按付款时价）
环卫团制服经费	1946-03-13	10	62.50
立信会计学校基金	1946-05-19	100	568.18
上海市保卫团捐款	1946-05-22	10	56.80
束云章经募"工人福利会"捐款	1946-06-16	80	421.05
朱家骅、陆京士经募"联合国中国同志会"基金	1946-08-02	20	98.52
宋美龄经募"国民党革命遗族学校"复校基金	1946-12-11	7	22.08
刘攻芸经募"圣光学校"捐款	1946-12-21	20	63.09
立信会计学校	1946-12-30	80	252.37
刘攻芸经募"国民党党费"	1947-01-11	5	13.09
陈光甫经募"国民党特别捐"	1947-01-13	5	13.09
"静安职业学校"及"沪北浸会堂"	1947-01-13	2	5.24
潘公展经募"长安学校"捐款	1947-05-15	10	7.60
潘公展经募"上海市政协会"	1947-05-17	4	3.04
陆京士、杨志雄经募"恒社"捐款	1947-07-31	20	8.40
上海市"警察局长"俞叔平经募警察恤金	1947-08-04	20	8.12
潘承禹经募基金	1947-09-04	60	21.02
大沪农场警察局"袁处长"经募款项	1947-11-19	100	15.78

---

[1] 荣德生文集[M].上海:上海古籍出版社,2002:536-537.

续表

捐款对象	付款日期	金额/百万元（法币）	折合黄金/两（按付款时价）
"上海市警察局义勇警察总队"基金	1947-11-24	100	15.78
吴稚晖经募"道南中学"捐款	1947-12-11	40	4.71
上海教会六大学基金捐款	1947-12-11	20	2.35
陈其采、雷震经募"中国工矿建设协会"捐款	1947-12-11	20	2.35
合计		733	1 665.16

资料来源：上海社会科学院经济研究所．荣家企业史料：下册 1937—1949年［Z］．上海：上海人民出版社，1980：574-575．

说明：在陆京士、杨志雄经募"恒社"捐款中，申新二、三、五厂没有认捐。

表3-6反映的仅是荣氏申新系统企业的认捐款，既不包括福新和茂新系统企业的捐款，也不包括荣氏个人的捐款。荣氏个人的捐款多用于救灾和社会福利事业。

值得强调的是，吴地企业家在从事公益善举活动时颇具个性，并不是单纯地"输血"与施舍、给予，更多的是通过把事业做大做强，一面通过纳税和守法经营为国家积累财富，增强国家抵御外侮的实力，一面提供更多的就业机会，吸纳更多的失业工人，增强他们的谋生能力，使其通过自己的工作获取收入，活得有尊严。张謇曾明确指出："属于消极之救济者，最要为慈善……慈善周遍，则缺憾于以弥补。"[1] 荣氏企业家一再阐述的"大小烟囱"理论或"以事业为社会之救济"的思想，也充分体现了不能单纯救济的理念。荣德生曾说："各厂之陆续添设，既无大资本，更未尝依赖人，完全余与兄同心合力，靠思想勤劳耐苦，一味专心事业，为社会造福，非为自己享福。"[2] 在荣氏兄弟看来，一般的慈善救济作为应急措施固然很重要，但被救济者仍摆脱不了贫穷，而开办工厂，举办实业，可把无业游民招进工厂。荣德生曾说："余以为创办工业，积德胜于善举。慈善机关周恤贫困，尚是消极救济，不如积极办厂兴业，一人进厂，则举家可无冻馁；一地有厂，则各业皆能兴旺。"[3] 全面抗战爆发前，荣氏企业一度发展到顶峰。"各厂用职工十万，间接倚为生活者又数十万。所出面粉、纱布，物美价廉，运销

---

［1］ 张謇．为教养公积社备案事致南通县长书［M］//张謇研究中心，南通市图书馆．张謇全集：第四卷 事业．南京：江苏古籍出版社，1994：355．
［2］ 荣德生文集［M］．上海：上海古籍出版社，2002：86．
［3］ 荣德生文集［M］．上海：上海古籍出版社，2002：167．

内地,挽回权利,益国便民。"[1] 只要工厂的大烟囱冒烟,则小家庭的小烟囱就不会断烟火,生计便有了保障。其意义远在一般慈善应急救济之上。

1927年,因销售面粉业绩突出,在荣氏面粉企业获得巨额收入的王禹卿,在无锡青祁故居门前购地20多亩,开辟园林,取名"蠡园"。蠡园现已成为无锡的著名旅游和观赏景区。

(三) 穆藕初的公益善举活动

富了不忘回报社会,关爱乡梓,热心于家乡的公益事业,几乎是所有吴地企业家的共同特点。穆藕初在从事实业活动的同时,也一向十分重视教育事业特别是实业教育和职业教育的开展。他特别主张职业教育要切合社会的需要。"吾人生存于社会,须确知社会之现状,社会中所最缺乏而所最渴盼者为何种事,社会中所最拥挤而最厌弃者为何种人,凡此中若隐若现之种种关系,择业者与育材者,万不可不熟思而审处,然后能深悉何种人才为社会所需要,而不得不戮力一心,应时而培养之,则社会与人才,庶有相利相赖种种相互之关系,而社会受其利益矣。"[2]

关于实业教育,穆藕初曾指出:"详考我国二十年来累办新业,而累招失败之最大原因,莫不以缺乏实业人才故,致得不良之结果。更进而究之,他国实业人才之隆盛,赖平素之发育与储备,吾国实业人才之缺乏,因平素不知所以发育而储备之。穷原竟委,当归咎于教育之不修,不播佳谷,不费耕耘之劳,而望此后之丰收,世界宁有此幸致之福哉。"他还认为,实业人才的繁盛与否,不仅关系到实业发展水平的高低,而且影响到教育的兴衰。"实业人才之盛否,关系于教育之兴替。"[3]

1918年8月,穆藕初在棉作试验场内设立第二、三、四农场,招聘年龄在20岁左右、高小毕业或有高小以上程度、有志于植棉事业的青年学子作为实习生。实习生入场后,穆藕初亲自为他们制定作息时间,还在宿舍里书写条幅:"秉烛中夜宜勤读,闻鸡起舞锤筋骨;冀尔青年当自勉,誓成大器为民族",鼓励他们不断上进。在这批青年中,穆藕初发现贫家子弟方显廷十分好学,认为他是个可造之才,便调他进厚生纱厂当学徒,后又资助他读完中学进入美国威斯康星大学留学。方显廷于1928年获得美国耶鲁大学经济学博士学位,后到南开大学任教,被公认

---

[1] 荣德生文集 [M].上海:上海古籍出版社,2002:508.
[2] 穆藕初.致职业教育社 [M]//赵靖.穆藕初文集.北京:北京大学出版社,1995:266-267.
[3] 穆藕初.实业与教育之关系 [M]//赵靖.穆藕初文集.北京:北京大学出版社,1995:150-151.

为是中国近代经济史学科的奠基人。

穆藕初在经营实业、具备了一定经济实力后，仍一直保持着俭朴的生活，但在投资教育事业上舍得大把花钱。1920年年初，他在北京期间曾专程拜会时任北京大学校长的蔡元培先生，并应蒋梦麟、黄炎培的邀请，捐资5万元，请蔡元培和著名学者马寅初等出面主持考核，胡适之、蒋梦麟、陶孟和协助，选派在学术上、社会上有贡献、有希望之青年赴国外留学。为使学生自由选择自己感兴趣的学习与研究方向，穆藕初特别声明，受资助学生无须承担任何责任，"回国后并无他项拘束，仅为学术上之发展，谋社会之改良"[1]。6月，罗家伦、段锡朋、汪敬熙、周炳琳、康白情首批5位青年才俊经蔡元培等综合考察后被选派赴美留学，在当时的教育界引起很大轰动。1921年7月，穆藕初又捐出1万元现洋，用以资助河南开封留美预备班学生韩朝宗、张纯明、王凤岗、朱相程4人赴菲律宾留学。两年后，韩朝宗、张纯明又获穆藕初资助前往美国继续深造。穆藕初还在德大等纱厂内设立学术互助会，组织青年实习生利用业余时间，研究专门学术，相互交流，共同提高，并于每周三下午定期举办学术讲演。韩朝宗在伊利诺伊大学专修金属材料试验及冶金研究，学成回国后担任国防设计委员会冶金委员、军政部兵工研究委员。张纯明主修社会学和政治学，回国后在南开大学政治系担任教授，在抗战期间任行政院秘书等职，后长期在联合国担任外交官。

在资助办学方面，穆藕初还曾送给东南大学邹秉文校长5 000元钱，作为设立农具学院、改进农作工具的专项经费。他还应邀担任黄炎培创办的中华职业学校的校董。每当学校出现经费困难时，他都慷慨解囊，予以资助。1935年，其子女和学生欲为其祝寿，却遭到拒绝。而在生日那天，他悄悄拿出2000元捐给中华职业学校。他请中华职业教育社设立中文函授班，每月资助经费50元。1931年，他在上海创办了位育小学（取"天地位焉，万物育焉"之意）。1943年，他又与龚延芳、姚惠泉、穆伯华等发起创办位育中学。抗战胜利后，学校由其子穆伯华接办。他特地写信予以勉励："你初出为社会服务，不要使位育从此一蹶不振，国家的建设不是要造就高级人才，更需要一大批中级人才。"[2] 在10多年时间里，穆藕初先后出资15万元用于发展教育事业。

穆藕初的助学义举获得了社会的广泛好评。有人将他与"毁家兴学"的著名

---

[1] 穆家修，柳和城，穆伟杰. 穆藕初年谱长编：上卷[M]. 上海：上海交通大学出版社，2015：363.

[2] 冯丽蓉，林本梓. 吴地实业家[M]. 北京：中央编译出版社，1996：103.

华侨爱国人士陈嘉庚相提并论,称之为实业家提倡教育的典范。曾得到穆藕初资助的学生罗家伦、段锡朋、周炳琳、汪敬熙、方显廷、张纯明等学成归国后,感念当年穆藕初的援手相帮,于1937年集资设立"穆藕初先生奖学金",以弘扬穆藕初资助教育的精神。1940年首批获得资助的学生中有日后获得诺贝尔物理学奖的杨振宁。

和张謇一样,穆藕初还很重视传统艺术形式的保存和发展。他喜欢欣赏民族音乐、练习书法、绘制国画,爱好戏剧。他认为民族乐曲不仅细腻、深沉,而且激昂、振奋,能陶冶性情,培养爱国情操。他重视通过表演艺术来荡涤陋习,启发民智,教育民众。他曾参与创办我国最早的戏剧学校之一——通鉴学校。他对江南地方剧种昆曲情有独钟,对昆曲大师俞粟庐尤为崇敬。

穆藕初效法张謇在南通创办伶工学社的做法,于1921年9月在苏州创办了昆剧传习所,招收苏州本地贫寒子弟60多人,另有上海贫儿院的6名儿童一起学习昆曲。昆剧传习所学制为3年,学子出师后以"传"字辈从事昆曲的演艺生涯。为让他们安心学艺,穆藕初给予较为优厚的待遇。他还废除旧时梨园陋习,聘请沈月泉、沈斌泉兄弟和吴义生当教员,按照新式学校形式组织教学。经过3年精心培养,一批以"传"字辈排行的著名艺术家涌现出来,代表人物有周传瑛、顾传玠、张传芳、王传淞、华传浩等。

昆剧传习所是在昆曲遇到了前所未有的严峻挑战、几乎难以为继的情况下创办的,对这一被誉为"百戏之师"的传统剧种的传承和发展乃至发扬光大起到了至关重要的作用。清末民初,由于京剧的迅速流行,原本是昆曲繁盛之地的上海等地纷纷趋新入时,戏场和茶馆里改演京剧等剧种。昆曲从此一蹶不振。穆藕初从1914年10月与昆曲结下不解之缘后,即开始积极赞助和推动这一剧种的复兴。1921年春,他应著名戏剧理论家吴梅的建议,出巨资请法国百代唱片公司灌制了俞粟庐的《长生殿·定情》等13个剧目共8张唱片。这对保存昆曲的传统曲目具有重要的意义。中华人民共和国成立后,"传"字辈昆曲名家周传瑛、王传淞等人以《十五贯》轰动全国,被誉为"一出戏救活了一个剧种"。

1920年年初,穆藕初专程到苏州拜会俞粟庐,表示要拜其为老师。俞粟庐因年事已高,便命其子俞振飞随往穆藕初在上海的寓所进行传授。在此后很长一段时间内,穆藕初几乎每天都要花上一个多小时学习昆曲。为了弘扬昆曲,穆藕初还于1922年2月就发起组织了昆曲大会串义演。这次义演由穆藕初出面商借了外国人雷玛斯经营的夏令配克戏院,从2月10日开始连演3天。穆藕初还亲自登台

献艺,吸引了黄炎培、袁观澜等名人前来捧场和观赏。这次义演总共筹得8 000多元,为昆曲的发展筹得了急需的资金,堪称昆曲发展史上的盛举。

穆藕初不仅把创办实业看作能为工人提供工作机会的善举,而且认为创办实业获取利润后,可以为社会公益事业提供必要的经费支持,促进地方公益事业的发展。1920年6月,穆藕初在豫丰纱厂开幕典礼上发表讲话,指出:"工厂本社会之一分子,工厂所在之地,即劳动家以劳力易金钱之地。工厂愈多,斯劳动家以劳力易金钱亦愈易。使人人能以劳力易金钱,则社会无惰民,而社会之状况,亦蒸蒸日上矣!资本家如无私心,于社会实有益而无损,且资本家愈多,则社会之进步亦愈速。此无私心之资本家,吾无以名之,名之为新式之资本家。新式之资本家其投资金之目的有二:(一)将本求适当之利;(二)促进社会公益。在新式之资本家,其散财之道,窥劳动者能力之强弱,给工资之多寡。其待劳动也,一律平等,无奴视之心。……现拟于城市开凿井泉,供民吸用,以重卫生;设藏书楼,供众阅览,以增智识;设青年会,附办学校,以期普及儿童教育;并资送学生二人,赴沪职业学校肄业,俟毕业归来,设立职业学校,以培植贫苦子弟,使各有一技之长。……诸君须知,敝厂并非三数资本家之厂,实为在厂工作者公共之厂,即可谓为郑人之厂。深望地方人士,遇事辅助之,不加梗阻,似此逐渐而扩张之。庶国人咸知振兴实业,为救国之要图……"[1]

在建设乡里方面,穆藕初同样非常热心,并且取得了明显成效。1917年4月,浦东同人会召开春季大会。穆藕初应邀出席,并做了《改良农业为救国之根本》的演说,呼吁浦东老乡关心家乡建设。1918年5月,穆藕初与同是浦东老乡的黄炎培筹资组建浦东实业公司。在公司组建讨论会上,穆藕初发表题为"对于浦东实业之主张"的演讲,提出了自己对于发展浦东实业的设想。他认为,发展浦东实业,应充分利用当地丰富的棉业资源,但当地原有之毛巾、花边和织袜业的发展不尽如人意。组建实业公司,就是为了解决这些问题,其好处有五个方面:"(一)罢买。以便零星小户。(二)罢卖。货价不至任人贬抑。(三)挑选。出货方能精美,此方面促工业进步,他方面使顾主乐用。(四)漂染。色泽力求鲜明,既易引起买客采用兴致,更能帮助贩户流通无滞。(五)集合大团体。则资力雄

---

[1] 穆家修,柳和城,穆伟杰. 穆藕初年谱长编:上卷[M]. 上海:上海交通大学出版社,2015:361-362.

厚，进可以得时机，退可以坚壁垒，与人竞利，方可独操胜算。"[1] 尽管浦东实业公司的正式成立一再延迟，但其影响不可小看。实业人士在穆藕初的启发和影响下，纷纷创办多种实业传习所，带动了当地经济的发展。

组建浦东实业公司的同时，穆藕初还与黄炎培等发起组建了浦东电厂。穆藕初认为，电力等能源企业的发展对于改变浦东地区的落后面貌极为重要。1919年1月，穆藕初与黄炎培等决定成立浦东电气股份公司。1920年12月，第一部电机开始发电。到20世纪30年代后，不仅整个浦东六区全部通了电，通电区域还延伸到上海、川沙、南汇和奉贤等4个县。

改善浦东的交通条件是穆藕初为家乡发展做出的另一大贡献。穆藕初一贯重视发展交通事业。他曾在《交通与商业之关系》等文章中详细论述过发展交通事业与促进经济建设之间的重要关系，指出：交通事业不发达，"足以致国家于贫困"。"交通事业发皇之日，亦即其他凡百事业发达之日"。认为要发展经济，就必须大力发展"浚河、筑路、长途汽车、内河小轮等助商务发展之新事业"。[2] 为此，他在经营纱厂的同时，与其兄穆湘瑶等一起，在浦东进行了一系列筑路、架桥等公益活动，为浦东交通状况的改进做了大量工作。

从1921年1月开始，为组建上川交通股份有限公司，穆藕初与黄炎培等人多方筹得50万元股金。1924年4月，公司正式成立。一年后，公司与上海县浦东塘工分局川沙交通工程事务所签订租用上川县道行车合同，取得30年专营权，建成了13.89公里长铁道，每日运送旅客千余人。1926年1月，公司增资15万元，将铁路线延长6公里，每日行驶火车22个班次，并购买了4艘轮船接送乘客。

1921年年初，为修筑连接上海、南汇两县的公路，穆湘瑶联合杨思镇名绅，创建了上南长途汽车股份有限公司。经过3年多建设，终于建成了这条公路。1925年，在原有路基上，又铺设25磅（约11.34公斤）钢轨，从德国购入两辆蒸汽火车机车，将上南公路改建成上南铁路。

在修筑公路和铁路的同时，穆藕初还计划在黄浦江上架设过江大桥，以将浦东和浦西连为一体。为此，穆藕初多次到黄浦江沿岸进行实地考察，综合地势、河床和水文等多方面因素，最后决定在南市董家渡建桥。初步设计桥长500米，中间有10个洞孔，配以新式转轮，可以随时启闭。时人称此桥为"转桥"。这一计

---

[1] 穆藕初. 对于浦东实业之主张 [M] // 赵靖. 穆藕初文集. 北京：北京大学出版社，1995：100-101.

[2] 穆藕初. 交通与商业之关系 [M] // 赵靖. 穆藕初文集. 北京：北京大学出版社，1995：106-108.

划虽因资金无法筹集而没有实施，但穆藕初的首倡之功不可磨灭。后来建成的南浦大桥，就选址在穆藕初当年拟架设桥梁的附近。

（四）其他企业家的公益善举活动

其他吴地或出生于吴地的企业家也都很重视公益善举活动。周舜卿在上海发迹后，不忘回报乡梓。他先后将众多乡亲带往上海，形成了上海的"铁行帮"，几乎垄断了上海的铁业经营活动。1900年，他在家乡无锡东购置百余亩土地，修筑道路，遇河架桥，创办工厂，设立店铺，不几年就把东埠村建设成远近闻名的新兴集镇——周新镇。他还购置义田近千亩，建房架屋，成立周氏义庄，救济本族老幼残疾人。1921年，北京、湖南等地闹水荒。他捐出巨款救济灾民，曾得到北洋政府大总统颁发的匾额和奖赏。

刘鸿生曾独自向圣约翰大学捐款，用于建造交谊厅。其捐款数额占总费用的60%。

丁熊照曾出资在家乡无锡洛社镇从华圻村南至财神堂渡口修建了一条青砖路，东至高明桥，北至叶巷上，为便于计算路程，特地每隔50米铺一块黄石。1946年，他筹集大米4 000多石，在华圻村独资创办了一所小学。凡华圻小学的毕业生中，成绩优良考上中学的，都能得到丁熊照的一笔奖金。为方便学生上学，他还特地从浙江嘉善购进青砖修筑了一条便道。三年困难时期到来后，经济一向较为发达的无锡地区也受到了严重冲击，不少人连简单的温饱问题都难以解决。丁熊照知晓情况后十分难过。只要有本村长者证明，不管是自己的乡邻，还是过去的老职工，他都热诚接济。据不完全统计，仅华圻村人收到的资助就有两三万元之多。丁熊照的子女继承父亲的善德，继续在家乡举办公益事业，建桥梁，筑公路，为家乡的发展尽心尽力，受到当地群众的交口称赞。

1931年，武汉地区发生数十年不遇的特大水灾。在汉口经营申新四厂和福新五厂的李国伟在组织广大职工抗洪救灾、维护工厂安全生产的同时，还将附近灾民妥善安置到厂内地势较高的地方避难，免费给每人每顿供应一只馒头，一天就要提供1万多个，前后共花去10多万元。

叶鸿英在经商和办实业获得丰厚利润后，舍得在公益善举上大手笔投入。他于1906年筹资在上海文庙路创办了民立女子中学。1929年，社会活动家黄炎培等在上海创办人文图书馆，收集辛亥革命史料并向社会展览。随着所收展品的日益丰富，人文图书馆于1932年计划扩建馆舍和设备，需费40万元。为吸引富商大贾踊跃捐资，黄炎培表示，新建馆舍由独立捐助者命名。前往参观的叶鸿英认为图书馆为开发民智所急需，乃慷慨捐出 50 万元，成立鸿英教育基金会，聘蔡元培等担任基金会董事，其中 40 万元用于兴建图书馆，10 万元用于开办乡村教育。1933 年 9 月，基金会委托黄炎培主持的中华职业教育社在沪西漕河泾举办师资训练所。1934 年秋，叶鸿英又在沪郊筹资建设乡村教育实验区，开办四所鸿英小学。各小学兼办民众学校，使附近的学龄儿童及失学成年人均能入学识字、读书。叶鸿英的公益善举并不仅限于支持、举办文化教育事业，还涉及红十字会、济生会、仁济堂、贫儿院、残废院、沪南慈善会、广益中医药、普益习艺所等慈善团体。他或捐助巨款，或施放衣米，并因此屡获各级政府和公益团体的嘉奖。[1]

1991 年，在唐君远 90 岁的时候，其子唐翔千按照其意愿，捐款 50 万元人民币，在上海选了 6 所中学设立"唐君远奖学金"，对品学兼优的学生和教学卓有成效的教师分别进行奖励。

在苏州成功经营苏纶纱厂的严裕棠家族则在苏州创办了裕社，修建了裕棠桥。

---

[1] 宋紫云. 贸易企业家叶鸿英 [G] //上海市政协文史资料委员会. 上海文史资料存稿汇编：7 工业商业. 上海：上海古籍出版社，2001：337-338, 339.

第四章
近现代江南地区的企业家精神

近年来，营造企业家环境、弘扬企业家精神得到各级党政机关和领导干部的高度重视。2017年8月，中共中央、国务院下发《关于营造企业家健康成长环境弘扬优秀企业家精神更好发挥企业家作用的意见》。这是一份有关营造企业家环境、弘扬企业家精神的重要文件。近现代吴地工商企业家最重要的品质，就是凝结在他们身上的企业家精神。那么，什么样的人才能被称为企业家？他们具有什么样的独特精神？在经济发展和社会进步中他们承担着什么样的角色？

第一节 企业家精神的内涵

在西方学术界，爱尔兰经济学家理查德·坎蒂隆出版于1730年的《商业性质概论》首次对企业家精神做了界定：着手工作，寻求机会，通过创新和开办企业实现个人目标，并满足社会需求。[1] 享有盛誉的德国经济学家、社会学家马克斯·韦伯在《新教伦理与资本主义精神》一书中指出，新教伦理将尽可能地多挣钱看成"至善"，把获利作为人生的最终目的，但同时又严格避免任凭本能冲动享受生活。[2] 正是新教伦理中所强调的注重节俭、甘于奉献、精于算计（以多获利）等观念，最终促成了资本主义生产方式在西欧地区的率先确立，并逐步向全

---

[1] 高波. 高波自选集：企业家精神驱动经济发展[M]. 南京：南京大学出版社，2020：204.
[2] 马克斯·韦伯. 新教伦理与资本主义精神[M]. 于晓，陈维纲，等译. 北京：生活·读书·新知三联书店，1987：37.

世界普及。这可以被视为对企业家精神的最初探讨。

著名经济学家熊彼特在《经济发展理论》中明确指出：企业家精神就是创新精神。企业家是富于创新精神的开拓性人物。只有那些具有创新精神、对经济环境做出首创性反应，推动企业超常发展的经理人员才称得上企业家。创新包括开发新产品、创新生产方式、开拓新市场、发现新材料和新能源、创立新的产业组织。被誉为现代管理学之父的彼得·F. 德鲁克将创新、冒险、合作、敬业、学习、执着和诚信看成企业家精神的七大要素，并特别指出：只有具有创新精神的企业经营者才能被称为企业家。中国著名经济学家张维迎等则指出，所谓企业家，指的是通过承担风险和不确定性并进行创新来追求利润的人。也就是说，"承担风险与不确定性"和"创新"是企业家精神的两个重要特质。有学者将国外学界关于企业家精神的研究学派概括为三类：以熊彼特和杜能为代表的德国学派，强调企业家的创新精神；以奈特和舒尔茨为代表的芝加哥学派，注重企业家的风险承担能力和冒险精神，以及应付市场失衡的能力；以米塞斯和柯兹纳为代表的奥地利学派，着重关注企业家对市场机会的识别能力。综合学界的观点，高波认为，企业家精神包括创新、契约、合作、敬业、开放等几个方面。[1] 中共中央、国务院《关于营造企业家健康成长环境弘扬优秀企业家精神更好发挥企业家作用的意见》认为企业家精神主要包括爱国敬业、遵纪守法、艰苦奋斗、创新发展、专注品质、追求卓越、履行责任、敢于担当、服务社会等方面。也有学者从广义的角度来看待企业家精神，认为，企业家精神是一种文化价值，是持续的文化资本的积累。因此，企业家精神并非企业家所独有，凡是具备不屈不挠、擅长进取、勇于创新、信守承诺、精诚合作、精进敬业、开放包容等精神的人，都可以被称为企业家。[2] 虽然这样的论述不无道理，但就企业家精神最初的含义而言，企业家精神自然是被称为企业家的人所具有的禀赋。

近代吴地工商企业家也对企业家精神做过理论上的探讨。穆藕初曾说过："社会健康与否应视有无实业为准。有实业之社会，则人民生计裕如，道德因之而高尚，熙来攘往，得人生之乐趣。"[3] "欲恢复人民之道德，开辟人民之生计，非竭力振兴实业不为功。"[4] 他指出，

---

[1] 高波. 高波自选集：企业家精神驱动经济发展 [M]. 南京：南京大学出版社，2020：25-27.
[2] 高波. 高波自选集：企业家精神驱动经济发展 [M]. 南京：南京大学出版社，2020：28.
[3] 穆藕初. 中国实业失败之原因及补救办法 [M]//赵靖. 穆藕初文集. 北京：北京大学出版社，1995：146.
[4] 穆藕初. 上教育司长 [M]//赵靖. 穆藕初文集. 北京：北京大学出版社，1995：242.

工厂制度发展程度的高下，便可以作为一个国家的产业和经济发达与否的测度。假如一个国家工厂办得好，数量多，那末它在近代国家中一定占有重要的地位，经济一定有高度的发达，农业商业一定连带有适度的发展，财政金融一定牢固，一般文化水准一定随着提高，它必然是一个富足的国家，强大的民族。反之，如其没有工厂，或者数量甚少，办理不善，那末它不是一块殖民地，也一定是一个落后的国家。[1]

工业发达的地方，经济就繁荣，人民生活水平就较高；工业不够发达的地方，社会的文明程度就相对较低，财政收入水平就不会高。正如穆藕初指出的那样，近代无锡在江苏省内之所以在"为国家开辟富源"方面无出其右者，就是因为境内工商业十分发达：

> 工厂密布，商业辐辏。论工则纱厂、丝厂、面粉厂、碾米厂、肥皂厂等，有八十二家，工人十五万人，间接恃工厂以生活者倍之。论商则全国对外贸易之丝，大都出产于是，全省人民日用之米，大都荟萃于是，每年贡输于国家之税额，达一百十余万两，丁漕尚不在内。[2]

因此，穆藕初认为，"实业关系国家之兴替、之存亡"，"关系于社会之盛衰"，"同是国家，同是社会，有实业则盛而强，无实业则衰而亡。天演公理，无从幸免者也"[3]。又说："因工商百业不振，遂使多数平民，谋生无路。由是而强有力者激为巨匪，悍无归者变为剧盗，弱且黠者流为拐骗，祸机遍伏，举目四瞻，几无尺寸干净土。更向中上级社会概况言之，其翘然秀出者，每每智控术驭，蠹国自肥，结奥援、谋要津、乞怜昏夜，骄人白日，骤然得志者类若斯，几不知人间有羞耻事焉。其洁身自好者流，亦仅仅为一身一家温饱计，奔走衣食，惟恐不及。数口之家，坐食而不能生利者，恒占三之二。"[4] 在他看来，之所以出现这种恶性循环，就是因为实业不发达。

穆藕初具有企业家的必备素质。他不认为自己是唯利是图、锱铢必较的资本家，而以事业家自居。他认为，事业家必须抱有"百折不回之精神"，"不进取则退休，不扩大则收敛"，原因在于："人间吸收力，原有一定之限度，吾不善供给，

---

[1] 穆藕初. 科学管理 [M] // 赵靖. 穆藕初文集. 北京：北京大学出版社，1995：568.
[2] 穆藕初. 上段执政 [M] // 赵靖. 穆藕初文集. 北京：北京大学出版社，1995：291.
[3] 穆藕初. 实业与教育之关系 [M] // 赵靖. 穆藕初文集. 北京：北京大学出版社，1995：147-148.
[4] 穆藕初. 论国民不当纯抱悲观 [M] // 赵靖. 穆藕初文集. 北京：北京大学出版社，1995：71.

人必代为供给之，吾国工商家不能满足吾国人民之欲望，他国人必代为满足之。……言保守而不求奋进者，乃实业界之自杀政策耳。况乎谋转输之便捷，望原料之低廉，造费务使其减轻，销场力求其增广，发挥已有之局势，补救现在之缺点，而力图开发，为世界各国工商业家惟一之方针。"[1]

作为有救国抱负的实业家，穆藕初始终痛心疾首于国内实业的不振。在他看来，导致我国实业不发达的原因是多方面的，既有政治方面的原因，也有国际方面的原因，但实业家本身也有不可推卸的责任。他曾指出：

> 玥尝仔细推敲，而恍然于我国实业家之所以失败者，厥有四大端：（甲）以实业界老辈自居，一意孤行，习非成是，虽有忠言不能纳，虽受挫折不能悟，视司事如奴隶，待工人如驴马。此失之于傲慢者，一也。（乙）购货不问其优劣，只求其低廉；出品不究其良窳，但望其脱手。事前无预算，临事无研究，事后无觉察。对于事物，可以谓之为无管理；叩其身心，可以谓之为无精神。此失之于疏忽者，二也。（丙）或则以侵蚀为能事，或则以豪奢为阔手，既大局之不顾，唯私便之是图。股东血本，视若粪土；自家责任，弃如弁髦。买卖出入，惟意所为；结党营私，毫无顾忌。此失之于舞弊者，三也。（丁）不从实际上立脚，专向幻空中捉摸，望盈余之数于气运，托去取之权于神鬼，视贸易如赌博，作孤注之一掷，信用未立，不知抱惭，挪移术穷，终至歇业。此失之于幸求者，四也。[2]

在不同产业的相互关系上，不少吴地企业家都有深刻而又辩证的主张。信奉"棉铁主义"的张謇指出："立国之本不在商也，在乎工与农，而农为尤要。"[3] 张謇重视农业的思想，与"以农立国"的传统经济思想有着本质的区别，他是从工农业协调发展的角度进行考虑的。他指出："无工商则农围塞。……农不出则乏其食，工不出则乏其事，商不出则三宝绝，虞不出则财匮少。四者民所衣食之原。"[4]

---

[1] 穆藕初. 今日青年之任务[M]//赵靖. 穆藕初文集. 北京：北京大学出版社，1995：127.

[2] 穆藕初. 对于中国实业破产之感言[M]//赵靖. 穆藕初文集. 北京：北京大学出版社，1995：138.

[3] 张謇. 请兴农会奏[M]//张謇研究中心，南通市图书馆. 张謇全集：第二卷 经济. 南京：江苏古籍出版社，1994：13.

[4] 张謇. 记论舜为实业政治家[M]//张謇研究中心，南通市图书馆. 张謇全集：第五卷 艺文（上）. 南京：江苏古籍出版社，1994：151.

穆藕初也指出："无农即无工商，无农工商即无生利之途，而国无与立。"[1] 只有"农工俱兴，则商务繁盛，国力充实。国民经济亦因之而充裕矣。故重农亦宜兼及于重工"[2]。他一再强调："农工并兴，而商业亦随之以发达矣。"[3] 又说，"农工商为立国要图"[4]。可见，穆藕初的重农思想也与传统思想有本质的区别，反映了他作为近代工商业者的时代特征。

穆藕初还将实业与企业、实业家与企业家做了区别。"企业为辅助实业之事业，苟能运用得宜，自能收指臂相维之效。实业者产生之物品，全赖企业者为之先导，而尽其宣泄之妙。"在他看来，实业家应远较企业家有远见和魄力，但在中国"办理实业人士，大都寡于经验，短于识见，故往往专重企业"。"咸以其所办事为企业之投机，舍本根而谋枝叶"[5]。他还明确指出，成功的企业家一定是那些知人善任、能抓住机遇、诚信守法经营、廉洁公正、适时应变、推陈出新之人。[6]

对近现代吴地社会经济有精深研究的严学熙先生指出，吴地近代工商企业家取得成功的因素主要有：企业家本人懂得业务并亲自参加管理；重视人才培养和使用；注意技术和生产管理的改革；建立原料基地和掌握市场动态；创立名牌产品等。[7]

上海师范大学顾吉辰以无锡为例，认为近代吴地实业家可以分为以下几种类型：官僚商人型，如杨宗濂、杨宗瀚兄弟；地主经商型，如薛南溟；农民学徒型，如王尧臣、张卓仁等；世家型，如荣氏兄弟、米业巨商赵夔（至少还包括唐星海、唐君远）等；教育与实业相结合型，如周文伯（宜兴人，经营"老虎"牌蚕种）、吴云山等。但不管哪种类型，这些企业家身上都具有以下诸多良好品格中的一种或几种：穷则思变，玉汝于成；节俭朴素，苦干实干；自强不息，勇于开拓；严

---

[1] 穆藕初. 米贵之原因及其补救之办法 [M] //赵靖. 穆藕初文集. 北京：北京大学出版社，1995：157.
[2] 穆藕初. 李馥荪氏重农说之再进一解 [M] //赵靖. 穆藕初文集. 北京：北京大学出版社，1995：380.
[3] 穆藕初. 振兴实业之程序 [M] //赵靖. 穆藕初文集. 北京：北京大学出版社，1995：178.
[4] 穆藕初. 生利的政府 [M] //赵靖. 穆藕初文集. 北京：北京大学出版社，1995：180.
[5] 穆藕初. 中国实业进行滞缓之原因 [M] //赵靖. 穆藕初文集. 北京：北京大学出版社，1995：174-175.
[6] 穆藕初. 科学管理 [M] //赵靖. 穆藕初文集. 北京：北京大学出版社，1995：575-586.
[7] 严学熙. 再论研究江苏近现代经济史的意义 [M] //江苏省中国现代史学会. 江苏近现代经济史文集. 如东：如东县彩印厂，1983：8.

格管理，依靠科技；培养人才，选贤任能。这些自强不息、勇于开拓的企业家长期顽强拼搏，所经营的事业几乎涉及社会经济的各个方面。有的开设花号，经营棉花的进出口；有的开设煤铁号，从事煤铁矿的开采和经营；有的开办电力、自来水公司，从事市政公用事业；有的开办面粉和碾米厂，从事粮食初加工；有的开办机器织布局、油厂，从事纺织、油脂的加工生产；有的开设钱庄、银行，从事金融活动；有的设立铁行，为洋行代销钢铁器材；有的开设茧行，育蚕制丝；有的创办缫丝厂，专事丝绸生产；有的从事房地产开发；有的购买轮船，经营内河、海上运输；还有的经营木行、搪瓷、酱园、榨油、造纸、典当、仓储、颜料、化工、电灯照明、桐油麻丝、医院、保险、肥皂、皮革、橡胶或从事餐饮业等。[1]

以张謇、荣氏兄弟为代表的一批工商业者秉持"实业救国""教育救国"的理念，除大办实业、兴办教育外，还造桥铺路、建造公园，参与城市建设和区域经济发展甚至社会保障规划的制订，完全无愧于企业家的称号。刘鸿生也被一些同行评价为"有远见的实业家"。与刘国钧长期共事的陆绍云一再由衷称赞，刘国钧有高尚的品质，有事业心，且精明强干、勤劳奋发、为人正派、自奉俭朴，[2] 因此能将企业尽快做大做强，立于不败之地。

应该说，这些研究者的结论是极富启发意义的。

正如上述理论研究所表明的那样，企业家是那些具有创新品质、富有冒险精神和敢于开拓的一类人。正是由于他们具备了这些品质和精神，他们投身企业的经营活动以后，总是能迅速打开局面，成就一番别人难以企及的事业。

近代吴地企业家普遍敢为人先，勇于探索，善于创新，敢冒风险，百折不回，持之以恒，坚持不懈。正是这些企业家的特有品质，才使得吴地这块面积不大的土地上产生了数不清的近代中国第一。

第二节 近现代江南地区企业家精神的主要内涵

近现代江南地区企业家精神的内涵是相当丰富的，主要表现在舍身饲虎、实业救国、敢为人先、勇于探索、注重实干、力戒虚骄、创新经营管理等方面。

---

[1] 顾吉辰. 无锡近代实业家述论[M]//高燮初. 吴文化资源研究与开发. 西安：陕西旅游出版社，1999：299-307.

[2] 上海市静安区工商联、民建会. 纺织专家陆绍云[G]//上海市政协文史资料委员会. 上海文史资料存稿汇编：7 工业商业. 上海：上海古籍出版社，2001：307.

一、舍身饲虎，实业救国

宏观环境的变化是吴地近代民族工业起步、发展极为重要的外部条件。吴地企业家常常能成功地抓住这些有利机会。1895年甲午战争的失败激起了进步人士欲通过创业来救国的热情。1898年的戊戌变法进一步促进了民族工业的起步和发展。1905年开始，清政府决定奖励实业，民族资本家投资新式事业有了政策和法律依据。1911年辛亥革命的胜利以及南京临时政府奖励实业的政策，为民族资本家投资实业扫除了众多政策和法律层面上的障碍。孙中山在就任临时大总统时及其后，多次明确表示建设之事不容缓，亟当振兴实业。

长期以来，吴文化区域虽然并不处于中国主流文化的中心地带，但在大一统的多民族国家形成以后，在主流文化的长期教育、熏陶下，吴地民众的民族认同意识特别强烈。晚清以来，吴地的有识之士莫不积极探寻挽救国家危亡的有效出路。主张并从事"革命救国"的有吴稚晖、陈去病、柳亚子、瞿秋白、博古等；主张并从事"教育救国"的有陶行知、黄炎培、郑辟疆等；主张并从事"实业救国"的有张謇、荣氏兄弟、刘鸿生、穆藕初、刘国钧等。

在多种救国途径并存的时代条件下，张謇、荣氏兄弟和刘鸿生等选择"实业救国"作为自己的毕生抱负，是与他们的价值取向和目标追求相一致的，也与他们身处其中的时代所提出的历史任务合拍。张謇曾解释过他创办大生纱厂的原因："洋布灌入内地，日盛一日，占我华布之路不少。……日本又于营口仿织通州大布，松江标扣。……由日本运纱至营口者，免收水脚，免征关税，又为之补助折耗。由此推之，三五年后，我通布之受其影响，将视松江、太仓为尤大。盖东三省销行之布，通产为大宗。……欲就其弊，非全国仿织花旗粗布不可，次则斜纹布。通崇海棉产特良，尤宜任此创通风气之责。"他认为，织厂"不必我办，而不可不办。以今日始，惨淡经营，三五年后，或可为织业异军特（突）起之权舆。若更迟疑观望，恐祸至无日，而悔莫之追"[1]。可见，就张謇的内心考虑和自身条件来说，他并非就是创办纱厂的不二人选，实在是因为不愿坐视外人掠我原料，役我人力，占我市场，获取大利，亡我国族。荣氏兄弟的"大小烟囱"理论所体

---

[1] 张謇. 大生纱厂股东会提议书[M]//张謇研究中心，南通市图书馆. 张謇全集：第三卷 实业. 南京：江苏古籍出版社，1994：89-90.

现的也是这一理念。虞洽卿一生都热心于创办实业,尽管有将家产传给子孙的考虑,但同时也有明显的奉献社会、振兴国家的考虑。他曾说:"最好办实业。若留现款传子孙,倘后辈不肖,立时可完。实业究竟较难败,且实业究属为多人谋生计。要安定国家,对外发展,更须倡办实业。先使大家有饭吃,然后努力前进。"[1]

吴地企业家群体的言论和举动显然与他们对晚清、民国官场上政以贿成、贪腐弄权的危亡气象的清醒认识有关。中华民族能生生不息、屡屡化险为夷并重铸辉煌,与这些先驱者们的筚路蓝缕和艰辛奋斗是分不开的。

同时我们也要看到,近代早期吴地某些企业家走上"实业救国"的道路,也有一些偶然的因素在起作用。比如,张謇投身实业,就与他所遭遇的险恶的政治生态有很大关系。在清朝统治后期,慈禧太后发动祺祥政变后,为了稳固自己的统治地位,有意容忍甚至纵容各种政治纷争,让各方深陷其中,消耗时间和精力,最终由她来当判官,借此独揽大权。刚一踏上官场的张謇就遇上了这么个清浊不分的政治环境和历史时代,特别是在其老师翁同龢被慈禧太后借故遣回原籍后,他更是担心由于朝中没有得力靠山而随时都有可能成为政治斗争的牺牲品。尖锐激烈的政治斗争使张謇最终做出尽快远离是非之地的决定。于是,他决定接受时任两江总督张之洞的建议,到家乡南通创办纺织企业。

二、敢为人先,勇于探索

在敢为人先、勇于探索方面,吴地企业家都敢做并争做"第一个吃螃蟹"的人。在近代中国,绝大多数中国人对资本主义生产方式是极为陌生的,不仅不了解资本主义生产方式的起码知识,也缺乏必要的资金和技术支持,而且要受到传统落后思想和观念的阻挠,承受着制度供给严重不足的巨大压力。封建统治者为了维护自己的专制统治,虽然从19世纪60年代开始,允许洋务派创办新式军事和民用工业,但相关企业都拥有很长时间的垄断经营权利,限制民营企业的进入。

绝大多数第一代近代吴地工商企业家在从事实业之前,普遍缺乏相关的专业历练,几乎没有经营近代工商企业所必需的专业知识和经验,但他们勇于开拓,

---

[1] 孙福基.虞洽卿的生平事实[G]//上海市政协文史资料委员会.上海文史资料存稿汇编:7 工业商业.上海:上海古籍出版社,2001:237.

积极探索，并且十分重视在实践中学习和创新，在学习中不断进步和完善自己，最终将事业做大做强。

甲午战争后，帝国主义国家在继续大肆向中国倾销商品的同时，纷纷直接在中国开办工厂、创办银行、修筑铁路、开山挖矿，利用中国廉价的原材料和劳动力，靠近消费市场，赚取更高利润，对中国利权的侵夺更加严重了。在这样的情况下，一些有识之士登高望远，认为国家欲从根本上挽回利权，必须允许并鼓励商办资本进入近代企业。

吴地近代工商企业始于1896年杨宗瀚在无锡创办的业勤纱厂（取"业精于勤"之意）。杨宗瀚早年曾有过在官场游幕的经历，1890年应李鸿章之邀，到上海接替郑观应，经营亏损多年的近代第一家官督商办民用企业——上海机器织布局。在他的精心管理下，上海机器织布局很快改变面貌，由严重亏损变为赢利颇丰，数年获利30多万两，官本扩增到26.5万两，杨宗瀚也由此获得李鸿章的高度信任。但在1893年，一场不期而遇的大火将整个生产车间全部烧光，杨宗瀚也因此被革职。甲午战争后，时任两江总督张之洞曾邀请他到南京办厂。杨宗瀚在和哥哥杨宗濂相商后认为，自己有创办纱厂的经验，苏南一带有钱人较多，而且风气渐开，"设厂自救"、挽回利权已逐渐在社会各界形成共识。经过认真研究分析后，他们决定将纱厂建在老家无锡，一是因为张之洞已经调任两广总督，二是因为无锡是他们的老家，便于就近开展工作，三是因为无锡的地价不如上海昂贵，办厂的成本较低，便于就近招收工人，且无锡接近原料产地和产品市场。

但在真正动工兴办后，情况远不如当初他们想象的那样简单。当时的大多数有钱人仍习惯于将钱用于土地兼并。他们认为这样做更为保险，不仅能起到保值甚至增值的作用，而且方便处置。业勤纱厂在历经艰辛总算办起来后，又遇到生产资金周转不灵、无力添置先进设备的困难，致产品质量很难提高，在市场上缺乏竞争力。只是在义和团运动期间，北方地区因战乱无法正常生产，业勤纱厂的棉纱才由往常的滞销变为畅销。由于利润大增，业勤纱厂方才有余力改进设备，加强管理，产品质量也由此稳步提升。其所生产的"四海升平"牌14支粗纱日后一直在常州、江阴、靖江、常熟一带畅销不衰，出现了供不应求的情形。从1896年到1906年的10年间，业勤纱厂总共获利50万两。

1905年，周舜卿以商部顾问的身份，赴日本考察。在考察期间，他发现日本境内银行众多，到银行内参观时，发现事务兴旺，工作繁忙，而反观中国，工商业每因资金周转不灵而出现经营困难，便萌生了创办银行的念头。回国后不久他便开始筹办中国第一家民营商业储蓄银行——上海信成银行。为把银行办好,他再次专门前往日本学习、观摩。经奏请清政府允许,信成银行获得了发行一元、五元和十元货币的特权。并经授权,将商部尚书载振的头像印在钞票上。此举一是为了防止伪造,二是为了提高信用。周舜卿还在银行章程中明确规定决不接受外雇,并在钞票上写明"华商"字样,以表达自己的爱国情怀。

信成银行创办后,大获成功。为吸引储户,银行规定只要满洋银1元,即可开户收存,而且利息较高,活期利息4厘,定期利息5厘。银行的功能齐全,业务范围很广,主要有存贷款、贴现、汇兑和发行钞票。存款分为定期、往来、嘱托、知照和储蓄5种。存款额逐年增加,最多时达700多万元。贷款又分为抵押、保证、往来、信用和通知5种。信成银行还在北京、无锡、南京和天津设立分行。

祝大椿所举办的实业在当时均属新兴实业。他除了将拆卸、买卖钢铁的生意做得风生水起之外,还曾在上海闸北开设过源昌机器碾米厂、华兴面粉厂及新老源昌两家丝厂,在曹家渡小沙渡路开设了恒昌源纱厂、公益纱厂。另外,他和怡和洋行联合创办了怡和源打包厂(在一个时期内,这是上海唯一的一家打包厂)。他还在无锡创办了福裕堆栈、福昌丝厂、惠源面粉厂,在苏州浒墅关创办了华章造纸厂,在苏州创办了振兴电灯厂,在苏州创办了振扬电灯厂,在常州创办了振生电灯厂,在大通创办了振通电灯厂,在溧阳创办了振亨电灯厂。[1] 创办这么多新兴行业,而且办得都相当成功,没有很强的开拓勇气和创新精神是不可能做到的。

刘鸿生成功创办中华煤球厂后,并未止步不前,而是一直在创制新产品。1928年,他在周家渡中华煤球厂码头内建造了中华煤球第二厂,制造沥青煤球。这种煤球比黄泥煤球耐烧,热值又高,煤渣少,唯一的不足是售价较高,每吨23元,比普通煤球高出2元左右。接着,他又试制"面粉煤球",即用面粉下脚料和煤屑充当凝结物。这种煤球的热值比普通煤球的高,煤渣少,煤灰不结块,但开始燃烧时有异味。此外,刘鸿生还试制过糖浆煤球。糖浆煤球除了具有面粉煤球的所有优点外,还无异味,但价格很高。[2] 尽管这些努力的成效都不大,但刘鸿生不愿墨守成规的创新精神是十分明显的,更是难能可贵的。

---

[1] 李凤来. 关于祝兰舫的一些情况[G]//上海市政协文史资料委员会. 上海文史资料存稿汇编:7 工业商业. 上海:上海古籍出版社,2001:229-231.

[2] 丁辛叔. 上海首创机器制造煤球与刘鸿生创办中华煤球厂经过[G]//上海市政协文史资料委员会. 上海文史资料存稿汇编:7 工业商业. 上海古籍出版社,2001:277-279.

作为近代中国化学工业开路者的方液仙在其实业生涯中，勇于尝试、大胆创新，将其涉足的每个行业都做得风生水起。他在创办中国化学工业社前后，创办了鼎新搪瓷厂、龙华制革厂（制作皮上衣、马靴等）、务本橡胶厂（生产男女雨鞋）、盐酸厂等新兴企业。中国化学工业社有四大产品，分别是"三星"牌蚊香、"三星"牌牙膏、"箭刀"牌洗衣皂和味生。这些产品都名震一时，其中"三星"牌蚊香因质美价廉，将长期盛销的日本产"野猪"牌蚊香挤出中国。另外，他还创办了晶明玻璃厂（生产存放香水、雪花膏、味生、味母、墨水等的玻璃瓶以及专供高级饭店的特制高级茶具、作为建筑材料的高级玻璃砖）、中国制管厂（生产牙膏和鞋油软管）、肇新化学厂（生产碳酸钙）、永盛薄荷厂（生产薄荷脑）。这些厂涉及了化工、皂烛、调味品、制药、金属软管、玻璃、香料等行业。方液仙还在一些主厂内设立附属工场和车间，生产面粉、淀粉、板箱、甘油等产品。为解决蚊香的原料问题，他从日本引进并种植了除虫菊。[1] 方液仙所从事的化工事业，在当时的中国，多是开拓性的。没有企业家的创新精神，要创办这么多新式事业，是绝无可能的。

吴地企业家都有"实业救国"的理想和抱负，最有名的莫过于状元出身的实业家张謇了。张謇的命运似乎注定是坎坷的，历史老人似乎也在故意捉弄和磨炼他的意志。以他的聪慧，他本应在科举应试场上一帆风顺，实际上却屡遭挫折。开始参加科举考试，就因冒籍顶替而遭到敲诈勒索，还差点吃了官司。此后虽多次参加会试，却接连因誊错试卷上的姓名等莫名其妙的人为失误而始终未能取中进士，不免心灰意冷。1894年慈禧太后过六十大寿，为营造喜庆气氛，特恩准增加一次会试。

起初，张謇因此前连受打击，本不想再去应试，但他经不住年迈老父的一再劝说，只好勉强又一次前往京城参加会试，但已毫无当年的锐气和信心，连考试必备的用具都是临时向别人借的。他先是在初试中跻身前六十名，接着在复试中又挤进前十名。在他参加殿试时，唯恐他再出现以往阴差阳错的失误，与他有师生关系的主考官之一的翁同龢特地命令收卷官坐候他交卷，然后交到自己手上。匆匆评阅之后，即得出"文气甚老，字亦雅，非常手也"的结论。翁同龢与李鸿藻等另外7位评卷官经商量，除张之万外全都同意定张謇为第一名。4月24日，

---

[1] 林汝康. 中国化学工业社与方液仙［G］∥上海市政协文史资料委员会. 上海文史资料存稿汇编：7 工业商业. 上海：上海古籍出版社，2001：287-290，295.

经皇帝签阅，张謇高中状元。

《马关条约》行将签订之时，张謇因父亡而回籍守制。他非常痛恨慈禧太后、李鸿章之流的消极辱国之举，然又毫无办法。《马关条约》签订后，张謇敏锐地认识到，欲救中国者，"首曰救贫。救贫之方，首在塞漏"[1]。明确提出了挽回利权、设厂自救的实业主张。张謇说过，"国非富不强，富非实业完不张"[2]。并认为，"外交内治裕如，岂惟实业"[3]，"救穷之法惟实业，致富之法亦惟实业"[4]。因此，在中国这样的落后国家里，各种国策应以实业为重，否则，"若徒空言抵制抵制，则彼一物而我无物，抵且不能，制于何有"[5]？经过一番认真思考后，他最终同意张之洞要求他在南通创办纱厂的建议。然而在创办企业之初，他并无必备的知识储备，但凭借"实业救国"的一腔热情，抱着"舍身饲虎"的坚定决心，高张"以身殉道"的大旗，艰辛探索，终于干出了一番惊天动地的历史伟业。

成大事业者，必有大毅力，有极强的自制力。张謇曾回忆道：在他十二三岁时的一年夏天，童年时代喜欢玩耍的天性得以释放。有一次趁私塾先生不在，他便和长兄嬉闹不止，却被父亲撞个正着。父亲遂命兄弟俩一起随其下田锄草。一天暴晒下来，后背、胳膊和面孔皆红肿疼痛异常。晚上回来，父亲问他们：读书与锄草哪一个更辛苦？兄弟俩不约而同地选择要读书。此后，他们俩读书异常认真，而且小有成绩。然而，张謇16岁时去应州试，成绩很不理想，名列百名之外，而同乡有一位少年比他还小一岁，却考了第二名。私塾先生狠训了张謇一顿，声称："譬若千人试而额取九百九十九，有一不取者，必若也。"张謇大受刺激，自觉羞愧难容，发誓更加用功苦读，不仅在门窗和帐顶上贴上自己书写的"九百九十九"五个大字，以时时警醒自己，而且于每晚就寝时，在枕边放上两根短竹子。每每稍一移动就会撞到竹子而醒来，醒后即起身诵读。读了好一阵子后，有时天

---

[1] 张謇. 大生纱厂章程书后 [M]//张謇研究中心，南通市图书馆. 张謇全集：第三卷 实业. 南京：江苏古籍出版社，1994：42.

[2] 张謇. 劝通州商业合营储蓄兼普通商业银行说帖 [M]//张謇研究中心，南通市图书馆. 张謇全集：第三卷 实业. 南京：江苏古籍出版社，1994：761.

[3] 张謇. 海关进出口货价比较表序 [M]//张謇研究中心，南通市图书馆. 张謇全集：第三卷 实业. 南京：江苏古籍出版社，1994：785.

[4] 张謇. 拟清酌留苏路股本合营纺织公司意见书 [M]//张謇研究中心，南通市图书馆. 张謇全集：第三卷 实业. 南京：江苏古籍出版社，1994：790.

[5] 张謇. 复北京国民外交协会发展棉业说 [M]//张謇研究中心，南通市图书馆. 张謇全集：第三卷 实业. 南京：江苏古籍出版社，1994：800.

才有些透亮。[1]

在创办企业初期，张謇业以超凡的毅力解决了一个又一个常人难以解决的棘手难题。对于新生事物来说，习惯势力总是显得异常的强大，这在大生纱厂创办过程中有充分表现。首先遇到的是资金筹集上的困难，有时几乎困难到无以为继、无计可施的地步。不少人原先答应得好好的，却又突然变卦。他多次说过，在大生厂创办时，他一人苦思焦虑，彻夜失眠，在室内绕屋而走，百思纷纭。纱厂好不容易办起来后，又有人抱着幸灾乐祸的态度等着看好戏，或者说风凉话：厂囱虽高，何时出烟？引擎虽动，何时出纱？纱厂勉强开工后，又碰到流动资金短绌。张謇不得已曾赴上海想办法，但"留沪两月，百计俱穷，函电告急于股东者七次，无一答"。"惟有忍气待时，坚志赴事，更无他策"[2]。最后他竟不得不靠卖字给旅费。这段经历令他刻骨铭心，后来在给股东会的报告中他还特地提及："每夕相与徘徊于大马路泥城桥电光之下，仰天俯地，一筹莫展。"[3] 更让他难过的是他的举动还得不到人们的理解，"蒙世疑谤，不可穷诘"[4]。在筹办厂的5年时间里，他不仅未取分文报酬，还要"忍侮蒙讥，伍生平不伍之人，道生平不道之事，舌瘁而笔凋，昼惭而夜愦者，不知凡几"[5]。但事情又不能不办。他曾在垦牧场与友人说道："这种事业，我如不做，恐怕没有第二个人肯负此责任也。"又说，"凡事难于开始，我如不趁精力尚强、地位尚好的时候，一鼓作气，树立一个基础，我死之后，决不会再有人来创办也。若开办在我生前，有其举之莫敢废也。守成较创始为易"。[6] 他正是抱着这种用世之心和创造事业的大志，筚路蓝缕，艰难创业，百折不回，终于创办了以大生纱厂为核心的企业集团，并将南通地区的现代化水平向前大大地推进了一步。

大生纱厂从1895年开始动工兴建，直到1899年才告竣工。在企业筹办之初，

---

[1] 张謇. 啬翁自订年谱[M]//张謇研究中心，南通市图书馆. 张謇全集：第六卷　日记. 南京：江苏古籍出版社，1994：831-832.

[2] 张謇. 啬翁自订年谱[M]//张謇研究中心，南通市图书馆. 张謇全集：第六卷　日记. 南京：江苏古籍出版社，1994：859-860.

[3] 张謇. 大生纱厂第一次股东会之报告[M]//张謇研究中心，南通市图书馆. 张謇全集：第三卷　实业. 南京：江苏古籍出版社，1994：86.

[4] 张謇. 大生纱厂章程书后[M]//张謇研究中心，南通市图书馆. 张謇全集：第三卷　实业. 南京：江苏古籍出版社，1994：43.

[5] 张謇. 为纱厂致南洋督部刘坤一函[M]//张謇研究中心，南通市图书馆. 张謇全集：第三卷　实业. 南京：江苏古籍出版社，1994：8.

[6] 刘厚生. 张謇传记[M]. 上海：上海书店，1985：251.

张謇频繁奔波于上海、南通两地，历经两个月，总算找到6位有钱者表示愿意投资60万两，但到正式动工后，由上海方面负责筹集的40万两毫无着落，大生被迫第一次搁浅。后来张謇找到大买办盛宣怀，请求给予帮助。盛宣怀一开始满口答应，非常爽快，但到真正用钱时，却百般推脱。大生被迫第二次搁浅。厂房建成时，又遭到地方顽固势力的强烈阻挠。一些土布业者唯恐大生纱厂开办后会影响其既得利益，便怂恿当地群众企图捣毁刚建成的厂房。张謇乃请两江总督刘坤一出面支持，其间还遭到通州知府桂嵩庆的暗算。1899年5月，大生纱厂全部建成，却因资金透支严重，流动资金毫无着落，无力开工。张謇计划将厂房出租给别人来经营，但承租者临时变卦，推翻成议，百般压价。张謇经此打击，百感交集，徘徊在繁华的上海大马路上，一筹莫展。幸遇老朋友沈敬夫的倾力相助，决定将自己经营的"同兴宏"布庄全部资产用来接济大生纱厂。大生由此起死回生，且一发不可收。

在创办通海垦牧公司时，张謇同样经历了难以想象的困难。该公司正式成立于1901年10月。事前张謇曾4次亲赴通海一带巡视考察，并通过两江总督刘坤一借用南京陆师学堂毕业生去实地测绘滩涂荒地。原以为这些荒地都是无主的，但到正式开垦时，却发现"几无一寸无主，亦无一丝不纷"，从而陷入了无休止的产权纷争之中。那里既有淮南盐场的"荡地"，又有苏松、狼山两镇的"兵田"，更有民间的坍户、酬户、批户等，几乎没有一块完整的荒地可以随意占用。张謇周旋于官府和豪绅大户之间，身心俱疲，花了整整8年时间，才将全部产权逐一厘清。[1] 工作量之大可以想见，充分反映了企业家的坚忍和执着。

在厘清产权的同时，张謇又开始组织人力构筑防海堤。沿海一带的自然环境十分恶劣。建筑工人在烈日炎炎的夏季和北风呼啸的严冬都没有停息。张謇多次前往察看指导，深为感动。由于资金不充裕，海潮又实在太凶猛，工程经常是建了毁，毁了再建，反复多次。特别是1905年夏天的一场长达5天5夜的连续大风暴，导致数米高的海浪冲毁了历经艰辛筑成的7条干堤和部分渠道，冲散了牧场羊群，同时也冲掉了不少股东的投资勇气和信心。面对突如其来的天灾人祸，张謇强抑内心的沮丧，重新打起精神，再次多方筹集资金，召集人员继续辛勤劳作，经过两年多奋战，终于完成了工程。正如孟子所指出的那样："天将降大任于斯人

---

[1] 张謇.垦牧公司第一次股东会演说公司成立之历史[M]//张謇研究中心，南通市图书馆.张謇全集：第三卷 实业.南京：江苏古籍出版社，1994：385.

也,必先苦其心志,劳其筋骨,饿其体肤,空乏其身,行拂乱其所为,所以动心忍性,曾益其所不能。"张謇的成功在很大程度上跟经历这一段磨难而养成的坚忍不拔、百折不回的品格是有紧密关系的。

有鉴于政治的浑浊不清,民众求援无门,张謇决定实行地方自治。他说:"謇抱村落主义,经营地方自治。"[1] 涉及内容包括实业、教育、水利、交通、慈善、公益等方面。张謇说:"以为举事必先智,启民智必由教育,而教育非空言所能达,乃先实业。实业教育既相资有成,乃及慈善,乃及公益。"[2] 又说,"走抱村落主义有年矣。目睹世事纷纭,以为乡里士夫,苟欲图尺寸以自效者,当以地方自治为务。地方自治条理甚繁,当以实业教育为先。盖犹孔子富而教之之义,使地方无不士、不农、不工、不商之人。"[3] 他把地方自治看成解救民众于苦难的药方。

关于自治、教育、实业和慈善之间的相互关系,张謇指出:"国家之强,本于自治,自治之本,在实业教育,而弥缝其不及者,惟赖慈善。謇自乙未以后,经始实业;辛丑以后,经始教育;丁未以后,乃措意于慈善。盖失教之民与失养之民,苟悉置而不为之所,为地方自治之缺憾者小,为国家政治之隐忧者大也。"[4]

张謇的内心深处始终怀着强烈的救民于水火之中的责任感和使命感。1904年,他在《记论舜为实业政治家》一文中写道:

中国言圣人者,必尊尧舜,尚书大传舜贩于顿丘,就时负夏,史记舜耕历山,渔雷泽,陶河滨,作什器于寿丘,就时于负夏。索隐就时,若乘时射利也。又一年而所居成聚,二年成邑,三年成都,无论耕渔之为农,陶与作器之为工,就时之为商,其确然者矣。舜若止是自了汉,作个人事业,人孰附之?按周礼郊野法,九夫为井,四井为邑,四邑为丘,四丘为甸,四甸为县,四县为都;邑方二里,都方百里。若非舜之实业发达,亦未必人人归附

---

[1] 张謇. 呈报南通地方自治第二十五年报告会筹备处成立文 [M] // 张謇研究中心, 南通市图书馆. 张謇全集:第四卷 事业. 南京:江苏古籍出版社,1994:457.

[2] 张謇. 谢参观南通者之启事 [M] // 张謇研究中心, 南通市图书馆. 张謇全集:第四卷 事业. 南京:江苏古籍出版社,1994:468.

[3] 张謇. 对于东台欢迎答辞 [M] // 张謇研究中心, 南通市图书馆. 张謇全集:第四卷 事业. 南京:江苏古籍出版社,1994:426-427.

[4] 张謇. 拟领荒荡地为自治基本产请分期缴价呈 [M] // 张謇研究中心, 南通市图书馆. 张謇全集:第四卷 事业. 南京:江苏古籍出版社,1994:406.

如此。[1]

张謇就是凭着这种近乎圣人般的救赎情怀从事着他所钟爱的事业，毕生无怨无悔。一首《垦牧乡歌》充分反映了他以南通圣人自居的情怀：

　　　　海之门兮芒洋，受有百兮谷王，辅南通兮江沄沄而淮汤汤。崒郁起兮垦牧之乡，我田我稼，我牛我羊。我有子弟，亦耒亦耜，而冠而裳。憧万兮井里，百年兮洪荒。谁其辟者南通张。[2]

其南通圣人的形象定位十分明确。然而，与强大的传统社会惯性相比，个人，哪怕是像张謇这样具有个人魅力和超强能力、社会资源十分丰富的状元的力量也终究是有限的。张謇在创办和经营实业活动中所屡屡遭遇的难以想象的困难就是明证。当然也正是凭着这种永不言败、愈挫愈锐的精神，张謇在通海地区成功创办了60多项事业，明显改变了这一地区的政治、经济、文化、教育、社会等方面的状况。张謇身上所体现的企业家精神是"一种将中国古代知识分子中以天下为己任，关心民族兴亡和黎民疾苦，崇尚经世致用等优良传统，与西方工业文明中企业家创新精神相结合的新型中国企业家精神"[3]。另有学者从历史传承的角度认为，体现在张謇身上的精神有爱国家、爱家乡、勇于开拓进取、尽职尽责、乐于廉洁奉公等几个方面。[4] 这些概括虽然与一般人所认为的企业家精神不尽相同，但其中也有某些共同之处，可被视为广义上的、具有近代中国时代特点的企业家精神。

凭着这种精神，经过张謇十多年持续不断的艰苦努力，通海地区终于有了可连片种植棉麦等农作物的良田，仅棉花的年产量就达20万担左右。原先一片荒芜的土地变成了"栖人有屋，待客有堂，储物有仓，种疏有圃，佃有庐舍，商有廛市，行有涂梁"[5] 的地方。但张謇的探索过程正如他自己所描绘的那样："如寐始觉，如割始痛；如行深山，临悬崖，榛莽四出，披而始识无路；如泛雾海，见

---

[1] 张謇. 记论舜为实业政治家[M]//张謇研究中心，南通市图书馆. 张謇全集：第五卷　艺文（上）. 南京：江苏古籍出版社，1994：151.

[2] 张謇. 垦牧乡歌[M]//张謇研究中心，南通市图书馆. 张謇全集：第五卷　艺文（下）. 南京：江苏古籍出版社，1994：271.

[3] 虞和平. 张謇：中国早期现代化的前驱[M]. 长春：吉林文史出版社，2004：160.

[4] 虞和平. 张謇：中国早期现代化的前驱[M]. 长春：吉林文史出版社，2004：530-540.

[5] 张謇. 垦牧公司第一次股东会演说公司成立之历史[M]//张謇研究中心，南通市图书馆. 张謇全集：第三卷　实业. 南京：江苏古籍出版社，1994：386.

一岛屿，若隐若见，而始得所趋。"[1] 因此，他向清政府痛陈：应速建纱厂，以堵塞民间权益之外溢，"向来洋商不准于内地开机器厂，制造土货，设立行栈。此小民一线生机，历年总署及各省疆臣所力争勿予者。今通商新约，一旦尽撤藩篱，喧宾夺主；西洋各国，援例尽沾。外洋之工作巧于华人；外洋之商本厚于我国"[2]。他认为中国必须废除洋务派官督商办的垄断经营模式，允许和鼓励民间自办工厂，从设立纺纱厂入手，然后渐次向重工业发展，使国家逐渐富裕强大起来。

在张謇的模范带动和辐射影响下，南通周边地区出现了一批以经营实业为主同时又注重地方自治的现代化前驱者。沙元炳、孙儆、凌钏智都致力振兴本地实业，筹备学校。就此而言，正如管理学家德鲁克所说：创业型经济不仅是一种经济或科技的现象，而且是一种文化与心理的现象，其影响力已经超出了它对经济所起的作用。[3]

荣氏企业家也是抱着"实业救国"的理想与信念投资和创办面粉与纺织企业的，并在这一信念的支撑下矢志不改，克服重重困难，逐渐将事业做大做强。荣宗敬曾明确指出，中国只有多立工厂，发展实业，才能抵外货。荣德生也曾强调，中国要富强，非急速变成一个工业化国家不可。

荣氏兄弟之所以能很快将企业做大做强，并始终立于不败之地，与其开拓进取、百折不回的企业家精神是分不开的。时人一致评价荣氏企业家具有远大的目光，更有百折不回的精神，勤俭克己，气度卓绝一时，又富有冒险性质，涉务则勤于躬亲，而好问必察，遇事有真知灼见之益。荣宗敬总是敢为人先，有魄力，敢担当。每当遇到阻力时，他总是强调凡事不进则退。荣德生对其兄荣宗敬敢于决断的创业精神和过人的胆识与气魄始终十分敬佩，曾多次充满感情地说道，荣氏集团能成为一个颇具规模的大型企业集团，"非恃有充实之资本，乃恃有充实之精神。精神为立业之本"[4]。"事业之大，实由兄主持，才有此成就也。"[5]

荣宗敬极力主张举债经营，将企业迅速做大做强。但在一定条件下，企业发

---

[1] 张謇.海关进出口货价比较表序［M］//张謇研究中心，南通市图书馆.张謇全集：第三卷 实业.南京：江苏古籍出版社，1994：784.

[2] 张謇.代鄂督条陈立国自强疏［M］//张謇研究中心，南通市图书馆.张謇全集：第一卷 政治.南京：江苏古籍出版社，1994：30.

[3] 德鲁克.创新与创业精神［M］.张炜，译.上海：上海人民出版社，2002：17.

[4] 荣德生文集［M］.上海：上海古籍出版社，2002：295.

[5] 荣德生文集［M］.上海：上海古籍出版社，2002：317.

展速度过快,特别是过多举债,也会带来管理滞后,企业风险增大等问题。因此,适当的谨慎也是需要的。在这方面,荣德生正好与乃兄形成鲜明对比。他行事一向较为稳健,主张稳扎稳打,在企业发展遇到困难时,主张把现有的厂办好,然后再发展,但在企业发展的重大决策上,又充分支持荣宗敬。兄弟二人相互支持又相互补充,在较短时间内就将荣氏企业做成了行业里的龙头老大。当企业经营出现困难时,荣德生则每每使出浑身解数,助荣宗敬一臂之力,使企业渡过难关。

荣德生在年纪很小的时候就有很强的自律性。他在上海钱庄当学徒时,一次外出办事,正巧碰上演出,看得入神,忘记了回去的时间,再加上人地生疏,认不得路,费尽周折返回时,已是华灯初上。店家颇为不悦,言语间不免有些责备的意思。此后,荣德生再也没有发生过因个人原因而影响工作的事情。良好的品性成就了日后的大事业。在成为举国公认的大实业家后,荣德生在生活上仍保持良好的节俭习惯,在事业上却进取不已。他说道:"国人大多无远大目光,以为余保暖坐食,终生尽可足用,何必再需若许钱财,不知余别有远见,另图大规模之事业也。"[1]

孙多森兄弟则将创办实业视为"赌博",不敢松懈须臾。孙多森曾说:"有人说我不喜欢赌博,其实他们所谓的赌博都只是耍耍小钱而已,谈不上什么赌。我这样搞实业才真正是赌博,好则发财,坏则破产,所以一时一刻都不能放松事业。"[2] 他与长兄孙多鑫的性格与荣氏兄弟正好相反。作为弟弟的孙多森敢于拼搏,兄长孙多鑫则较为持重。兄弟俩勠力同心,在不太长的时间内就将阜丰面粉厂发展成了实业界的通阜丰企业集团。

荣德生经常说自己是事业家、"事业迷",而不是只知赚钱的资本家,而且无锡的"事业迷"还不少。"吾锡除余兄弟外,唐、薛等均有'事业迷',故能促成工业之发展。"[3] 正是这种敢于冒险、不断创新、永不满足的企业家精神,深深地影响了区域社会经济的发展变化。近代以来,以上海、无锡、常州、南通、苏州等城市为代表的吴文化核心区域之所以成为中国工商实业非常发达的区域,正是因为涌现出了一大批像张謇,杨宗濂、杨宗瀚兄弟,荣宗敬、荣德生兄弟,薛南溟、薛寿萱父子,周舜卿,唐保谦、蔡缄三、唐骧庭、程敬堂这样的企业家。

---

[1] 荣德生文集[M].上海:上海古籍出版社,2002:188-189.
[2] 孙锡三.孙多森简历·几点补充[G]//上海市政协文史资料委员会.上海文史资料存稿汇编:7 工业商业.上海:上海古籍出版社,2001:250.
[3] 荣德生文集[M].上海:上海古籍出版社,2002:480,484.

榜样的力量是无穷的。在这些著名企业家的影响带动下，这一区域出现了难以计数的中小企业家群体。这种情况正如荣德生所指出的那样，"故一地必须有人提倡事业，开辟风气，人人节约勤恳，以有余之资投入生产。如此由一人为倡，而影响一乡，由一乡而影响一县，由一县而影响一省，以至全国"[1]，从而使得这一区域的现代化程度远远高于全国的平均水平，并辐射和带动周边地区的发展。

荣氏兄弟的大获成功，还依靠他们勤于运思、百折不回、精于计算的企业家精神。长期在申新三厂中担任高级管理职务的薛明剑在总结荣氏兄弟获得成功的经验时，一再强调他们"具有远大之目光，更有百折不回之精神，勤俭克己"。遇到困难时，他们总是能"奋其精神，竭其毅力，措置裕如"，"终至战败不良之环境"，而成就伟业。常年"非午夜不寐，早晨六时起身"。"事繁时，往往仅购粗点充饥，决不稍自宽假，数十年如一日"。而对待下属甚宽。"即有过失，每多原谅。其度量之宏大，更非常人所能及。然见子侄辈稍不合，每严责不贷。是故一门子女，谨严一如父风，绝无时下习气。"[2] 荣氏老一辈企业家，特别是荣德生在经营企业过程中，还十分注意精打细算。正是靠着这种目光远大、百折不回、精打细算的企业家精神，荣氏企业才能迅速做大做强，并最终屡屡战胜各种困难、化险为夷，而宽以待人、严以律己的企业家风范起到了很好的凝聚人心的作用，使荣氏企业形成了很好的团队精神。

时人刘树森在《茂福申新卅周纪念册》中也指出，荣氏兄弟之所以能在竞争激烈的纺织、面粉两业中脱颖而出，迅速做大做强，有时还形成了众枯独"荣"的局面，从根本上说是因为其百折不回的企业家精神。其成功的基础是完全建筑在雄健的魄力和百折不回的精神上的。具体地说，除了气度卓绝、富有冒险精神、魄力和胆识过人、勇往直前等品质之外，其成功还因为凡事均能事必躬亲，重视调查研究。

从青年时代起，穆藕初就表现出非凡的毅力。他小时候体弱多病，"胆小如鼷，闻雷声辄掩耳欲泣，偶有谈及妖狐鬼怪等事，辄惊骇至不能成寐"[3]，但经过后天的不懈努力，成年以后即使在大庭广众之下发表演讲，亦毫无惧色。他在抵制不良诱惑方面的能力也特别强。他在20岁左右时，一次随友人出游。众朋友皆沉溺于声色淫逸之中，唯独他凭着顽强的意志，最终拒绝了女色的诱惑，而且

---

[1] 荣德生文集[M].上海：上海古籍出版社，2002：190.
[2] 无锡市史志办公室.薛明剑文集：下[M].北京：当代中国出版社，2005：807-809.
[3] 穆藕初.藕初五十自述[M]//赵靖.穆藕初文集.北京：北京大学出版社，1995：9.

在此之后就再也没有和那些朋友一起出去过。此后，为了学好英语，虽在声色之地住了一年多时间，也终能一尘不染。这对于出身尚较富裕的穆藕初来说，没有至为顽强的意志是很难做到的。正是靠着这样的坚强意志，穆藕初才能在日后并不理想的环境中，顶住各种压力，以服务社会为己任，创造出诸多非凡的成就。

纺织专家陆绍云不仅精通专业知识，而且在经营管理上善于创新。他在对纺织业进行调查研究后，尖锐地揭示了该行业普遍存在的严重问题：① 管理上实行工头制，任用亲私，不用好人，索贿行私，弊病百出；对工人动辄打骂、罚款，劳资关系紧张；② 普遍雇佣童工，工时长达12小时，劳动保护条件极差，工人生活福利设施很少，生产消极；③ 生产管理制度不健全，工作混乱，不少纱厂因此衰败亏损。有鉴于此，他在天津宝成纱厂任职（先任工程师，后任厂长）时，率先于1926年在该厂实行8小时工作制，且星期日休息一天。这在当时的国内均属于首创。工人因得到较为充足的休息，其生产积极性和劳动效率明显提高，企业的效益也明显提升。他在主持常州大成纱厂时，兴办职工宿舍和食堂，改善工厂生产环境，使整个厂区犹如花园一般整洁；他从每班调出1/10的工人，每日对他们进行1个小时的识字教育，还亲自编写教材，让工人了解各部门的工作方法和厂规。[1] 这些举措，在当时的国内工厂中也都是首创的。

三、注重实干，力戒虚骄

吴地工商业家从事企业经营活动，是以"实业救国"思想为指导的，在客观上也确实在很大程度上起到了这种作用。这种理念完全是在理性思考后确立的。在过分强调革命救国论的年代里，我国学术理论界对此缺乏辩证、客观的评价，甚至还有意无意地加以人为贬低，进而予以否定。这是很不公允的，是一种历史虚无主义的论调。应当看到的是，实业救国论和其他所有救国理论，如改良救国论、教育救国论、革命救国论一样，既有其历史局限性，同时也有其历史合理性，充分体现了吴地企业家的理性精神。

有人认为，企业家是那种自愿放弃休假，为需要帮助的人提供工作机会，为衣食无着的穷人提供救济的人。无论是荣德生的"大小烟囱"理论，还是张謇的

---

[1] 上海市静安区工商联、民建会. 纺织专家陆绍云 [G] // 上海市政协文史资料委员会. 上海文史资料存稿汇编：7 工业商业. 上海：上海古籍出版社，2001：308-309.

毅然转向实业，都表明他们在一定程度上已认识到，企业活动如果进行得好，就更忠于儒家思想的号召，因为近代企业提供了就业的机会，从而增加了人民的福利。这既是促使他们尽快将企业做大做强的精神动力，同时也是张謇这类由官僚转为工商企业家所秉持的"言商仍向儒"的理论依据。对于张謇这样的传统知识分子来说，要完成由封建士人向近代工商业者的"惊险一跳"是十分艰难的，必须有足以在其内心深处说服、打动他自己的合乎逻辑的理由。

进入近代以后，受过西方文明熏陶、有感于中国积弱不振的现实国情的早期改良派知识分子更是发出了以"商战"立国的呼喊。无锡人薛福成是其中最为杰出的代表。他明确指出："西人则恃商为创国、造家、开物、成务之命脉……盖有商，则士可行其所学而学益精，农可通其所植而植益盛，工可售其所作而作益勤。是握四民之纲者，商也。"[1] 他还指出，"公司不举，则工商之业，无一能振；工商之业不振，则中国终不可以富，不可以强。"[2]

正是在这些进步思想家不断的鼓与呼之下，面对国家不断沉沦、利权不断丧失、人民备受煎熬的现实，吴地思想界和社会风气逐渐发生明显变化。英国传教士傅兰雅在游历无锡后，发现当地"士人多以为《诗》、《书》、经史几若难果其腹，必将究察物理，推考格致，始觉惬心"[3]。越来越多的青年学子不再视科举为唯一出路，而将经商、办实业看成养家糊口、发财致富、振兴地方社会经济的正途。杨宗濂年少时即"慨然叹曰：'海内多事，吾不能复为章句儒矣'。遂摒弃举业，壹意治经世之学，出则入曹治官，归则杜门著录，篝灯钳楮，丹铅几席，自兵刑、舆地、农田、河渠、漕运、盐铁之利，靡不研贯"[4]。弃官从商、弃文从商的大有人在，且不绝如缕。比如一度被誉为民初"海上闻人"的周舜卿，在童年"即知内乱之不足言兵。而憬然于洋务之，以商为战也。于是弃书就贾"[5]。再如后来成为无锡丝业大王的许稻荪，"家世儒，素习举子业，以教授生徒不足以自立，决弃儒习贾赴申"，后在苏州、无锡等地创办缫丝厂。[6]

在轻纺工业有了初步发展的基础上，张謇、荣氏兄弟等还进一步将投资方向

---

[1] 薛福成.《出使日记》选 [M]//丁凤麟，王欣之.薛福成选集.上海：上海人民出版社，1987：578.

[2] 薛福成.论公司不举之病 [M]//丁凤麟，王欣之.薛福成选集.上海：上海人民出版社，1987：481.

[3] 严克勤，汤可可等.无锡近代企业和企业家研究 [M].哈尔滨：黑龙江人民出版社，2003：27.

[4] 严克勤，汤可可等.无锡近代企业和企业家研究 [M].哈尔滨：黑龙江人民出版社，2003：27.

[5] 王金中，沈仲明.无锡工商先驱周舜卿 [M].南京：凤凰出版社，2007：126.

[6] 严克勤，汤可可等.无锡近代企业和企业家研究 [M].哈尔滨：黑龙江人民出版社，2003：28.

延伸到重工业领域。张謇明确提出了"棉铁主义"。吴地企业家重工思想的提出是近代以来商战立国思想向纵深发展的逻辑结果,既反映了国难当头之际不同社会精英阶层均以救国为己任的超迈情怀,同时也反映了工商阶层的社会心理已日益成熟。[1]

无锡的企业家们信奉"行行出状元"的古训。荣德生就曾告诫欲到美国留学的儿子荣鸿仁及孙子荣智明,在外不必以学位为目标,只要在事业上学会实用本领。他清醒地指出,"留学归来致力于事业者多有成就,走入政治者多学非所用"。因此,他反复告诫子孙不要"误入仕途",否则即"与猾吏无异,不但无益于社会国家,且亦自误,至为可惜,反不若做一农工有裨于生产也"。[2] 他在为公益中学创立30周年的题词中写道:"实学实用,不枉国家之栽培与家长之期望"。这在视科举致仕、读书做官为正途的中国乡村社会是难能可贵的。荣德生虽因兴办实业成绩突出而被推举为国会议员、江苏省临时参议员,但很少实质性地参与政治活动,即便是在中华人民共和国成立后被推举为中国人民政治协商会议全国委员会委员、中华全国工商联筹备委员会委员、华东军政委员会委员、苏南行署副主任等,也因对新旧政治的区别了解不多,很少参加相关活动。

曾走读书入仕传统路线的张謇在大魁天下后,没有把在仕途上的飞黄腾达作为自己的主要追求。这虽跟当时的政治环境有很大关系,但在很大程度上也跟他对参与政治活动不感兴趣有关。他曾说过,不愿当官是他的"素志"。

吴地企业家在经营实业活动中,普遍勤俭办事业,力戒骄惰,充分体现了不喜欢繁文缛节,在生活上喜欢简单的特征。荣氏企业家不是仅仅把创办实业作为发财致富的手段,而是将之当作一项宏大的事业和使命来追求的。他们身上体现着强烈的企业家精神。荣德生一向以"生产迷""事业迷"而非只知赚钱的资本家自居。他说:"我以勤俭为主,附以平心,守古语,所以经管之事业,利多害少。随意指挥,骄奢用私心,患得患失,所以事业之易于变动。"[3] 又说,"余之事业,皆由日积月累始成,如果用于吃着游戏,与社会生产无补,事业亦无从建

吴文化与近现代江南工商企业文化

---

[1] 唐力行.中国传统社会群体研究之三:中国传统社会中的商人[M]//周积明,宋德金.中国社会史论:上卷.武汉:湖北教育出版社,2000:562-568. 另,正如唐先生所指出的那样,早期维新派所提倡的商战思想,从广义上理解,是指:要反对侵略,抵御外侮,就必须与外国资本主义进行商业竞争;要在竞争中有取胜的实力,就必须以商业为中心发展中国的资本主义经济;要发展资本主义的工商业,就必须学习西方先进的科学技术和经济制度。见该书第566页。

[2] 荣德生文集[M].上海:上海古籍出版社,2002:182,187.

[3] 荣德生文集[M].上海:上海古籍出版社,2002:106-107.

设。"[1] 在他授意编撰的《人道须知》中反复强调勤俭的重要性："闺阁之秀，勿轻入市；赌博之具，勿令入门；纨袴之子，勿与往来；贵重之饰，勿庸顾问。""勤则家起，懒则家倾；俭则家富，奢则家贫。"[2]

荣德生一生几乎是粗茶淡饭，晚年更是专吃素食；在穿着上，则是布衣布鞋，长衫马褂，头戴瓜皮帽；往返沪锡两地，都是乘坐便宜的火车，有时买不到坐票，就站着，直到晚年都是如此。步入中晚年后，平时多以练字为娱，但总是在一张纸上先写小楷，接着写中楷，最后写大楷，直到把一张纸涂抹得满黑无法再用时才肯停笔，真正做到了物尽其用。

在《理财刍议》一文中，荣德生指出：

> 立国贵有精神，崇俭其一也。吾国奢侈之习，固尚不如欧西之甚，而弊害则过之。欧西富于财，而民重国货，财不外流，奢侈所费，不过循环于国内。吾国则富源未辟，而无论男女，爱用外货者多，流金银于外洋，一往而不返，是不啻无源之水，不塞其流，势且立涸矣。况吾国女子，饰品俗尚金银，搁置有用之金银于无用之地，尤为可惜。坐是二端，吾国之所以贫也。处此竞争世界，苟无经济，何以立国？若徒恃外债，是不啻饮鸩以止渴，危殆殊甚。审时度势，要非从根本解决不可。根本惟何？要在崇俭。[3]

他认为，如果国人普遍都能注重国货，又能养成勤劳俭朴的良好习惯，力戒奢靡，国家就能"经济渐入宽裕之境，立国乃有精神"[4]。把崇俭提到如此高度，在近代吴地企业家中是不多见的。

与荣德生有过多年交往的钱穆对荣氏一家的俭朴印象十分深刻：

> 余私窥其个人生活，如饮膳，如衣著，如居住，皆节俭有如寒素。余又曾至其城中住宅，宽敞胜于乡间，然其朴质无华，佣仆萧然，亦无富家气派。其日常谈吐诚恳忠实，绝不染丝毫交际应酬场中声口，更不效为知识分子作假斯文态，乃俨若一不识字不读书人，语语皆直吐胸臆，如见肺腑。盖其人生观如是，其言行践履亦如是。[5]

---

[1] 荣德生文集[M]．上海：上海古籍出版社，2002：190．
[2] 荣德生文集[M]．上海：上海古籍出版社，2002：394，408．
[3] 荣德生文集[M]．上海：上海古籍出版社，2002：237．
[4] 荣德生文集[M]．上海：上海古籍出版社，2002：237．
[5] 荣德生文集[M]．上海：上海古籍出版社，2002：537．

穆藕初在连续创办德大和厚生等纱厂后，月收入曾达400多元，但每月用于生活者仅6元。之所以如此节俭，是因为他怀有强烈的实业救国情怀。他曾说道："宜以血汗所得之财，供社会正当之用。余安敢以一人之怡情养性，消耗有用之财力也。"[1]

张謇在总结取得成功的原因时，也一再指出，"不外极平常之勤俭二字。而俭之一字，在目前尤为重要。余办大生纱厂时，不自取薪俸，事事均从节俭……言勤则办事必依定时，言俭则一切开支，务从节省，勿惮刻苦，勿自矜满"[2]。他对当时有的企业家讲排场、摆阔气、铺张浪费的做法提出批评："吾见夫世之企业家矣，股本甫集，规模粗具，而所谓实业家者，驷马高车，酒食游戏相征逐，或五六年，或三四年，所业既亏倒，而股东之本息，悉付之无何有之乡。"[3] 因此，他在经营大生集团时，事事节俭，亲力亲为。为吸引富有者投资，他在企业正式投产前就先期支付了巨额官利，但他本人多年未曾支用一分钱。他总结道："一笺必出于手裁，一事皆凭于臆决；寐不过三时，食不及两碗；客辄忘姓，语辄忘时……江宁、沪上，时须亲赴。一处两旬，动已两月。每一易处，则信使属途；每一远行，则凉燠已贸。"[4] 张謇就是这样全身心地投入企业的创办和运营之中，才取得成功的。

将事业做大做强后的张謇仍兢兢业业，不思退止。有些人对此表现出很不理解的态度。张謇在北京商业学校演说时做了解释："余则若专图个人之私利，则固有所不可；若谋公众之利，奚不可者？嗣因纱厂必需棉花，棉花必待农业；于是设垦牧公司。要知余之所以孳孳不已者，固为补助纱厂计，尤欲得当一白吾志耳。时局至此，若专谋个人之私利，虽坐拥巨万，又何益哉！"[5]

---

[1] 穆藕初. 藕初五十自述 [M]//赵靖. 穆藕初文集. 北京：北京大学出版社，1995：44.
[2] 张謇. 淮海实业银行开幕演说 [M]//张謇研究中心，南通市图书馆. 张謇全集：第三卷 实业. 南京：江苏古籍出版社，1994：803-804.
[3] 张謇. 北京商业学校演说 [M]//张謇研究中心，南通市图书馆. 张謇全集：第四卷 事业. 南京：江苏古籍出版社，1994：112.
[4] 张謇. 辞谢农工商大臣见招答友函 [M]//张謇研究中心，南通市图书馆. 张謇全集：第一卷 政治. 南京：江苏古籍出版社，1994：92.
[5] 张謇. 北京商业学校演说 [M]//张謇研究中心，南通市图书馆. 张謇全集：第四卷 事业. 南京：江苏古籍出版社，1994：112.

四、经营管理上的创新

成功的企业家总会在经营管理上有自己独到的见解。荣氏企业采取无限公司形式,是因为荣氏企业家们认为在有限公司形式下,经理无权,企业发展受制于股东,而在无限公司形式下,企业经理大权在握,股东无法干预经理的经营决策权,股份的转让只能在原股东之间进行。随着企业规模的迅速扩大,中小股东要么被兼并,要么在企业中更为弱小,从而也就十分有利于荣氏家族的集权控制。表4-1反映了1932年荣氏家族在各企业中的控股情况。

表4-1　1932年荣氏家族在各企业中的控股情况

厂名	股本额/千元	荣氏兄弟投资/千元	其他股东投资/千元	荣氏兄弟资本所占比例/%
茂新一、二、三厂	1 166.67	1 067.50	99.17	91.50
茂新四厂	416.67	381.25	35.42	91.50
福新一厂	500.00	233.20	266.80	46.60
福新二、四、八厂	2 322.50	1 402.09	920.41	60.40
福新三厂	500.00	133.35	366.65	26.70
福新五厂	1 500.00	828.80	671.20	55.30
福新七厂	1 500.00	900.00	600.00	60.00
申新一、八厂	3 500.00	2 216.55	1 283.45	63.30
申新二厂	(2 483.33)	(2 483.33)		(100.00)
申新三厂	3 000.00	2 170.00	830.00	72.30
申新四厂	285.00	150.00	135.00	52.60
申新五厂	(1 399.51)	(1 399.51)		(100.00)
申新六厂	1 388.89	1 388.89		100.00
申新七厂	2 500.00	2 350.00	150.00	94.00
申新九厂	694.44	694.44		100.00
合计	(23 157.01) 19 274.17	(17 798.91) 13 916.07	5 358.10	(76.90) 72.20

资料来源:上海社会科学院经济研究所.荣家企业史料:上册　1896—1937年[Z].上海:上海人民出版社,1962:284.

由于荣氏兄弟在绝大多数企业中的控股额都占绝对多数,因此他们往往能不经过股东会的同意,就自行委任和撤换企业的经理和厂长,从而保持了对企业的绝对控制权。这尽管会产生任人唯亲、裙带关系盛行的不利后果,但利于形成利益关系稳固的命运共同体,并由此减少企业运营成本。

为了加强对荣氏企业的宏观调控和管理,1921年申新、福新、茂新总公司成立,荣宗敬任总公司及其下属16个分厂的总经理。总公司不设董事会,既不是各厂出资组成的联合组织,也不是各厂的投资机构。各厂仍实行独立核算,但余款必须存入总公司。总公司代各厂筹措营运资金,获取利息作为自己的费用。总公司的成立有利于荣宗敬统揽企业的财务和经营管理大权。

在营销策略上,吴地企业家十分注重通过刊布广告对本厂产品进行说明和宣传。上海求新机器厂创办后,即编印了《求新机器制造轮船厂产品图册》,以供绅商浏览。该图册列了该厂常年所能提供的产品目录,其中包括:各种发动机即引擎,如大小立式水汽引擎、大小卧式水汽引擎、大小立式火油引擎、大小卧式火油引擎;各种锅炉,如大小立式汽锅、大小卧式汽锅;汽轮和轮船,如大小钢壳深水兵轮,大小钢壳、木壳拖轮,大小深水、浅水快轮,火油机轮船,大小钢壳方码头驳船、趸船、游船等;铁路机车及相应设备,如客车、材料车、小平车、转辙器、起重机、弯道机、铁桥、水塔、信号等;榨油机,如花核榨机、黄豆榨机、菜籽榨机、桐籽榨机、茶籽榨机、芝麻榨机、花生榨机、各色轧机、各色筛子、蒸桶;农具,如耕田机、抽水机、砻谷机、碾米机、织布机、缫丝机、面粉机。该图册表示,"如蒙赐顾,价值格外从廉,工料务求精美,实事求是,定无贻误,且可说明用法,代雇司机之人,无需舍近求远,洵称便利焉。倘购办之货为册中所未载者,尽可赐函下询,本厂无不从速回答"。[1]

二十世纪二三十年代吴地商人的广告意识十分强烈,总以力求新奇、夺人眼目为目标。广告多样,有现场广告、文字广告、播音广告、画报月份牌广告、路牌广告、霓虹灯广告、电影广告和橱窗广告等多种形式。广告宣传非常重视名人效应。1917年在上海静安寺开业的鸿翔时装公司专营女装,1928年在扩大店面时,特请当时最红的女影星胡蝶前往剪彩,一时轰动上海滩。该店还将宋庆龄、蔡元培等名人题词制成匾额悬挂在店堂的醒目部位,很快成为上海的时装名店。

---

[1]《中国舰艇工业历史资料丛书》编辑部. 中国近代舰艇工业史料集[Z]. 上海:上海人民出版社,1994:744-745.

1911年开业的精益眼镜店，起初多年生意清淡。1917年，孙中山曾在该店的广东分店购买过一副眼镜，感到十分满意，便手书"精益求精"四字相赠。上海总店闻知此事后，立即要求分店将孙中山的题词送到总店，在店堂内悬挂，并将其复制件分送各分店。1924年，孙中山又在上海总店买了一副老光镜。孙中山两次光顾精益眼镜店，并都能购到满意产品，使精益眼镜店名噪一时，成为行业内的全国性名店。

吴地商人还广泛运用现代宣传媒体大做广告。二十世纪二三十年代的知名报纸如《申报》《新闻报》等每天都有整版或半版的广告，电台在各种节目中也大量插播广告。

黄楚九是当时上海地区最会运用广告来推销产品的著名商人。他经营的中法药房为了推销新药品"百龄机"，花重金请人设计广告，在媒体上大肆刊登，每天都翻新内容，还常常别出心裁地雇人在小报上发表文章，对其经营的药品进行宣传，扩大产品的知名度。中法药房还制作电影幻灯广告，宣传商品，成为华商中最早使用这一先进形式的店家。为了在内地扩大影响，中法药房还在京沪、沪杭甬铁路沿线大做广告，并特制了一种不怕风吹雨淋的搪瓷广告牌，遍置内地大小城镇。1935年夏，为庆祝中华制药公司成立20周年，黄楚九特雇一架直升机在市区跑撒龙虎人丹，曰轰炸酷暑，造成轰动效应。

上海永新雨衣染织厂除了长期特约广告专家绘画设计，采用报刊、路牌、电影、橱窗、幻灯等多种形式投放广告，将生产过程和销售情况在全国各大城市进行宣传外，还为"ADK"牌雨衣谱写歌曲，随电影播放，以扩大影响力。[1]

鲁庭建在经营老正和染厂时，相当重视进行广告营销。他在沪宁、沪杭两线大做路牌广告。尤其是在杭州凤凰山和临平山的两处广告牌，每个字都有18米见方，要用49张铅皮。来往旅客在数里之外就能清楚看到"上海老正和染厂"几个醒目大字。鲁庭建还同时在电台、报纸、杂志和戏院等大做广告，逐渐使"老正和"三个字深入用户心中。[2]

吴地企业家十分注重营业场所的选择。上海南京路尽管地价十分昂贵，但因生意兴隆，有实力的厂商如培罗蒙西服店、吴良材眼镜店、亨得利钟表店、国华

---

[1] 陈汉泉.永新雨衣染织厂的创办和发展经过[G]∥上海市政协文史资料委员会.上海文史资料存稿汇编：7 工业商业.上海：上海古籍出版社，2001：9.

[2] 黄龙初.老正和染厂史料[G]∥上海市政协文史资料委员会.上海文史资料存稿汇编：7 工业商业.上海：上海古籍出版社，2001：24.

瓷器店、新雅粤菜馆等,还是尽量在这里开设门市,或将原有店面搬到此地。

有些商场为了吸引顾客,在服务态度和做法上动足脑筋。老介福店在营业时,有店员站在门口迎接顾客,招呼就座,并倒茶敬烟,将衣料送到顾客面前精心挑选,不厌其烦。丽华公司要求店员对顾客主动、热情、耐心、周到,做到有问必答、百拿不厌,还免费送货上门。其店员都经过严格训练。练习生要经过5年培训才能升任营业员。丽华公司甚至还对营业员进行英语培训,要求给外国顾客提供外语服务。

上海得利车行为了满足不同客户的需要,没少在产品的改进上花功夫。把卖给邮电局的车子漆成邮局专用的绿色。不仅把卖给电话局的车子漆成灰色,而且根据从国外样本上所获得的式样和资料,专门把车子设计成了前轮大、后轮小、货架上装一只木箱子的工程车,在箱子上外包帆布,并用铁皮做外罩。把卖给电力公司的车子设计成前轮小、后轮大、龙头前装一框架的工程车。不仅经销进口的"兰令""海格利斯"等著名品牌产品,还销售"五旗""金马"等本地品牌产品。在车型上有男式、女式、跑车、安全车等,还有适合高个子的26″高架车子。逢圣诞、元旦时,还销售各式童车、婴儿推车等。[1]

有的企业家还经常搞有奖销售、削价竞争等。如方液仙在销售"三星"牙膏时,事先在有的软管内放一只小玻璃管,并在管内放一张奖券(福、禄、寿三种奖券之一)。集齐三张,可兑换现钞5元。这大约是每支牙膏价格的25倍。他还曾在一批牙膏中放入一张房屋奖券。凭券可以获得一幢一楼一底的房屋。[2] 这些促销手段在当时都是相当前卫的。

邓仲和主持的安乐系统在广告营销上也是别出心裁。他在于上海南京路等热闹地段设立的ABC中国内衣公司门市部内举办"英雄"牌绒线展览会,聘请讲解员对所经销的产品进行一一介绍,并安排著名编结师免费教授编结方法,还举办绒线编结品评奖会,扩大产品的影响力;设计精美的"英雄"牌绒线样板,配以精美的镜框,经与全上海所有女子学校联系后,在校内进行悬挂,扩大社会影响力;委托广告公司设计霓虹灯广告,在各大绒线商店和百货公司的绒线柜台进行免费安装。此外,还在公共汽车的车身上和火车站的屋墙上大做广告,每年还定

---

[1] 黄培霖. 旧中国最大的自行车商店:上海得利车行[G]//上海市政协文史资料委员会. 上海文史资料存稿汇编:7 工业商业. 上海:上海古籍出版社,2001:110.

[2] 林汝康. 中国化学工业社与方液仙[G]//上海市政协文史资料委员会. 上海文史资料存稿汇编:7 工业商业. 上海:上海古籍出版社,2001:296-297.

制广告挂历送给客户。[1] 通过这些举措，安乐系统很快就获得了较高的社会知名度，产品的销路则越来越宽。

王禹卿作为荣氏企业的推销能手，多次将积压的面粉销售一空，使企业起死回生。为与同行竞争，他在推销面粉时，曾一度在本埠销售的粉袋内放入银角一两枚。面馆和饼摊的大司务暗中得此外快，自然乐意购用。对在外埠销售的面粉，王禹卿则提高经销者的佣金，自然能赢得掮客的青睐。[2] 同时又严把质量关，使产品的销路越来越宽，产品有时甚至到了供不应求的地步。

有些企业为了能在激烈的竞争中脱颖而出，便另辟蹊径，注重在经营方式上推陈出新。平望达顺酱园就是这方面的成功典型。平望酱菜是当地相当有名的特产，竞争相当激烈。创办于1885年的达顺酱园，最初走的是靠质量取胜的传统路线，聘请精通酒酱制作的蔡逸仙担任经理，很快就站稳了脚跟。在酱菜系列中，其生产的三伏晒油、叠坯酱小黄瓜、细磨熟辣酱备受顾客青睐。在酒类方面，达顺酱园取莺湖之水，选优质糯米，采用绍兴黄酒的酿造工艺，酿制出枣元、福元和竹叶青三种品质上佳的黄酒，后来又将酒糟中吊出的糟烧灌装在口小腹大的京坛中封存两年。启封后糟烧香气扑鼻、澄明如镜，被称为"镜面糟烧"，声名远播。蔡逸仙去世后，酱园聘鲍诵芳任经理。为扩大销路，鲍诵芳别出心裁地在售酒门市部开设酒堂，以低价租给镇中名厨经营，用三伏晒油焖烧出霉菜扣肉、红烧扎肉、红肠、红肚，并供应给顾客。用当地腌腊业以镜面糟烧腌制的风肉、咸鲤鱼片，辅以豆制品、鲜猪肉、河虾等食品进行清炖。冬季还供应野味和羊羔等特色菜品。因价格低廉、菜品可口，酒堂很快名声鹊起，引来不少农民惠顾，镇上不少食客也慕名前来品尝。为供酒量小的客人饮用，达顺酱园还酿制出冰屑烧、五茄皮等花色酒。[3] 此举既方便进镇农民歇脚，也能直接听取食客对酒的意见，还能增加酒的销量，是一个多赢的创新，为平望同行业中的首创。

---

[1] 马炳荣.记爱国实业家邓仲和[G]//上海市政协文史资料委员会.上海文史资料存稿汇编：7 工业商业.上海：上海古籍出版社，2001：329.

[2] 黄炳权.顾馨一生平事略[G]//上海市政协文史资料委员会.上海文史资料存稿汇编：7 工业商业.上海：上海古籍出版社，2001：351.

[3] 唐承忠.平望达顺酱园及后来者[Z].中国人民政治协商会议江苏省吴江县委员会文史资料委员会.吴江文史资料：第十辑.1990：158-160.

第三节 近现代江南地区企业家的历史局限性

毋庸讳言,由于历史条件、企业家的个体禀赋和近现代中国的基本国情等多种因素的共同作用,近代江南地区企业家群体在经营活动中也存在着诸多不足。

首先,在经营企业的活动中,企业家们常常会有意无意地违背市场经济的基本规则。

就张謇而言,他尽管始终具有强烈的救世济民情怀,然而终究囿于时代和身份的局限,在漫长的政治、经济和社会活动中表现出难以超脱的历史特点:在戊戌变法期间,他力主和缓变革;在立宪运动期间,他主张和平请愿;辛亥革命爆发后,他先是主张严厉镇压,后来看到无法镇压后,就策动立宪派和旧官僚纷纷加入革命阵营;革命成功后,他坚决支持袁世凯篡夺胜利果实。比如,1909年12月,张謇向立宪派请愿代表进言:

> 我中国神明之胄,而士大夫习于礼教之风,但深明乎匹夫有责之言,而鉴于亡国无形之祸,秩然秉礼,输诚而请;得请则国家之福,设不得请而至于三至于四至于无尽,诚不已,则请亦不已,未见朝廷之必忍负我人民也。即使诚终不达,不得请而至于不忍言之一日,亦足使天下后世知此时代人民固无负于国家,而传此意于将来,或尚有绝而复苏之一日。[1]

这充分表现了他作为资产阶级上层人物的阶级局限性。他担心局势动荡会影响自己经营的事业继续发展。政治上是如此,经济上也是如此。张謇虽然力主由商人来创办和经营近代企业,但又极怕肥水外溢,被他人均占,因此他在创办和经营企业过程中,一再强调要保持垄断地位,决不容许他人涉足或染指他所控制的势力范围,而且在企业的经营管理中,保留着诸多封建色彩。通海地区固然因张謇的开拓之功而在区域发展的众多方面都处于全国的领先水平,并逐步步入近代化的行列,但终因缺乏竞争而丧失活力,在张謇逝世以后,很快地又衰落下去。

在创办企业时,张謇一再强调要实行垄断经营。在大生纱厂经营一度出现困难时,曾想承租该厂的朱幼鸿打算在崇明外沙开办大有纺织公司,却被张謇呈请商部"劝阻"。1903年,朱幼鸿又打算在海门筹建裕泰纺织公司分厂。张謇一面加

---

[1] 张謇. 送十六省议员诣阙上书序[M]//张謇研究中心,南通市图书馆. 张謇全集:第一卷 政治. 南京:江苏古籍出版社,1994:128-129.

紧在崇明外沙九龙镇筹建大生分厂，一面接连两次呈文商部阻止朱幼鸿。他以上海同时设有9家纱厂而产生的所谓消极后果为例，危言耸听道："自上海洋商始设纱厂，接踵而起者九家，各不相谋，人自为计。时乎买花，则九家争买，而价必抬高；时乎卖纱，则九家争卖，而价必落贱。且工人朝夕彼此，工价动辄居奇。"甚至怀疑朱幼鸿的动机，"因羡生贪，因贪生妒，贪妒所蕴，生此贼害。"[1] 还攻击朱幼鸿，"利令智昏，无理取闹，无度地之知识，而有损人之私心。"[2] 坚决反对朱幼鸿在海门设立纱厂。结果在他的强烈反对下，朱幼鸿欲在崇明和海门设厂的打算最终落空。在大生分厂建立后，张謇又获商部特准：百里之内由大生专营20年，别家不能设立纱厂。[3] 他在出任袁世凯政府的农商总长后，当得知无锡新冶厂依据公司条例向农商部呈请立案时，当即通知大生集团经营的资生铁厂负责人，赶紧放手收购原料，以堵死无锡新冶厂的出路。这大有以权谋私的味道，应为不当之举。而事实上，资生铁厂由于没有竞争对手，加上用人不当，不仅从未为大生创造过任何经济效益，反而日益成为沉重的负担和累赘：制造的纱机因质量不过关，无法安装，就连生产的水泵也无人愿意购用。

由于实行了垄断经营，初期大生纱厂确实获得了高额利润，但由此也出现了极大的隐患，那就是在技术和经营管理方面不思进取。张謇创办大生纱厂时，使用的是已露天存放在上海杨树浦码头3年有余的进口机器。经过长时间的日晒雨淋，许多机器早已锈蚀不堪，部件缺损严重。大生纱厂由于长期缺少强有力的同业竞争者，加上南通地区因土布业异常发达对机纱需求量很大，后又适逢第一次世界大战爆发，西方国家暂时放松了对中国的经济侵略，因此获得了高额利润。然而，由于过多地凭借垄断经营获得厚利，张謇在企业的经营活动中既不重视机器设备的更新、生产技术的改进和管理水平的提高，也不注意利用有利时机尽快增强企业的实力和发展的后劲。大生纱厂在经营效率上明显比同时期那些在充分竞争中发展壮大起来的企业差得多。以民族企业获得厚利的1919年为例，大生一、二厂的盈利率分别为105.78%和113.2%，这是大生厂历史上最高的，而振新纱厂的盈利率为130%，广勤纱厂的盈利率为138%，业勤纱厂的盈利率为160%，申新

---

[1] 张謇. 因朱某图在海门设厂呈部文[M]//张謇研究中心，南通市图书馆. 张謇全集：第三卷 实业. 南京：江苏古籍出版社，1994：766-767.

[2] 张謇. 又咨商补文[M]//张謇研究中心，南通市图书馆. 张謇全集：第三卷 实业. 南京：江苏古籍出版社，1994：768.

[3]《大生系统企业史》编写组. 大生系统企业史[M]. 南京：江苏古籍出版社，1990：42-43.

一厂的盈利率为131%,武汉楚昌公司的盈利率更是达到惊人的285.7%,[1] 均远高于大生厂。

在对企业的利润分配方面,张謇采取的是多赚多分、多分少留的做法,甚至达到获利全分的地步。由于张謇在经营企业中采取了高额回报的办法,在企业经营最好的欧战期间,在有的年份张謇一度将全部盈利的50%多都用于支付股东的利息。[2] 而留在企业中的盈利,张謇也是随便调拨挪用到其他事业中。张謇此举尽管有其迫不得已的苦衷,但在客观上严重影响到了企业自身的资金积累和设备更新,进而影响到了企业的发展壮大。企业的实力和根基随之被削弱,再加上用人不当（有的贪污成性,有的狂赌成瘾,有的吸食鸦片,有的吃喝无度）,企业的内功逐渐被耗蚀殆尽。而欧战结束后,西方帝国主义国家的侵略势力卷土重来,腐朽的晚清和北洋政府又不思进取。在这样的内外压力下,光靠张謇的个人魅力而一度获得长足发展的大生集团最终焉有不失败的道理!

其次,内心深处充满矛盾和紧张,反映出某种程度的不自信。

与无锡、常州等地的近代企业家大多出身钱庄或作坊不同,张謇是有功名在身的,而且是令人艳羡、难以企及的状元。因此,他的内心深处总是充满着保守与进步的矛盾和冲突。他要投身近代实业,有诸多主观上的障碍需要跨越。

以教育为例,一方面张謇认识到求人不如求己,"求援于政府,政府顽固如此;求援于社会,社会腐败如彼"[3],因此必须通过自身的努力,不仅提高通海地区整体的现代化水平,而且解决各种人才问题。另一方面他又不容许学生有任何在他看来是过激的非分之举,主张干涉而非放任。针对爱国学生运动的频发,张謇一方面强调要在平时的学校教育中对学生严加管束,另一方面当发现教师管教不严或者暗中支持而致学生罢课、上街游行时,他就采取严厉措施加以处置。南通纺织学校学生因积极响应全国学潮而率先罢课游行。张謇当即决定停办该校。对不停办的学校,他则采取加重课业负担的方式,使学生无暇参与学生运动。[4]

---

［1］ 姜伟.从大生纱厂的年度财务报表看其兴衰原因［C］//严学熙.近代改革家张謇:第二届张謇国际学术研讨会论文集:上册.南京:江苏古籍出版社,1996:739.

［2］ 刘厚生.张謇传记［M］.上海:上海书店,1985:283.

［3］ 张謇.苏社开幕宣言［M］//张謇研究中心,南通市图书馆.张謇全集:第四卷 事业.南京:江苏古籍出版社,1994:439.

［4］ 张謇.因纺织校学生罢课停办,农医校学生不停课筹备加高课程之宣言［M］//张謇研究中心,南通市图书馆.张謇全集:第四卷 事业.南京:江苏古籍出版社,1994:152.

对管教不严或暗中支持学生运动的教师，则"请即听便"。[1] 他一再强调的重视德育，就是要用孔孟的儒家学说来教育、管束学生，使其知书达理，做一个"文明社会"的"文明人"。

对于官府，张謇和那个时代众多自视清高的知识分子一样，在内心深处也充满了矛盾。一方面，生逢乱世的他们对当官不感兴趣，认识到在这样的时代条件下，在宦海沉浮只能尸位素餐，虽地位显赫、吃喝不愁，甚至能享尽荣华富贵，但不可能取得任何成就。对于张謇这样怀揣救世济民抱负的大知识分子来说，他无论如何都是不愿就此终了一生的。他多次说自己"性不爱官"。然而他又认为官府是"父兄"，臣民是"子弟"，"父兄"纵有不是，做"子弟"的也要恪守本分，不可犯上作乱，致纲纪荡然，乾坤颠倒。张謇提出："国而幸父兄之教先，子弟之率谨，国必昌。不幸父兄有过当之举，子弟补救，亦当有小雅怨悱而不怒之心。"[2] 言语间颇有孟子"天下有道，以道殉身；天下无道，以身殉道，未闻以道殉乎人者也"的意味。穆藕初也曾说过："天不生吾人于百年前关山锁闭之时代，天又不生吾人于百年后政教修明之时代，乃偏生吾人于廿世纪初叶，生活竞争非常酷烈之时代。天不生吾人于连年血飞肉搏之欧罗巴，天又不生吾人于主张正义人道之美利坚，乃竟生吾人于共和草创后，生灵涂炭，非常纷扰之中国。"因此，他主张，事业家应"不置身于投机之险地，不涉足于政治之旋涡"。[3]

荣德生也曾一再提出，当政者必须为发展民族经济提供有利条件，而不是与民争利，竭泽而渔。他说："若论国家经济，统治者富有四海，只需掌握政权，人民安居乐业，民生优裕，赋税自足，制定预算，量入为出，发行通货，准备充足。如是，则威信既立，措置自裕，对内努力建设，对外争光坛坫，国家局势自有日新月异之效。若措施一差，误入歧途，虽千方百计，终难平稳。……能用民力，不必国营，国用自足；不能使用民力，虽一切皆归官办，亦是无用，因官从民出，事不切己，徒然增加浪费而已。"[4] 因此，他一再期望政府能"倡导兴业，具远大目光与伟大气魄，不斤斤与民争利，删除苛杂，保护方在萌芽之工业，并将此

---

[1] 张謇. 暑假讲习会演说 [M]//张謇研究中心，南通市图书馆. 张謇全集：第四卷 事业. 南京：江苏古籍出版社，1994：213.

[2] 张謇. 敬告全国学生 [M]//张謇研究中心，南通市图书馆. 张謇全集：第四卷 事业. 南京：江苏古籍出版社，1994：156.

[3] 穆藕初. 今日青年之任务 [M]//赵靖. 穆藕初文集. 北京：北京大学出版社，1995：128.

[4] 荣德生文集 [M]. 上海：上海古籍出版社，2002：175-176.

旨载明宪章"。[1] 但希望每每变成失望。

当希望一再变成失望之后，面对清末民初浑浊难清的政治环境，吴地企业家只能筚路蓝缕，别开新路。张謇认为与其庸碌一生，不如退而求其次，从小处着手，做些具体实事，因此他曾多次辞去官场职务，不仅一再表示自己"天与野性，本无宦情"，[2] 而且也反对别人一味在官场投机钻营，曾写过题为"逢官便劝休"的诗，其中说道：

> 逢官便劝休，言下一刀断。若还须转语，溺鬼不上岸。
> 说著官已怕，逢官便劝休。但愁休了后，学得老农不。
> 若逢禹稷契，薰沐进之位。逢官便劝休，正为悠悠辈。
> 前车覆不已，后轮来方道。安得恒沙舌，逢官便劝休。[3]

但张謇凭借对传统社会的了解，深知"朝中有人好办事"的简单道理，因此又千方百计地寻求官府的支持，寻找当官的做靠山。用他自己的话来说就是："深愿居于政府与人民之间，沟通而融和之。"[4] 在创办大生纱厂后，他一再表示自己的角色是"介官商之间，兼官商之任"[5]，即充当官府与商民之间的黏合剂和缓冲剂，起沟通作用。

张謇除担任过晚清的翰林院修编、南京临时政府的实业总长和北洋政府的农商总长外，还担任过通州商务局总理、两江商务局总理、学部咨议官、商部头等顾问官、江苏教育会会长、中央教育会会长、江苏铁路公司协理、江苏咨议局议长、农工商部大臣、东南宣慰使、两淮盐政总理、全国水利局总裁等。他担任这些职务的时间虽然都不长，而且这些职务多半属于虚职，但担任这些职务有利于提高自己的政治和社会地位，因此他也就欣然接受了。

对于大生纱厂采取高额利润回报投资人的做法，状元出身的张謇也有自己的认识和看法：自己是出于救国才投身实业的，并非是为个人赚钱，实业仅是手段，

---

[1] 荣德生文集[M]. 上海：上海古籍出版社，2002：189.
[2] 张謇. 致沈子培函[M]//张謇研究中心，南通市图书馆. 张謇全集：第四卷 事业. 南京：江苏古籍出版社，1994：526.
[3] 张謇. 逢官便劝休四首[M]//张謇研究中心，南通市图书馆. 张謇全集：第五卷 艺文（下）. 南京：江苏古籍出版社，1994：154.
[4] 张謇. 请新内阁发表政见书[M]//张謇研究中心，南通市图书馆. 张謇全集：第一卷 政治. 南京：江苏古籍出版社，1994：173.
[5] 张謇. 为纱厂致南洋刘督部函[M]//张謇研究中心，南通市图书馆. 张謇全集：第三卷 实业. 南京：江苏古籍出版社，1994：16.

救国才是目的，"言商仍向儒"；在义和利的天平上，他选择的是义；办企业固然能够获利，但有钱大家分，不能独吞；有钱人之所以信任他，是因为他的状元头衔，因此赢利后除了要分润于投资者外，还必须大举善业，造福地方，回报社会，否则不仅有违私衷，而且易引起别人的误解。他说："人或谓余弃官而营实业，必实业获利有大于居官之所得者；又或谓余已获利数十万金，乃仍集股不止。何耶？当日似以余专为致富计者。"[1]

在内心深处，张謇始终把办企业看成"以皭然自待之身，溷秽浊不伦之俗"的举动。所谓报国、"言商仍向儒"者，固然不假，但仍无法平息其内心的矛盾、紧张和焦虑，毕竟盛行了几千年的"士农工商"等级秩序和惯性思维，不是凭借他的几句话就能轻易改变的。他始终无法向世人解释清楚：如果经商办企业确实能救国，那他为什么还要花上近30年的时间去博取科场的功名，当初甚至还要冒籍参加科考呢？恐怕也正是为了向世人做出合理的解释，他一方面反复强调办实业是为了救国，堵塞漏卮，另一方面又用自己的实际行动，诸如将自己在企业中获得的几乎所有薪俸、红利都用于公益慈善事业中，采取得利全分的做法等，向世人表明志不在获利。

对此，他在年谱和回忆中曾有过反复说明：

> 自前清甲午中国师徒败衄，乙未马关订约，国威丧削，有识蒙诟，乃知普及教育之不可以已。普及有本，本在师范，乃知师范之设不可以已。设师范之资，其数非细。他国师范，义由国家或地方建设而扶助之。当是时，科举未停，民智未启，国家有文告而已，不暇谋也；地方各保存固有公款之用而已，不肯顾也。推原理端，乃不得不营实业。然謇一介穷儒，空弩蹶张，于何取济。南通固中外有名产棉最王之区也。会有议兴纺厂于通而谋及者，乃身任焉。[2]

从这种解释中，我们固然可以清楚地看到，张謇作为实业家与只顾逐利的一般资本家的根本区别所在，但是，这种解释显然又是迂腐的，也缺乏说服力，反映了他在思想深处的局限性和不够清醒，说明他身上明显缺少现代企业家的意识。对于现代企业家来说，固然不能一味地只知道赚钱，但为了企业的正常发展和不

---

[1] 张謇. 北京商业学校演说 [M] //张謇研究中心，南通市图书馆. 张謇全集：第四卷 事业. 南京：江苏古籍出版社，1994：112.

[2] 张謇. 南通师范学校十年度支略序 [M] //张謇研究中心，南通市图书馆. 张謇全集：第四卷 事业. 南京：江苏古籍出版社，1994：107.

断壮大,追求必要而且合理的利润是理所当然的,毕竟企业不是慈善组织,况且只有尽快将企业做大做强,才会有条件做更多的公益善举活动。

和张謇一样,近代吴地的早期企业家,尽管富甲一方,但仍普遍感到底气不足,总要千方百计地寻求政治上的靠山。1904年,周舜卿在无锡东塘独资创办了第一家机制缫丝厂——裕昌丝厂。周舜卿不仅通过走庆亲王奕劻的门路,获得专营10年的特权,还特地在工厂大门口挂了块"奏办"的砖刻招牌,直到辛亥革命后才取下来。1905年,他通过商部右丞唐文治的关系,获得了由奕劻儿子载振任尚书的商部的顾问的称号。在载振的支持下,他筹备成立了上海商学会,连任会董7年。同时,他又到无锡发起成立了锡金商会和农会,并担任会长职务。随着自身的社会影响力越来越大,加上他会走上层路线,当清廷成立资政院时,他被钦定为议员,并于1910年因"纳税多额"而当选江苏省咨议局议员。周舜卿的上述种种举措固然为自己的实业活动创造了一个良好的外部政治环境,但同时反映出其内心深处的某种不自信。不仅周舜卿如此,荣氏兄弟也难以免俗。荣宗敬曾担任过南京国民政府多个部门的重要职务,尽管这些多为虚职。

再次,近代吴地企业家在人才的选拔、培养和使用上,大多把目光局限在非亲即友的小圈子里。

张謇曾说,他如果有10个儿子,一定会叫他们每人都学会一项技艺来帮助他。由于在中年以后才喜获唯一的儿子,因此他一直将其兄张詧作为自己的鼎力助手。大生各厂的经营管理大权,实际上掌握在张詧手里。甚至有人称他们兄弟俩为南通的"土皇帝"。"如司令长者(指张詧,民国初年曾任通州总司令),其在满清则以一平民而观察,在民国又以一观察而司令长,司令长诚有其弟矣。若其弟之热心学务,力任实业,委身从公,不及私蓄;得司令长兄之搜刮经营,储蓄产业,为子孙万世久长之计,弟亦可谓有兄。"[1] 张謇正是因为有了实业的依托和可靠的南通后方,再加上状元的头衔和数不清的虚实职衔,尽管正式任官时间并不长,但在南通一地是名副其实的无冕之王。历任通、如、海、泰各县的县长、警察厅厅长、局长和镇守使之类的大小官员,到任之后的首要工作就是到府上来拜见张謇,有时连南通警察厅厅长办案也要征求张謇的意见。20世纪20年代初,孙传芳就任苏、浙等五省联军总司令后,也到南通拜见张謇。至于平时跟政界人士的往来应和,张謇在大魁天下后更是从未间断过。张謇活到这份上,也该感到自足了。

---

[1] 章开沅. 章开沅文集:第五卷[M]. 武汉:华中师范大学出版社,2015:270.

虽然张謇通过创办各类学校培养了不少人才，但真正能让他放手使用的，实在不是很多。这既与他的用人标准非常严格有关，也与他的用人思路有关。处于新旧转换时代的张謇等人，在用人问题上始终难以放开视野，真正达到"不拘一格"的境界。

如前所述，荣氏企业在人事方面，也多用家族成员。此外，荣宗敬在用人上还存在"无善恶，无赏罚"等不足，其表现就是"某也年为获利数百万而不之赏，某也间或侵款数十万而亦不之罚，善者不能知而用，恶者不能察而去"。他多次在困难时刻果断出手将荣氏企业的积存面粉一销而空，为此获得的红利就达千余两银子；在企业陷入全面危机时，他还多次出任临时负责人，并最终将企业带出危机。对于荣氏企业来说，这可谓功莫大焉，但其底薪长期固定在区区20元。王禹卿认为，这就是荣氏经营企业"所以败"的原因。[1] 因受主要负责人守旧意识的影响，荣氏企业的改革创新常常很难一步到位，并进而在一定程度上阻碍了企业的发展。

刘国钧在经营企业之初，因资金不足，常常喜欢购置老旧设备。然而，不断整修设备影响了产品质量和企业的整体效益。[2] 在反复吸取教训后，他才听从工程师的建议，购置了最新的机器设备。

还要看到，近代吴地的第一代企业家尽管普遍干劲有余、闯劲十足、魄力非凡、胆识过人、敢于开拓创新，但相对来说普遍缺乏必要的现代企业经营管理的理念和方法。这是半殖民地半封建社会的特殊国情、商品（市场）经济的发育度十分有限、企业家个人知识储备不足、自身经验有限等多种因素相互作用的结果。对此，我们是无须苛求于前人的。

---

[1] 王禹卿. 60年来之自述[G]//上海市政协文史资料委员会. 上海文史资料存稿汇编：7 工业商业. 上海：上海古籍出版社，2001：271.

[2] 上海市静安区工商联、民建会. 纺织专家陆绍云[G]//上海市政协文史资料委员会. 上海文史资料存稿汇编：7 工业商业. 上海：上海古籍出版社，2001：309.

第五章
地域文化与社会经济进步的良性互动

无锡吴文化公园创始人、吴学研究所所长高燮初先生曾指出，吴地经济推动了文化的发展，文化的发展也造就了经济发展的内在机制，特别是人才素质推进经济发展，形成了良性循环。

事实正是如此。经济的繁荣、文化的发展使得吴文化地区的整体发展水平保持在较高的层次上，吴文化地区反过来又以此为资本吸引了更多的人才资源向此地汇聚。吴文化地区长期以来一直较为远离国家的政治中心，但正因为如此，也就远离了政治纷争所引起的政局动荡和社会混乱，并由此保持了长盛不衰的良好发展势头。江山代有才人出，从根本上说就得益于人才在广阔的时空范围内的交流和荟萃。

第一节 江南地区工商企业家对地域社会的影响

吴文化研究专家陆咸先生认为，吴文化产生和发展演变的过程，也就是太湖地区经济发展的过程，两者基本上是同步的。这是吴文化的一个显著特点。吴文化的发展，既是这一地区经济发展的结果，又是这一地区经济发展的推动力。吴地长期处于中国传统文化的边缘地带，较为务实，更为关注物质文化层面的发展。工商文化一直是吴文化的重要组成部分，到了近代更成为吴文化的主要内容。[1]
周才方先生也指出：近代吴地产生的工商文化，一方面给吴文化注入了新鲜血液，

---

[1] 陆咸. 吴文化研究文稿[M]. 上海：文汇出版社, 2011：4, 5, 9, 10.

带来了勃勃生机和活力,极大地丰富和发展了吴文化的内涵;另一方面又有力地推动了吴地经济和社会的迅速发展,改变了吴地的原有城乡格局和经济布局,为吴地率先全面建成小康社会和基本实现现代化奠定了坚实的基础。他认为,不同的文化层面相互作用、相互影响,共同推动了吴地的工业化、城市化和现代化进程。[1]

江南地区的工商传统对近代工商企业的创办和发展主要产生了两个方面的影响:一是大批吴地的官僚、商人和封建地主不仅在本地纷纷创办近代工商企业,而且到其他地方率先创办近代工商企业,开当地的风气之先;二是外地客商和官员在吴地久居后,受这一地区工商繁盛风气的影响,也纷纷投入创办近代工商企业的大潮中。就前者来说,中国人最早创办的近代面粉企业——以蒸汽为动力的磨坊,是曾当过大买办、后任天津招商局总办的上海宝山人朱其昂于1878年在天津创办的贻来牟机器磨坊。由于经营管理得法,该磨坊创办后就一直赢利,由此带动当地先后兴办了三四家同类企业。[2] 就后者来说,长期在扬州等地做官、经商的安徽寿州孙氏家族,在获得大利后,率先在上海创办了吴地第一家近代面粉企业——阜丰面粉厂。在很长时期里,就单个面粉企业的规模来说,阜丰面粉厂一直执吴地面粉企业的牛耳,而且产品质量上乘,在市场上长期盛销不衰。阜丰面粉厂一度被誉为"远东第一面粉厂"。至于浙江籍的企业家在上海创业并大获成功的事例就更是举不胜举了。

近现代大批江南地区工商企业家的相继出现,推动了该地区工商企业的迅速发展,促进了该地区的社会进步和经济繁荣。

一、新的阶级和社会力量的出现

随着江南地区近代工商企业的兴起和发展,社会上出现了两大新的社会力量,即民族资产阶级和无产阶级。在中国近代早期,民族资产阶级作为社会进步的主导方面,在客观发生的社会变革面前,往往站在推动社会进步的力量的一边。

众所周知,张謇在民族资产阶级上层人物中极具代表性。清朝统治末年,他主张走渐进的改良道路,担心革命会引起列强干涉,天下大乱,从而影响他所代

---

[1] 周才方. 论工商文化在吴文化中的地位和作用[M]//王立人. 吴文化与工商文化. 南京:凤凰出版社,2008:96.

[2] 汪敬虞. 中国近代工业史资料:第二辑(下)[Z]. 北京:科学出版社,1957:705.

表的阶层的既得利益。辛亥革命爆发后，他虽然被任命为南京临时政府的实业总长，但既未拒绝，也没有实际到任，反而积极奔走在以袁世凯为代表的旧官僚之间，并对他们寄予厚望。辛亥革命果实被袁世凯掌握后，他立即北上就任袁世凯任命的农工商总长。但随着袁世凯倒行逆施真面目的逐渐暴露，他先是感到失望，在多方规劝争取失败后，毅然与袁世凯决裂，再次转而全身心投入属于他自己的事业。

周舜卿是另一名很具代表性的民族资产阶级上层人物。他创办信成银行后，最早一批参加同盟会的沈缦云担任协理。沈缦云利用信成银行接受的欧美国家、日本等地华侨向同盟会的捐款，支持资产阶级革命党人的活动。沈缦云还与德商瑞记洋行总经理秘密商谈，以行长名义出具保单，代同盟会购买了价值1万两白银的军事武器。这些武器后来在光复上海中起到了重要作用。上海光复后，军政府又通过沈缦云取出前上海道台私存在信成银行内取息的26万两白银庚子赔款，充作光复上海和各路起义军的紧急军费。对此，周舜卿一概给予默许或佯装不知。周舜卿的上述做法是冒着极大风险的，在一定程度上反映了新生的资产阶级的进步性，尽管也有其作为上层资产阶级与生俱来的妥协、软弱的一面。

毋庸讳言，荣氏企业和近代中国的其他企业一样，其兴衰荣枯跟国家的命运是紧密相连的，充分反映了时代特点。其蓬勃发展的机遇往往不单纯是其自身的努力所能求得的。19世纪末、20世纪初，华北地区义和团运动爆发并引致八国联军侵华，使上海等地的面粉企业产品供不应求。荣氏兄弟颇受启发，决定由钱庄业转向面粉行业。其企业发展的第一个黄金时期是日俄战争爆发时期。当时战争导致北方生产事业无法正常进行。茂新面粉厂因产品供不应求，获利甚厚。其后，因第一次世界大战爆发，帝国主义国家暂时放松了对中国的侵略。荣氏企业又一次获得了大发展的难得机遇。从20世纪20年代后期起，随着中日民族矛盾的不断激化，一方面日本帝国主义加紧对中国进行政治、经济渗透，力图操纵中国的政治、经济命脉，严重阻碍了中国民族企业的发展，另一方面，一浪高过一浪的爱国主义运动风起云涌，倡用国货、抵制外货的呼声此伏彼起。荣氏企业的经营活动常常随着国内外政治形势的变化而变化，时而大踏步地快速发展，时而遭遇困难、陷入困境，但总体上长期处于不景气的境地。

唐程集团的丽新厂在1925年五卅运动后掀起的抵制日货、提倡国货运动中，不仅把积压多年的库存产品销售一空，还添置新的设备，并以月息1分的高利率吸收存款，解决了企业正常运转所需的巨额资金缺口。1931年以廉价买进上海新生

纱厂的1万枚新纱锭、6 000枚线锭和1台美制印花机，成为无锡地区第一家集纺织印染于一身的全能纺织厂。

"九一八"事变后，刘鸿生的章华毛绒纺织公司利用国人提倡国货、抵制日货的心理，生产"九一八"薄毛哔叽。因适合缝制中装和妇女的旗袍，这种面料一上市就成了热门货。不少学校和政府官员都将其作为制作制服的原料，连中美洲的华侨商人也前来订货。此后，章华毛绒纺织公司不断改进生产工艺，提高产能，使盈利额大幅提升。1933年，盈利达10多万元。[1] 此后，章华公司进一步扩大产能，1936年生产呢绒50多万米、驼绒33万多米，盈利达50万元。[2]

所有这些都说明，在近代中国，企业和企业家的命运是和国家、民族的命运紧密相连的。不改变半殖民地半封建的国家命运，企业家创造精神的充分发挥、企业的正常发展是不可能的，"实业救国"的美好理想也终究难以实现。当然，这样说并不意味着否认近代企业家在抵御列强侵略、维护国家利权、启发国人觉悟、促进社会进步、谋求经济发展、改善民众生活等几乎所有影响近代中国国家命运的重大活动中所做出的卓越贡献。事实上，也正是在明确意识到企业发展与国家命运紧密相连的辩证关系后，吴地企业家们在国难当头之际，几乎无一例外地以各自独有的方式积极投身爱国救亡运动。即便是埋头于尽快将企业做大做强的企业家们，也在客观上起着堵塞漏卮、增强国家整体经济实力、增强抵御外侮实力的积极作用，而这是空言救国者的华丽言辞所无法比拟的。

二、企业家在区域经济发展中的作用

企业家敢为人先的表率作用对吴地经济社会变迁起到了很好的推动作用。江南近代工业出现后，遵循着产业在特定地域内既不断扩散又相对集中的客观规律，使该地区的总体工业化水平明显高于全国其他地区的水平，在一定程度上为捍卫国家主权、抵御国外侵略发挥了重要作用。企业史研究表明，现代工业企业创办后，在逐渐改变其所在地区原有产品供销的市场结构的同时，能不断催生新的市场需要，从而在不断扩大生产规模的同时，在其周边催生新的同类企业和其他企业，逐步提升该地区工业化的整体水平，并带动该地区社会经济结构的逐步变化。

---

[1] 杨承祈. 章华毛纺厂的"九·一八"薄哔叽[M]//本书编委会. 中国近代国货运动. 北京：中国文史出版社，1995：92.

[2] 张圻福，韦恒. 火柴大王刘鸿生[M]. 郑州：河南人民出版社，1990：74-75.

杨宗瀚创办纱厂未获成功前，当地的有钱一族非常吝啬。不管杨宗瀚怎样做工作，他们就是不肯拿出分文搭股，有的还阳奉阴违。如常州富商、杨宗瀚的表兄弟刘鹤笙、刘叔陪兄弟，原先爽快答应入股4万元，等到建厂急需用钱的时候，他们却一再推托，后来干脆爽约。杨宗瀚的企业大获成功后，主动要求入股的大有人在，并且带动了一大批时代的弄潮儿积极投身创办实业的活动中。如荣氏兄弟于1900年创办保兴面粉厂，周舜卿于1904年创办裕昌丝厂，唐保谦等于1908年开设九丰面粉厂，薛南溟于1910年开办锦记丝厂。正是杨宗瀚的率先探路，其他企业家的积极跟进，共同把此前名不见经传的江南小县无锡打造成了20世纪30年代全国工商业城市中的五强之一，使无锡在企业数目、机械设备数量以及地区工业总产值、工人总数、工业化程度和工业技术水平等方面处于名列前茅的位置。

荣氏兄弟最初创办保兴面粉厂时，同样遭到当地封建势力的顽强阻挠，先后花费大量时间、人力和财力与其周旋。耗时一年多，企业终于办起来后，当地守旧势力又散布机制面粉有毒、不能食用的流言，一度差点使企业夭折于襁褓之中，但荣氏兄弟充分发挥企业家敢于向困难挑战、勇于创新的创业精神，迎难而上，终于使企业逐步走出困境，迎来了大发展的难得机遇。

面粉企业的丰厚利润吸引了一大批手有余资的官僚、地主和商人纷纷投身近代面粉业。在荣氏兄弟的影响和带动下，无锡成为全国仅次于上海的又一个面粉工业十分集中的重要城市。从1901年到1937年，无锡地区共创办大、中、小型面粉厂8家，具代表性的有唐蔡集团创办的九丰面粉厂，杨翰西、杨蔚章父子创办的广丰面粉厂。抗战期间，无锡地区利用游资充塞的特殊条件，自1940年到1945年共创办13家面粉厂，其中9家规模较大，分别是永安、振华、增丰、泰丰、聚丰盛、天华、允福、顺丰、华新，其中前两家是依靠日伪势力创办起来的，其余7家均是企业家利用战时的不正常环境创办起来的；4家规模较小的面粉厂为年丰、新丰盛、裕牲、锡成。此外，无锡地区还有茂丰、和新、和丰、惠丰、合丰、大丰、勤丰等小面粉厂或机器磨坊。

到1949年无锡解放前，除荣氏面粉企业外，无锡实存大中型面粉厂12家，小型面粉厂4家，见表5-1。

表 5-1 无锡解放前实存面粉厂（除荣氏企业外）

	厂名	负责人	厂址	钢磨数/台	日生产能力/包	职工数/人	商标	创办时间/年
大中型	九丰	蔡连山	惠山浜	20	2 500	100	山鹿	1910
	民丰	王荫荣	蓉湖庄	4	900	37	山羊、双桃	1934
	广丰	任卓群	广勤路	9	3 000	91	顺风	1936
	永安	张炽青	蓉湖庄	11	2 400	91	双鹿	1944
	泰丰	陆俊生	丁埠里	4	1 000	40	飞机	1948
	增丰	袁增根	茅泾浜	9	2 400	62	金鱼、丰年	1940
	聚丰盛	童有志	江兴	4	960	43	狮王	1941
	新华	冯静波	小兴	14	2 900	73	骆驼	1942
	顺丰德	浦诵达	茅泾浜	5	2 160	71	狮球	1942
	振华	潘诵先	西门坎桥下	9	3 300	63	地球	1943
	允福	孙梓世	蓉湖庄	8	3 000	67	灯塔	1943
	天华	冯静波	东门长埠路	3	1 350	40	天鹅	1945
小型	年丰	倪尧山	新三里桥	2（30″）	350	28	人寿	1940
	新丰盛	刘邦彦	洛社	4（单磨30″）	400	20	天使	1941
	裕牲	钱锦章	蓉湖庄	3（单磨16″）1（单磨14″）	300	16	虎球	1944
	锡成	金仲华	周三浜	4（单磨30″）	400	21	长城、锡山	1944

资料来源：上海市粮食局，上海市工商行政管理局，上海社会科学院经济研究所经济史研究室．中国近代面粉工业史［M］．北京：中华书局，1987：224-226．说明：大中型厂职工数中不包括部分实行计件工资的搬运工人数。

从荣氏兄弟最初创办面粉企业遭到层层阻挠，到面粉企业纷纷出现，这反映出无锡地区对于创办近代工业企业的认识是在不断发生变化的，经历了一个由排拒到接纳的转变过程。大量面粉企业的先后创办，实际上也在不断推动面粉行业逐步走向规范，使产品档次稳步提高。消费市场上始终认同荣氏企业生产的"兵船"牌面粉，固然跟荣氏兄弟始终注重产品质量的品牌意识有很大关系，但同时也是客观的市场竞争的残酷现实使然。不重视产品质量，没有市场信誉，企业就只能做好随时关门的打算。

张謇在南通的境遇也大致如此。他在筹建大生纱厂时，曾决定向上海和南通的富商集资，其中40万两由沪商潘鹤琴、郭茂芝、樊时勋负责，20万两由通商沈燮钧、刘桂馨、陈维镛负责。正当张謇选定厂址开始动工之时，不仅沪股毫无着落，樊、陈二人也打了退堂鼓。为购买设备，张謇决定向沪通富商集资，但潘、郭二人不仅爽掉前约，对新的集资更是百般推脱，后来则一走了之。然而，张謇克服重重困难、经营取得成功后，不仅向社会集资极为容易，而且带动了一大批工商业者、官僚、地主乃至军阀政客纷纷投身垦牧事业，掀起了一股开设盐垦公司的热潮。至1922年，已有45家公司创办成功，并实现了与大生集团良性互动的大好局面。到1924年，大生系统已有16家子公司。通海地区因大生集团的成功创办以及相关企业的带动，整体发展水平在长江下游地区处于前列，南通的发展程度在沿江城市群中则仅次于上海。

上海能成为近代中国的工商业中心，除了得益于其优越的地理位置、得门户开放的风气之先等有利条件外，还因为一大批工商企业家的筚路蓝缕和率先垂范。以面粉行业为例，自阜丰面粉厂于1900年正式投产后，在十多年内就有十数家面粉企业相继开办，具体情形见表5-2。

表5-2　1913年前上海面粉企业情况

厂名	创办者	创办时间	投资额	日生产能力/包
华兴	祝大椿等	1902年筹设，1904年开工	30.0万两	3 500
裕丰	朱幼鸿	1902年筹设，1904年开工	20.0万两	1 800
裕顺	朱锦章		14.0万元	1 000
中兴	朱佩珍等	1906年开工	20.0万两	1 700
立大	顾馨一等	1907年创办，1909年投产	20.0万两	2 200
申大	顾馨一等	1910年开工	20.0万两	2 000
大有	顾馨一等	1912年开工	5.6万元	1 000
立成	韩文贵	1913年	7.0万元	1 000
华丰	叶山涛等	1913年	5.0万两	1 800
福新	荣氏兄弟	1913年	4.0万元	1 600

资料来源：上海市粮食局，上海市工商行政管理局，上海社会科学院经济研究所经济史研究室．中国近代面粉工业史［M］．北京：中华书局，1987：114-115．

第一次世界大战期间及稍后，是中国民族工业发展的黄金时期。面粉企业也不例外，呈现出空前的繁荣。有实力和产品质量高的企业纷纷拓展海外市场。一大批新厂先后创办，原有企业也纷纷扩大生产规模。在这期间，上海共新办或改组面粉厂15家，投资总额约300万元，日生产能力达51 200包，平均每家生产约

3 400包,分别超过1900—1913年间的11家、230.6万元、25 100包、2 282包的水平。规模较大的有:1914年创办的信昌面粉厂,资本额为4.1万元,日产能力达800包;1915年创办的中国面粉厂,资本额为21万元,日产能力达600包;1915年创办的元丰面粉厂,资本额为21万元,日产能力达2 500包;1916年创办的长丰面粉厂,资本额为40万元,日产能力达11 000包(在中国民族面粉业界很有名的"炮车"牌面粉就是该厂生产的);1918年创办的中华面粉厂,资本额为16.8万元,日产能力达2 000包;1918年创办的和大面粉厂,资本额为6万元,日产能力达600包;1920年创办的祥新面粉厂,资本额为50万元,日产能力达2 600包。原有厂的生产规模也迅速扩大。福新系由1个厂扩大为8个厂,资本由4万元增至280万元,增加了69倍;日生产能力由1 600包增加到59 600包,增加了36.25倍;工人数由57人增加到1 525人,增加了近26倍。如果加上同一时期在无锡、济南创办的4个厂,福新系日产能力为76 600包,占当时全国民族资本面粉企业生产能力的24.62%。阜丰的资本额则由开办时的30万两增加到1920年的100万元。[1] 1921年上海民族资本面粉企业有20家,资本额达587.2万元,日产能力达93 500包。日产能力超过5 000包的有阜丰厂(6 000包)、申大厂(5 500包)、华丰厂(5 000包)、福新二厂(14 000包)、长丰厂(11 000包)、福新四厂(5 000包)、福新六厂(5 000包)、福新七厂(13 000包)、福新八厂(8 000包)。无锡有5家,资本额为137.5万元,日产能力达2.1万包,只有荣氏兄弟经营的茂新一厂、茂新二厂的日产能力超过了5 000包,分别为8 000和6 000包。[2]

20世纪20年代初起到全面抗战爆发前,因资本主义国家又开始纷纷向中国倾销商品,中国民族企业普遍陷入困难境地。只有少数实力较为雄厚的大厂得以维持生存,并时有发展,其他中小企业则纷纷陷入停产、转让或倒闭境地。其中:停工、歇业的有立大厂、大有厂、信昌厂、中国厂、华丰厂(1935年歇业,1937年由杜月笙、王禹卿等购买,改为华丰和记)、长丰厂;出租、转让的有长丰厂(长丰在歇业后由阜丰及益记钱庄承租)、信大厂(1924年由阜丰厂创办者孙多森同族孙镜蓉创办,1936年由阜丰厂承租)、裕通厂(1926年由朱幼鸿创办,当年

---

[1] 上海市粮食局,上海市工商行政管理局,上海社会科学院经济研究所经济史研究室. 中国近代面粉工业史[M]. 北京:中华书局,1987:116-118,121-122,200.

[2] 上海市粮食局,上海市工商行政管理局,上海社会科学院经济研究所经济史研究室. 中国近代面粉工业史[M]. 北京:中华书局,1987:48-49.

即因朱幼鸿去世而由阜丰厂承租)、兴华厂（1921年由萧楚麟、萧泽麟、萧乃麟三兄弟创办，因投资人意见不合，刚办成还没来得及正式开工，就因债务关系而抵押给了中国银行，后福新以40万元的极低价买入，改为福新三厂)、祥新厂（1921年创办，1935年由阜丰厂承租）；被毁的有福新一厂（1922年)、元丰厂（1922年)、吴淞厂（1930年由唐承宗等集资15万元创办，1931年被毁)、长丰厂（1927年）；合并的有3家，即裕丰厂于1926年并入裕通厂，福新六厂于1930年并入福新三厂，福新四厂于1934年并入福新二厂。

在合并、转让和出租过程中，上海的面粉业总体上在这一阶段仍有一定发展。一方面，一些新建厂虽然被迫关停或转让了，但在其创办之初，投资额明显要高于前一阶段，动辄数十万元，多者甚至达到100万元，可见规模之大；另一方面，大企业通过兼并、承租其他面粉厂，规模更大，产能也得到明显提高。到1937年全面抗战爆发前夕，上海实存的15家民族面粉企业共有资本1 140万元，约为1913年11家面粉厂资本总额的5倍。其中两家最大的面粉企业阜丰厂和福新集团所占比例由1913年的不到20%，增加到95%以上，仅福新系统就占了近50%。

在全面抗战期间，吴地是遭受日本侵略的重灾区，民族面粉企业遭到严重破坏。唯设在租界的面粉企业利用战争爆发后的特殊机遇，出现了短暂的畸形繁荣，具体情况见表5-3。

表5-3　1938—1942年/1943年6月—1945年8月上海各大民族面粉厂的生产情况

统计项		合计	阜丰厂	福新二、八厂	福新七厂	华丰厂
生产能力（1938—1942年）/（包/年)		24 000 000	7 800 000	9 150 000	3 900 000	3 150 000
1938年	实际产量/包	9 655 733	3 118 185	2 717 804	2 870 694	949 050
	开工率/%	40.23	39.98	29.70	73.61	30.13
1939年	实际产量/包	15 819 978	5 151 724	4 752 985	3 797 455	2 117 814
	开工率/%	65.92	66.05	51.95	97.37	67.23
1940年	实际产量/包	5 536 003	2 551 467	1 378 169	11 168 92	489 475
	开工率/%	23.07	32.71	15.06	28.64	15.54
1941年	实际产量/包	1 786 527	214 371	669 348	688 354	214 454
	开工率%	7.44	2.75	7.32	17.65	6.81

续表

厂名		合计	阜丰厂	福新二、八厂	福新七厂	华丰厂
1942 年	实际产量/包	548 745	114 945	181 683	232 328	19 519
	开工率/%	2.29	1.47	1.99	5.96	0.62
1943 年 6 月—1944 年 4 月	实际产量/包	2 942 982	1 132 061	1 810 921		
1944 年 5 月—1945 年 8 月		2 300 968	950 596	1 350 372		
1943 年 6 月—1945 年 8 月	开工率/%	9.71	11.86	8.67		

资料来源：上海市粮食局，上海市工商行政管理局，上海社会科学院经济研究所经济史研究室. 中国近代面粉工业史［M］. 北京：中华书局，1987：152-153，160.

由表 5-3 可见，在全面抗战爆发初期的 1939 年，上海各大民族面粉企业的开工率都在 50% 以上，最高的竟达 97% 以上。但好景不长，随着日本对中国侵略的加重，1940 年后，民族面粉企业失去了租界保护的屏障。日本侵略者要求华商企业跟日商在华企业合作，但遭到一些有民族气节的资本家的拒绝。日本侵略者便多方予以掣肘。随着战争形势对日本侵略者越来越不利，日本侵略者加紧了对粮食等军需民用必需品的控制，华商面粉企业的经营状况在总体上则呈江河日下之势。在大厂经营状况日渐衰颓之际，一些小型机器磨坊和面粉厂相继出现，仅上海近郊的江湾、吴淞、浦东等地在全面抗战期间就出现了 107 家这类企业，常熟、无锡等地区的市镇面粉企业也有较快发展。

抗战胜利后，吴地的民族面粉企业再次进入快速发展阶段，仅上海地区到 1949 年中华人民共和国成立前夕就有大型面粉企业 11 家（表 5-4）、简易面粉厂 26 家（含郊县，表 5-5）。

表 5-4　1946—1949 年间上海大型民族面粉企业发展情况

厂名	负责人	开工时间	职工数/人		钢磨/部	日产能/包	商标
			职员	工人			
阜丰面粉厂	席德炳	1945 年 11 月	111	538	65	23 000	自行车
福新一厂	王禹卿 王尧臣	1945 年 11 月	25	98	15	5 000	兵船
福新二、八厂	王禹卿 陆辅仁	1945 年 11 月	91	468	103	25 000	兵船、宝星

续表

厂名	负责人	开工时间	职工数/人		钢磨/部	日产能/包	商标
			职员	工人			
福新三厂	王禹卿 曾启东	1945年11月	20	138	24	7 000	兵船、宝星
福新七厂	王禹卿 王尧臣	1945年11月	45	262	52	14 000	兵船、宝星
华丰面粉厂	王禹卿 王秋舫	1945年11月	28	145	31	8 000	麦根、双桃
裕通面粉厂	席德炳	1945年11月	23	195	24	8 000	自行车
申大面粉厂	胡金华 王宝仑	1945年12月	30	114	12	2 160	双马
建成面粉厂	李国伟 章剑慧	1947年7月	23	96	19	5 000	双鱼
鸿丰面粉厂	荣鸿元	1948年1月	49	99	18	4 900	红蜂
协丰面粉厂	唐松原	1948年7月	25	145	17	6 000	红、绿大发

资料来源：上海市粮食局，上海市工商行政管理局，上海社会科学院经济研究所经济史研究室．中国近代面粉工业史［M］．北京：中华书局，1987：170．

表5-5　1946—1949年间上海近郊（含各县）简易小面粉厂情况

厂名	厂址	负责人	开工时间/年	职工数/人		钢磨/部	日产能/包	商标
				职员	工人			
淞沪	吴淞中新路	侯友仁	1941	10	12	3.0（敌伪时期为石磨）	400	皇冠、国光
源兴	吴淞同太路	蔡坤泉	1944	10	12	3.0（敌伪时期为石磨）	500	三虎、交通
公大	江湾地沟路	钱义生	1948	3	16	2.5（敌伪时期为石磨）	400	金驼
源盛永	江湾万安路	吴鸣珂	1947	6	8	1.5（敌伪时期为石磨）	200	五星
源茂	江湾万安路	缪瑞祥	1948	3	5	1.0（敌伪时期为石磨）	150	
大益利记	吴淞裕通路	杨品瑜	1943	9	21	2.0（敌伪时期为石磨）	280	电车、炮兵

续表

厂名	厂址	负责人	开工时间/年	职工数/人 职员	职工数/人 工人	钢磨/部	日产能/包	商标
张茂盛	浦东东沟	张俊才	1947	3	10	2.0（敌伪时期为石磨）	100	绿香炉
福泰公	江湾万安路	陆桂祥	1947	3	8	1.0（敌伪时期为石磨）	150	鹰、熊
常盛永	浦东杨思	周瑞田	1928	3	4	2.0（1947年改钢磨）	84	牛牌
申丰	真如杨家桥	陈兆歧	1943	12	16	2.0（美式24″、18″各1部）	360	申字
鸿昌	顾家镇	顾纪言	1945	7	25	3.5（14″两部、18″1.5部，国产）	400	大鸿
大公	江湾新市	钱加信	1946			1.0（国产18″）	140	双兔
福昌新	江湾万安路	驼仲凤	1946		30	4.0（国产24″）	600	万象
同春	大场	沈延珪	1948		9	2.0（石磨改钢磨，国产14″）	310	松鹤
福丰隆	北新泾	刘翼云	1948	10	30	5.0（国产30″钢磨）	500	福丰
穗丰	长宁路	王秀东			30	5.0	400	宝塔
东方	岳州路	任润湧	1947		16	4.0	500	风车
利民	东嘉兴路	林玉洲		3	6	3.5	200	柏象
新康	平凉路	陈雅华						华字
永丰	宝山罗店镇	王仲嘉	1944	11	21	1.0（美式24″钢磨）	200	长城、双鲤
顺丰	宝山杨行镇	徐志敏				7.0（国产24″）	800	玉兔
鑫丰	青浦朱家角	陈家皋	1943	19	29	4.0（国产18″）	500	三金、双圈

续表

厂名	厂址	负责人	开工时间/年	职工数/人 职员	职工数/人 工人	钢磨/部	日产能/包	商标
成丰	嘉定西门	陈佩卿		18	38	3.0（国产24″）	800	泰山
大陆兴记	嘉定堤塘	周礼慕	1942	12	18	2.0（国产24″）	500	红宝、绿宝
安丰	嘉定西门	段宏纲	1948	12	24	4.0	500	古钱
轮新	嘉定东门	印克	1946	4	8	1.0（国产32″）	200	牡丹

资料来源：上海市粮食局，上海市工商行政管理局，上海社会科学院经济研究所经济史研究室. 中国近代面粉工业史［M］. 北京：中华书局，1987：171－173. 说明：从永丰开始的7家厂均设在邻近各县。

由表5-4、表5-5可见，在抗战胜利后，国统区的经济虽然逐渐呈衰颓之势，但面粉企业在战后初期的一段时间还是有长足发展的。从面粉企业举办地的相对集中情况来看，面粉企业明显地受到了同类企业的辐射和影响。

三、企业家对区域社会进步的促进

近代工商企业家的出现，以及新型工商企业的兴办，对于挽回国家利权，增强地方整体经济实力，提高市民综合素质，推动地方政治、经济和社会的全面进步等，都能起到至为关键的作用。

近代以来，上海之所以能崛起成为远东大都会，苏州之所以还能在一定程度上继续保持在吴地的文化次中心地位，以往名不见经传的江南普通小县城无锡之所以能被誉为"小上海"、成为中国五大工业中心城市之一，过去并没有什么特别之处的南通之所以能一度一跃成为现代化的样板区和模范区，常州、南京之所以能在中华人民共和国成立后很快成为新兴工业城市，无不是因为近代以来这些地区相继出现了一大批著名的工商企业家。

有人断言，改造世界的，不是政治家，而是企业家。[1] 这虽有过头乃至绝对之处，但从历史发展的长时段来看，近代以来吴地企业家在社会经济发展乃至政

---

［1］ 刘光明. 现代企业文化［M］. 北京：经济管理出版社，2005：198.

治文化领域中的作用确实呈现出越来越大的趋势。政治家的重大决策对企业家经营管理方略的选择和确定固然起着难以否认的作用，有时甚至是决定性的作用，但企业家的作用绝不是可有可无、完全被动的。恰恰相反，企业家一直在以各种手段影响着政治家的决策，不少政治家本身就是由企业家转化而来的，或者其政治活动是由企业家提供赞助的。

四、企业成功发展的启示

在当代中国，一方面，发展私有制经济是一项必须长期坚持的基本国策。私有制经济对于增强国家经济实力、提供就业机会以及促进社会的全面进步等，都有极为重要的作用，其灵活机动的经营管理模式对推动国有企业的进步也有很大的积极示范效应。众多私营企业家发扬历史上吴地民族企业家怀揣实业救国的远大理想与振兴国家的宏伟抱负，排除困难，不避风险，敢于创新，勇于争先，艰苦创业，在逆境中奋力前行，将企业做大做强，继续将民族企业发展壮大，用实际行动在发展经济方面为国家的强盛做出了自己应有的贡献。另一方面，当代企业家们应该继承历史上吴地众多企业家富了不忘回报社会、关心社会公益事业的良好传统，为构建和谐社会、实现经济社会持续协调发展发挥建设性的作用。

第二节　近现代江南工商企业文化对吴文化转型的影响

吴文化在滋润、呵护吴地工商企业家群体最初产生、不断成长和迅速壮大的同时，自身也在不断转型和发展。对此，许多学者都有论及，但以许冠亭教授的分析最为深刻、精到。他指出，吴文化既是一种内容丰富、包罗万象、多姿多彩的综合性的区域文化，又是一种变革创新、与时俱进的动态文化，呈现出明显的历史阶段性。吴地在近现代从传统的农业文明阶段向现代工业文明阶段过渡时，吴文化也发展到了一个新的阶段。[1] 另有学者指出：传统的吴文化被注入现代工商文化的新型元素，获得了前所未有的生机和活力，转化为一种全新的现代工商文化。这种工商文化既继承了传统吴文化中的商业文化，又吸纳了西方资本主义

---

[1] 许冠亭. 论吴文化与近现代苏南工商企业家的相互依存和双向开发 [J]. 苏州大学学报（哲学社会科学版），2010（2）：95-98，107. 本节内容对该文有较多参考。

商业文明，从而融会成现代吴文化的主体文化。[1] 工商文化是吴文化发展的新阶段和新高度。吴地工商企业家无疑对近现代吴文化的转型和发展起了重要的推动作用。他们将传统文化与西方文化对接融合，将传统吴文化改造成适应近现代经济社会发展的新吴文化，使工商文化成为近现代吴文化的主流，并对吴文化的保护和开发起了重要作用。

一、促进吴文化的近现代转型

近现代吴地工商企业家注重自身形象及公众的道德认同。他们不仅重视企业文化建设，还热心于地方公益事业，积极参与地方政治、市政管理、社会福利、慈善救济、教育事业、对外交涉，自觉担当继承和弘扬吴文化的社会责任。吴地工商企业家致富后纷纷出资兴办文化教育事业，在救灾济贫、修桥铺路、兴建公园、兴办公共图书馆等方面也尽心尽力，对近现代吴文化的构建产生了巨大影响，促进了吴文化适应近现代社会发展趋势的整体转型。

在吴文化的近现代转型中，国际化是一个重要的参数。一些学者注意到吴地乡镇企业曾经一时"离土不离乡"，不愿到外地去创业。这是一种以偏概全的观点。吴地工商企业家所推动的吴文化在近现代的转型，其重要的出发点和着力点恰恰就是国际化。吴地工商企业家非常具有开拓国际市场的意识，积极参与国际性的产品评奖和推介活动。前述荣德生、刘鸿生等大企业家是如此，一些中小企业家也面向国际更新设备、招商引资、延揽人才、开拓市场。近现代上海成为国际化大都市，苏州、无锡、常州等城市的国际交往也比较多。吴地工商企业家积极参加出国实业考察和世界博览会，与国际工商界开展合作交流。1926年5月，上海总商会会长虞洽卿组织全国性的赴日参观团，参观大阪电气博览会。考察团成员主要为上海工商界人士，部分外地成员中有无锡申新三厂总管薛明剑、无锡县商会总董钱基博，而常熟县商会亦就参加赴日考察事宜与上海总商会进行了联系。至于日常经营活动中与外商的互动就更是十分的紧密、频繁了。处在当今经济全球化、信息化大潮中的吴地工商企业家群体，奋力开拓，大胆创新，务实苦干，从产品市场、资源配置、资本利用、科技创新、人才开发五个方面主动融入

---

[1] 周才方. 论工商文化在吴文化中的地位和作用[M]//王立人. 吴文化与工商文化. 南京：凤凰出版社，2008：97-98.

国际经济体系，保持持久发展的动力和竞争力，实现新的跨越，创造了骄人业绩，赢得了世人的尊敬。由常熟一个村缝纫组做起的波司登公司2007年在香港联交所上市。波司登羽绒服及系列产品远销至全球多个国家和地区。高德康骑着自行车起步而造就了一个羽绒王国。他受邀至哈佛大学商学院，成为中国民营企业家登上哈佛讲坛的第一人。吴地外向型经济的快速发展固然是经济活动发展到一定历史阶段的自然结果，但与吴文化中的外向基因传承也是有密切联系的。

二、推动工商文化成为近现代吴文化中的主流文化

近现代吴地工商企业家们敢为人先，大胆尝试，通过投资办厂逐步积累了雄厚的资本，扩大了企业的规模。他们在实践中，逐渐认识到生产和资本集中的规模经济效益。荣宗敬认为，每收买一家纱厂，就减少一个竞争对手，同时也增强了自己的竞争力。"火柴大王"刘鸿生发起将荧昌、中华、鸿生三家火柴厂合并为大中华火柴公司，与瑞典火柴企业进行商战。他认为："对内渐归一致，于是对外始有占优势之希望。……厚植我之势力，以与外商相抗，势难（始能）立于不败之地。"[1] 吴地在工商企业家们的推动下成为中国民族工商业的集聚地。上海成为中国最大的工业基地，也成为中国近现代都市文化的典型代表。无锡境内机声隆隆，百业繁昌，形成了棉纺织、面粉、缫丝三大工业产业，成为与上海、天津、武汉、广州、青岛齐名的中国工业都市，被誉为中国民族工商业的发祥地之一。无锡的工业化带动了其他各业的发展，也带动了经济社会的全面发展。苏州、常州等地也有许多著名的企业，苏南一些乡镇也陆续创办起工商企业。吴地以荣氏家族为代表的一批工商实业家，以敢为天下先的精神，奋力拼搏，开拓进取，励精图治，在激烈的市场竞争中取得了骄人的业绩，不仅为当时和后来江苏乃至中国民族经济的发展奠定了良好的基础，也为工商文化成为吴文化的主流奠定了社会基础。在工商文化的影响下，农业生产在保留精工细作的农耕文化的同时，也逐渐向商品经济方向发展，崇文重教的吴文化特色中更彰显出崇尚实业、培养工商人才的重要培养目标。改革开放后，工业化的进程加快。除了国有企业尽快做大做强外，民营和外资企业也在共同发展，工业经济占据国民经济的主导地位。

---

[1] 上海社会科学院经济研究所.刘鸿生企业史料：上册 1911—1931年［Z］.上海：上海人民出版社，1981：140.

吴地城市化、国际化、现代化进程随之加快,与现代工商管理相适应的工厂制度及各种具体的经营管理方式也逐步形成,并具有吴文化特色和吴地区域特色。价格、价值、时间、效率、竞争、市场、法治、公平等体现工业时代特征的词汇为人们所广泛运用,工商文化融入了吴文化中并成为吴文化的主流。

三、推动吴文化的传承保护和开发利用

无锡等地工商实业家通过筹集资金和提供场地,使无锡国学专科学校得以创办起来,并成为在中国传统文化的保护和发展中具有全国影响的著名学府。近现代吴地工商企业家对吴文化资源的保护和开发所发挥的作用可以从两个方面认识。一方面,吴文化资源的保护和开发,总是由各种企业去进行的。它们中的佼佼者本身就是吴文化资源的体现,而其卓越的管理和精湛的工艺也对吴文化的保护和开发事项的完成具有重要贡献。另一方面,吴地工商企业家也在传统文化保护和文化设施建设中采取市场化运作。改革开放以来,苏州昆山周庄镇政府通过建立旅游总公司来进行周庄古镇的文化资源保护和开发。苏州吴中区木渎镇与中国新闻社苏州支社共同策划打造的"姑苏十二娘"旅游品牌颇有特色。无锡堰桥镇吴文化公园通过向乡镇企业等募款的方式建立起非营利性吴文化展示平台。这些都是将吴文化资源提炼成一个个在市场上具有竞争力的系列文化产品并与地方旅游相结合的新探索,能够在保护好自然资源、自然景观和文化资源、人文景观的基础上,最大限度地盘活文化与旅游市场,使文化保护与经济开发实现共赢。

早期资产阶级经济学家出于为发展资本主义经济摇旗呐喊的需要,曾毫不掩饰地表示了对拥有财富的渴望。伴随着资本主义经济的快速发展,他们征服世界的欲望也空前强烈,而将全世界纳入统一的资本主义市场体系是一个伴随武力征服的影响更为深远、效果更为明显和持久的手段,其中商业活动的开展是达到这一目的的重要方式。因此,早期资产阶级经济学家的代表人物无不热情讴歌商业活动的重要功能。亚当·斯密说过:哪里有商业,哪里就有自由与和平的社会秩序,就有善良的风俗,这几乎是一条普遍的规律。贸易使各国的风俗纯良,商品交换和商业贸易的自然结果带来了国家与国家、人民与人民之间的和平与平等。亚当·斯密的说法显然有所夸大。有史以来的商业发展历史表明,商业的经济社会功能并不都是正面的。重利轻义是传统商人留给世人的典型印象,资本主义商业更是充满了血腥和野蛮。但是,成熟和理想中的商业活动确实依赖并有助于良

好社会道德的形成与维系。因此，正如亚当·斯密指出的那样，每个人谋求自身利益的活动所增加的财富本身是对他人做出的贡献。只要让每个人充分自由地追求自己的最大利益，就自然而然地增进了社会的公利，增进社会公利的结果反过来又扩大了自由、平等与和平的深度与广度。这就是人们通常所说的"主观为自己，客观为他人"。正是在这一意义上，马克思也曾指出，在成熟的商品经济条件下，商品是天生的平等派。从这一角度来说，当今世界上的资本主义发达国家能成为法律健全、经济繁荣、社会有序、民主自由的国家，不是没有原因的。这也为我们更加全面、深入、准确地评价近现代吴地工商企业家的历史作用提供了更多的视角。

主要参考文献

张謇研究中心,南通市图书馆. 张謇全集:第一卷 政治[M]. 南京:江苏古籍出版社,1994.

张謇研究中心,南通市图书馆. 张謇全集:第二卷 经济[M]. 南京:江苏古籍出版社,1994.

张謇研究中心,南通市图书馆. 张謇全集:第三卷 实业[M]. 南京:江苏古籍出版社,1994.

张謇研究中心,南通市图书馆. 张謇全集:第四卷 事业[M]. 南京:江苏古籍出版社,1994.

张謇研究中心,南通市图书馆. 张謇全集:第五卷 艺文(上)[M]. 南京:江苏古籍出版社,1994.

张謇研究中心,南通市图书馆. 张謇全集:第五卷 艺文(下)[M]. 南京:江苏古籍出版社,1994.

张謇研究中心,南通市图书馆. 张謇全集:第六卷 日记[M]. 南京:江苏古籍出版社,1994.

上海社会科学院经济研究所. 荣家企业史料:上册 1896—1937年[Z]. 上海:上海人民出版社,1962.

上海社会科学院经济研究所. 荣家企业史料:下册 1937—1949年[Z]. 上海:上海人民出版社,1980.

许维雍,黄汉民. 荣家企业发展史[M]. 上海:上海人民出版社,1985.

赵靖. 穆藕初文集[M]. 北京:北京大学出版社,1995.

上海市政协文史资料委员会. 上海文史资料存稿汇编:7 工业商业[G]. 上海:上海古籍出版社,2001.

丁凤麟,王欣之. 薛福成选集[M]. 上海:上海人民出版社,1987.

马俊亚. 规模经济与区域发展:近代江南地区企业经营现代化研究[M]. 南京:南京大学出版社,2000.

王立人. 吴文化与工商文化[M]. 南京:凤凰出版社,2008.

后　记

　　呈现在读者面前的本书是在笔者主持完成的江苏省社科研究基地项目"吴文化与近现代苏南工商企业家研究"结项成果的基础上经反复修改、完善后的产物。2013年该项目就已结项，但直到现在才出版，除了因为自己没有抓紧以外，还因为其间多有杂事要处理，且内容修改幅度较大，在客观上要花不少时间。

　　2021年5月，本书被列入苏州大学图书出版资助计划。感谢时任校人文社会科学处副处长徐维英等领导的无私支持。同年，本项研究获得苏州市"江南文化专项研究"计划的资助。感谢评审专家和有关领导的厚爱。

　　在本项目的立项和研究期间，教育部长江学者特聘教授、苏州大学社会学院原院长、博士生导师王卫平教授给予了我关心和支持。当初正是因为他的鼓励和支持，我才临时决定并成功申报这一项目的。在本书出版过程中，他又提出了不少修改意见。感谢王教授。

　　本书能顺利出版，也离不开苏州大学出版社刘一霖老师的支持和帮助。感谢刘老师。

　　感谢上述师友以及学界朋友的支持和帮助。对于书中存在的问题，恳请读者批评、指正。

王玉贵
2022年3月10日凌晨